RATINGEN IM WANDEL DER ZEITEN

Jakob Germes

Ratingen im Wandel der Zeiten

Geschichte und Kulturdokumente einer Stadt

2. verbesserte und erweiterte Auflage
mit Beiträgen von Alfred Dahlmann,
Eckhart Mundt, Theo Volmert und Wolfgang Welling

Herausgegeben in Verbindung mit der Stadt Ratingen

A. HENN VERLAG · KASTELLAUN

ISBN: 3-450-06916-0

Alle Rechte vorbehalten
Copyright 1977 by A. Henn Verlag, 5448 Kastellaun, Bahnhofstraße 17
Printed in Germany
Gesamtherstellung: A. Henn Verlag und Druckerei, 4000 Düsseldorf 13, Benrather Schloßallee 67

INHALT

Vorwort 7
Wandlungen einer Stadt 8

I. Von den Anfängen bis zur Stadterhebung (1276)

Die geographische Lage 10
Der heimatliche Boden 11
Die ersten Spuren von Menschen 12
Grenzland zwischen Franken und Sachsen 14
Der Name der Stadt 15
Die Anfänge des Christentums 16
Die Dumeklemmersage 18
Die Kirche und ihre Ausstattung 19
Die Ratinger Edelherren und ihre Burg 31
Die Wasserburg Zum Haus 33
Pfarr- und Marktdorf vor der Stadterhebung 36

II. Von der Stadterhebung bis zur Zerstörung der Stadt (1276-1641)

Die Stadterhebung 36
Die mittelalterliche Festung, das „elegans oppidum" 40
Die städtische Wehrverfassung 44
Tapfere Kämpfe der Ratinger Bürger 46
Die städtische Verwaltung 47
Das Gericht 48
Die alte bergische Münzstätte 51
Das mittelalterliche Stadtbild 52
Das Patriziat 52
Höhepunkte in der Geschichte der Stadt 54
Die Reformation 56
Die Stadt der Handwerker und Kaufleute 57
1641: Die Zerstörung der Stadt 61

III. Das Landstädtchen (1641-1783)

Unruhige Jahre 63
Das Minoritenkloster 63
Die reformierte Kirche und ihre Ausstattung 63
Die lutherische Kirche 70
Die Kriege um die Wende vom 17. zum 18. Jahrhundert 71
Friedensjahre 72
„Allhier wird Ackerbau getrieben" 72
Bedeutende Orgelbaumeister in der Stadt 77
Schäden und Verluste im Siebenjährigen Krieg (1756-1763) 80
Eifrige Aufbauarbeit nach 1762 80

IV. Die Industriestadt (1783-1945)

Die Gründung Cromfords 82
Der Kurfürst besucht die Fabrik 86
Der Bau der Herrenhäuser Unter- und Ober-Cromford 86
Die Französische Revolution 87

Blühendes Geistesleben 88
Das Großherzogtum Berg 88
Das Generalgouvernement Berg 90
Die ersten Jahrzehnte der Preußischen Zeit 92
Die Revolutionsjahre 1848/49, Bürgerwehr und Demokratischer Verein . . 95
Alte Rechte werden abgelöst 97
Die beginnende zweite Industrialisierung 105
Soziale Regungen und politisches Leben nach 1870 106
Größere Industriegründungen nach 1883 108
Wachsen der Stadt als Folge der Industrialisierung 113
Politische und gesellschaftliche Verhältnisse bis zum 1. Weltkrieg 115
Vom 1. zum 2. Weltkrieg 121
Der 2. Weltkrieg 132

V. Die Wohnstadt (seit 1945)

Die erste Nachkriegszeit 136
Auf dem Wege zur Mittelstadt 136
Stadtsanierung 140
Entwicklung der Einwohnerzahlen 140
Ausbau der Grundversorgung 144
Mittelzentrale Einrichtungen in Ratingen 148
Ver- und Entsorgung 150

VI. Die kommunale Neugliederung 1974 151

VII. Die neuen Stadtteile Ratingens

Das Amt Hubbelrath 152
Meiersberg 152
Homberg 153
Hasselbeck-Schwarzbach 156
Das Amt Angerland 157
Lintorf 157
Breitscheid 169
Hösel 174
Eggerscheidt 179

VIII. Das Ratingen der Zukunft 183

Anhang

Verzeichnis der Abbildungen mit Bilderläuterungen 187
Photonachweis 197
Benutzte Literatur 197

Vorwort

Seit dem Erscheinen der ersten Auflage im Jahre 1965 hat sich Ratingen von einer Klein- zur Mittelstadt entwickelt. Die Zahl der Einwohner stieg von 38 000 im Jahre 1965 bis heute auf 88 000, vor allem auch durch die kommunale Neuordnung. Allein schon diese Entwicklung ließ eine Ergänzung der zweiten Auflage geboten erscheinen.

Die Stadt Ratingen hat sich nach besten Kräften bemüht, mit ihren Einrichtungen dieser großen Entwicklung Schritt zu halten und den schnellen Sprung zur Mittelstadt in ein organisches Wachsen zu bringen, wobei ihre Sorge neben der alten Stadt zunächst besonders dem neuen Stadtteil Ratingen West galt. Nach der Neugliederung gilt als Aufgabe der Zukunft die Integrierung der neuen Stadtteile zu einem harmonischen Stadtgefüge.

Noch ein weiterer Grund sollte Anlaß zur Ergänzung der zweiten Auflage sein. Wie in dem Vorwort zur ersten Auflage gesagt wurde, geht das Bemühen um die Herausgabe einer zusammengefaßten Geschichte Ratingens, die, wie so manche andere Stadtgeschichte, an der Schwelle des Jahres 1815 hängen geblieben ist, seit nahezu 100 Jahren.

Dr. Johann Hubert Kessel bezeichnet sein 1877 erschienenes Urkundenbuch als 2. Band der Geschichte der Stadt Ratingen, konnte aber den 1. Band, der die eigentliche Geschichte umfassen sollte, nicht zu Ende führen. Die Brüder Dr. Heinrich (°1909) und Dr. Peter (°1911) Eschbach gaben mit wichtigen Einzeluntersuchungen die Grundlagen für eine Darstellung der „Geschichte der Stadt Ratingen von den Anfängen bis 1815", die dann Dr. Otto R. Redlich, Professor Arnold Dresen und Dr. Johannes Petry zum 650jährigen Stadtjubiläum im Jahre 1926 veröffentlichen konnten. Otto R. Redlich ergänzte diese Darstellung 1928 mit seinen „Quellen zur Rechts- und Wirtschaftsgeschichte der rheinischen Städte, Bergische Städte, III, Ratingen". Vorarbeiten für die Zeit nach 1815 blieben seither aber aus.

In der ersten Auflage dieses Buches wurde erstmals ein Schritt über die Zeit von 1815 bis heute gewagt, dem in dieser Auflage ein weiterer Versuch folgen soll, vor allem in einer der Gegenwart noch so nahe stehenden Zeit. Hier zu ergänzen, war der weitere Anlaß für diese Auflage, um die große Lücke zu überbrücken, die bei dem Fehlen von Vorarbeiten noch nicht so geschlossen werden kann, wie es wünschenswert wäre. Eigene Arbeiten konnten bei der Fülle des durchzuarbeitenden Quellenmaterials noch nicht zum Abschluß gebracht werden. Für diese Auflage wurde zwar weiteres Material verwertet, das aber weiterhin ergänzungsbedürftig bleibt und in der knappen, nicht erschöpfend möglichen Darstellung auf einige Akzente beschränkt bleiben mußte, wobei der Wunsch für diese mehr auf Illustration gerichtete Darstellung vorrangig blieb.

Ratingens Geschichte geht über mehr als ein volles Jahrtausend, in dem uns aus jedem Jahrhundert etwas geblieben ist: geschriebene Zeugnisse der Siedlungsgeschichte, des kirchlichen Lebens und der ersten Dynastien vom 9. bis zum 12. Jahrhundert, steinerne Zeugen in den romanischen Osttürmen der alten Kirche St. Peter und Paul aus der Zeit nach 1000, Fundamente einer früheren Kirche, die in das 8./9. Jahrhundert zurückreicht, der mächtige Westturm aus dem Anfang des 13. Jahrhunderts mit Bauresten eines Vorgängers aus dem 11. Jahrhundert, Urkunden der Stadtwerdung aus dem 13. Jahrhundert, kirchliche Kunst aus dem 14. Jahrhundert, Reste einer Stadtbefestigung und einer Wasserburg aus dem 15. Jahrhundert, Bürgerbauten aus dem 16. und 17. Jahrhundert, Zeugen einer frühesten Industrialisierung auf dem Kontinent und der Baukunst aus dem 18. Jahrhundert, Dokumente politischen Ringens und gesellschaftlicher Neuformung wie der wirtschaftlich-sozialen Entwicklung aus dem 19. Jahrhundert bis in die jüngste Zeit.

Das 20. Jahrhundert brachte die Entwicklung zur Mittelstadt mit besonderen städtebaulichen Akzenten.

Das Ziel bleibt die Herausgabe einer zusammengefaßten kleinen Gesamtdarstellung der Stadtgeschichte bis heute.

Dank sei zum Schluß allen gesagt, die für diese Arbeit Anregungen gaben.

Jakob Germes

2 Ansicht der Stadt um 1715. Zeichnung von E. Ph. Ploennies

Wandlungen einer Stadt

Ratingen, vor den Toren der Landeshauptstadt Düsseldorf im Kreis Mettmann gelegen, ist nicht nur eine der ältesten Siedlungen des früheren Herzogtums Berg, sondern auch eine der ältesten Städte dieses Landes, eine der sogenannten vier Hauptstädte, die einst im Landtag Sitz und Stimme hatten. Im Kreis Mettmann ist es die älteste Stadt, die Stadt mit mittelalterlicher Tradition. Durch seine überaus günstige Lage ist Ratingen eine Stadt mit einer großen und wechselvollen Geschichte geworden, die ihr Gesicht in dieser Zeit mehrfach wandelte, eine Stadt, die aber ihr eigenes Gepräge und ihre Besonderheiten bis heute behalten hat.

Straßen bewirkten Entstehung und Entwicklung, sie waren aber auch das Schicksal dieser Stadt. Sie brachten Siedler, Händler, Missionare, Handwerk und Gewerbe, in den Kriegen Soldaten aus allen Ländern Europas, Aufstieg, Blüte, Zerstörung, Niedergang und immer wieder neues Beginnen.

Die *frühgeschichtliche Siedlung* Hretinga oder Hratuga wuchs an dem Schnittpunkt zweier bedeutender alter Straßen zu einem *Pfarr- und Marktdorf*, dem Graf Adolf VIII. von Berg am 11. Dezember 1276 städtische Rechte gab. In der Rivalität mit dem Kölner Kurfürst-Erzbischof Siegfried von Westerburg erhob er Ratingen aus politischen und strategischen Gründen als Gegengewicht gegen die alte Barbarossastadt Kaiserswerth wie zur Sicherung der Nordflanke seines Landes an der Anger zur *befestigten Stadt*.

Im Schutze seiner Mauern und Türme und in der besonderen Gunst seiner Landesherren entwickelte sich Ratingen zu einer bedeutenden mittelalterlichen *Handwerkerstadt*, der Stadt der Schmiede und Schleifer, deren Wohlstand und wirtschaftliche Kraft selbst das nahe Düsseldorf bis gegen Ende des 15. Jahrhunderts nicht zu erschüttern vermochte. In den Kriegen des 15. bis zum 20. Jahrhundert wurde die Stadt oft schwer getroffen und wiederholt zerstört. Handel und Handwerk gingen im 16. und 17. Jahrhundert immer mehr zurück.

Als Düsseldorf nach 1511 Residenz und 1552 zur Landesfestung wurde, schwand die Bedeutung Ratingens. Es blieb *Einquartierungsstadt* und verarmte zu einem stillen *Landstädtchen*. Dreimal wechselte nahezu die gesamte Bevölkerung; einmal zu Anfang des 16. Jahrhunderts (um 1530), dann nach der völligen Zerstörung im Dreißigjährigen Krieg (1641) und schließlich nach dem Siebenjährigen Krieg (um 1760).

Die Ansiedlung der ersten kontinentalen Spinnerei Cromford im Jahre 1783 hob die Stadt wieder aus der Reihe der Landstädtchen heraus. Ratingen wuchs im 19. Jahrhundert zu einer *Industriestadt* mit mannigfaltigen Erzeugnissen. Nach dem letzten Krieg 1939/1945, in dem die Stadt zu einem Drittel zerstört wurde, setzte eine Entwicklung zur *Wohnstadt* ein.

Schon bald nach der Stadterhebung sprengte die Entwicklung den Kern der kleinen Stadt und ließ im 14. Jahrhundert mit den drei Vorstädten Bechem, Vowinkel und Oberdorf eine Stadt von rund 1 500 Einwohnern entstehen.

Die erste Industrialisierung im Jahre 1783 ließ die Bevölkerung zwar auf 3 000 wachsen, brachte aber keine wesentliche bauliche Stadterweiterung. Erst die im letzten Viertel des 19. Jahrhunderts einsetzende zweite Industrialisierung führte bis zum ersten Weltkrieg zu einer größeren Bebauung neuer Gebiete, zu einer

3 Aussicht aus einer Karte von P. Coronelli. Um 1700

zweiten Stadterweiterung mit rund 10 000 Einwohnern. Die Eingemeindung des Jahres 1930 brachte eine Ausdehnung der Grenzen und eine dritte Stadterweiterung mit 20 000 Einwohnern bis zum Jahre 1939.

Nach 1945 kam es mit der Entwicklung zur Wohnstadt für das benachbarte, zur Landeshauptstadt gewordene Düsseldorf zu einer vierten und größten Stadterweiterungsphase, die im Jahre 1966 den neuen Stadtteil Ratingen West im Anschluß an den Stadtteil Eckamp entstehen und die Einwohnerzahl im Jahre 1973 auf rund 52 000 Einwohner steigen ließ. Ratingen wurde nach dem Landesentwicklungsplan II ein Entwicklungsschwerpunkt erster Ordnung, der einmal 100 000 Menschen Heimat sein soll.

Eine fünfte Stadterweiterung mit einer erheblichen Ausdehnung der Grenzen brachte die kommunale Neugliederung des Jahres 1975 durch den Zusammenschluß mit Hösel, Breitscheid, Eggerscheidt, Homberg-Meiersberg, Lintorf und Hasselbeck-Schwarzbach, wodurch die Einwohnerzahl auf rund 83 000 und der Gebietsumfang von 1942 ha auf 5492 ha gestiegen ist. Ratingen wurde die Metropole an der Anger, einem kleinen Fluß mit großer Geschichte. (Darüber wird in einem eigenen Kapitel berichtet.)

I. Von den Anfängen bis zur Stadterhebung (1276)

Die geographische Lage

Ratingen liegt auf einem felsigen Sporn der Mittelterrasse, wo sich die letzten Hügel des Bergischen Landes in der Rheinebene verlieren, in der Niederung und auf Hügeln mit Wäldern, Wiesen und Auen, sanft ansteigend aus der Ebene, an den in den Rhein mündenden Bächen Anger und Schwarzbach. Beide Bäche begünstigten mit ihrem Wasser und ihrer Wasserkraft die Entwicklung der alten Siedlung. Sie ließen viele Mühlen und Schleifstätten entstehen. Die Lage am Rande der Mittelterrasse förderte mit ihren leichten Sandböden und Weiden die frühe Besiedlung.

Besonders wichtig aber war und blieb die Lage an dem Kreuzungspunkt der beiden alten Straßen: dem vorgeschichtlichen Mauspfad, einer Süd-Nord-Verbindung von Marseille durch das Rhône- und Rheintal zur Nordsee, der sogenannten Bernsteinstraße, und des 875 erstmals erwähnten, aber älteren Hilinciweges, der vom Rhein bei Kaiserswerth nach Westfalen führenden Straße, auch Heiligenweg genannt. Die Lage der Stadt an diesen beiden Straßen hat ihr in der alten Zeit nur wenige friedliche Zeiten gebracht, zumal die alte Siedlung bei der Hügellage aus den sie umgebenden Wäldern weithin erkennbar hervorragte und auch eine weite Sicht in die vorgelagerte Rheinebene bot.

Ratingen ist das Einfalltor vom Rhein- ins Ruhrgebiet und ins Niederbergische Land, geologisches Bindeglied zwischen der Niederrheinischen Bucht und dem Bergischen Hügelland.

4 Steinbeil aus der jüngeren Steinzeit. 3000 v. Chr. Fundort Ratingen

Der heimatliche Boden

Das Stadtgebiet scheidet sich in morphologisch zwei verschiedene Landschaftsformen. Hier trennt sich im Westen die Niederterrasse des Rheines von der schmalen Mittelterrasse, die im Osten der Stadt in die Hauptterrasse übergeht. Auf der Niederterrasse und der unteren Mittelterrassenstufe eben und etwa 38 bis 40 m hoch, liegen die Stadtteile Eckamp, Ratingen West, Tiefenbroich und Lintorf, alter Rheintalboden und früher einmal Überschwemmungsgebiet des Rheines. Auf der Mittelterrasse liegt der alte Stadtkern, ansteigend am Katholischen Krankenhaus bis auf 65 m und bis 76 m nahe der Herz-Jesu-Kirche. Der Übergang zur Hauptterrasse erreicht im Osten am Wasserhochbehälter die Höhe von 109,8 m. Oberhalb Kronenthal und Grünau reißt der Terrassenrand des Niederbergischen Hügellandes ab, das hier in die Homberger Höhenterrasse übergeht, ansteigend bis über 160 m. Hier liegen die Stadtteile Homberg und Eggerscheidt. Südlich ist der Mittelterrassenstreifen zu Gerresheim hin unterbrochen, wo die Hauptterrasse, auf der der Stadtteil Schwarzbach etwa 120 m hoch liegt, in einem 60 m hohen Steilabfall an die Niederterrasse herantritt.

Für die frühen Siedler waren die leichten Decksande des Überganges von der Nieder- zur Mittelterrasse, die sogenannte Lintorfer Sandterrasse, mit ihren Wald- und Heidestreifen begehrtes Siedlungsgebiet, da es mit einfachen Geräten leicht zu bearbeiten war und dem Siedler mit Wasser, Wald und Wiese günstige Siedlungsmöglichkeiten bot. Größere Waldungen waren in der Nähe; im Norden der Ober- und Junkerbusch sowie die Lintorfer und Eggerscheidter Mark, im Nordwesten die Tiefenbroicher Mark und anschließend zum Westen der Kalkumer Wald, im Süden die Ausläufer des Aaper Waldes. Die Lage der Stadt ist geologisch bemerkenswert.

An nützlichen, heute jedoch fast erschöpften Stoffen gab der Boden Kalk, Marmor, Dolomit und Sandstein, Sand und Kies, Ton, Torf und Raseneisenstein.

Ein geologisches Naturdenkmal ist der Blaue See, im geologischen Schrifttum als Cromforder Steinbrüche bezeichnet. Hier wurde seit Jahrhunderten Kalk- und Dolomitstein gebrochen, bis die Einstellung der Arbeiten im Jahre 1932 den „Blauen See" entstehen ließ. Die Cromforder Steinbrüche sind das einzige rechtsrheinische Kohlenkalk-Vorkommen. Sie erinnern daran, daß unsere Heimat bis in die Altzeit der Erde, bis in die mittlere Steinkohlenzeit vor etwa 250 Millionen Jahren, vom Meer bedeckt war, auf dessen Grund Tiere Kalkschicht auf Kalkschicht bildeten, die zu Kalkstein wurden, der hier bis zu 300 m ansteht. In den steil aufragenden Kalksteinschichten finden sich zahlreiche Versteinerungen von Meerestieren, wie Muscheln, Schnecken, Korallen, Tintenfischen, Seelilien usw. Kalkschlamm und Ton wurden zu Tonschiefer., Diese geologische Formation ist sonst nur linksrheinisch in Richtung Aachen und Belgien zu finden. Am Nordrand der Steinbrüche gehen die Kalkschichten in gelblich-körnigen Dolomitstein über.

Im Süden der Stadt, an der Neanderstraße, wurde ebenfalls in zwei Brüchen Kalk, im „Schwarzen Loch" dazu blauschwarzer Marmor gebrochen, ein gemaserter Kalkstein. Aus diesem Ratinger Marmor ist das Treppenhaus auf Schloß Hugenpoet und auch der Taufstein in der Pfarrkirche St. Peter und Paul aus dem Jahre 1631 gefertigt. Ein Wassereinbruch legte den Marmorbruch um 1880 still. Bei den beiden anderen Brüchen erschöpfte sich das Vorkommen.

5 Urne aus einem Brandgrab der Latène-Zeit. 150 v. Chr. Gefunden beim Bau des Hauses Speestraße (jetzt Poststraße) 7

Eine einmalige geologische Besonderheit ist auch das sogenannte Schwarzbachkonglomerat im Schwarzbachtal in der Nähe vom Mergelsberg, bei dem es sich um ein versteinertes Geröll handelt, das von einem alten Festlandteil stammt, welches einst zum „nordatlantischen Kontinent" gehörte.

In der Braunkohlenzeit, die zur Neuzeit der Erdgeschichte zählt, waren die Cromforder Steinbrüche die Grenze des Nordmeeres, welches Tonschlamm ablagerte, und in dem Haifischzähne und Muscheln verraten, daß er eine Ablagerung des Meeres ist. Dieser sogenannte Septarienton, der am Rande des Oberbusches und auch an anderen Stellen des Stadtgebietes in der Linie Götschenbeck, Ostbahnhof, Freistein, Schützenstraße und großer Rahm liegt, ließ das Töpfergewerbe und später, als die Dachziegel das Strohdach verdrängten, mehrere Dachziegeleien entstehen. Als die Vorräte zu Ende gingen, war auch das Ende der Töpfereien gekommen. Nach einer Darstellung aus dem Jahre 1852 waren die Dachziegeleien zu dieser Zeit noch der „Hauptnahrungsertrag".

In der Braunkohlenzeit entstanden auch die im Gebiet der Mittelterrasse vorkommenden, als Findlinge bezeichneten Quarzite, die sich an Ort und Stelle durch die Verbindung von Sand und Kieselsäure gebildet haben. Von diesen seien die sagenumworbenen sogenannten Opfersteine auf dem Stinkesberg (= Steinchesberg) besonders erwähnt, die als Naturdenkmal geschützt sind.

Das Nordmeer schüttete Sande auf, die im Osten der Stadt in den Sandbergen bis über 25 m hoch anstehen. Diese oligozänen Meeressande, stellenweise von Brauneisen bräunlich gefärbt, werden als Formsand für den Eisenguß verwandt.

In der mittleren Eiszeit reichten die nordischen Riesengletscher im rheinischen Land bis genau auf die Dolomitfelsen der Cromforder Steinbrüche, wo sie nordischen Gneis und Granit zurückließen, die am Blauen See von dieser Zeit ebenso zeugen wie die vom Eis glatt geschliffenen Rundhöcker der Felsen.

Klumpen von Brauneisenstein wurden noch 1951 bei Ausschachtungsarbeiten in der Nähe der Fliednerstraße gefunden. In den sumpfigen Niederungen Tiefenbroichs wurde bis etwa 1870 Torf, vor allem aber Raseneisenerz gegraben, das schon seit der Vorzeit der Eisenbereitung diente.

Die Niederterrasse und die untere Mittelterrasse, der alte Rheintalboden, bieten feinkörnige Sande und Kiese, die der Rhein aufschüttete. In der Zeit des Alluviums, der jüngsten Erdbildung, setzte sich in schwach eingetieften Senken der Niederterrasse guter Lehm ab, der Ziegeleien entstehen ließ (Zieglerstraße), die inzwischen aufgegeben sind, weil die Vorkommen abgebaut sind. Grundwasserströme, die sich zum Rhein hinziehen, lieferten stets ein gutes Wasser, das uns als bedeutendster Bodenschatz geblieben ist.

Die ersten Spuren von Menschen

Da aus der ältesten Zeit der Menschheitsgeschichte schriftliche Zeugnisse fehlen, sind wir hier allein auf die Aussage weniger und meist zufälliger Bodenfunde angewiesen. So lassen einige Funde aus der jüngeren Steinzeit (etwa 3000 vor Christus) vorgeschichtliche Bewohner vermuten, vier an zwei verschiedenen Stellen im Stadtgebiet (Poststraße und Voisweg) gefundene Brandgräber aus der älteren Eisenzeit (etwa 500 vor Christus) eine vorgeschichtliche Siedlung.

Die ersten schriftlichen Zeugnisse geben römische Schriftsteller, die uns berichten, daß die in den beiden Jahrhunderten vor Christus überall am Rhein ansässigen Kelten zu Cäsars Zeiten – 55 v. Chr. – germanischen Stämmen gewichen waren. Zunächst waren es die Sugambrer, welche der römische Kaiser Augustus im Jahre 8 v. Chr. auf die linke Rheinseite bringen ließ. Ihnen folgten im Jahre 70 nach Christus die Usipeter und Tenkterer und später die Brunkterer.

In der Zeit der römischen Oberherrschaft am linken Niederrhein und bis zur Aufgabe der Rheinfestungen Xanten, Asberg, Gellep, Neuß und Köln im Jahre 406 wird unsere Gegend nur schwach besiedelt gewesen sein. Allmählich folgte dann die fränkische Besiedlung. Der Ortsname verrät, daß fränkische Siedler die Siedlung Ratingen etwa im 6. oder 7. Jahrhundert entstehen ließen.

Ratingen lag in der nördlichen Randzone des nach dem Zusammenbruch der römischen Rheingrenze entstehenden fränkischen Reiches.

6 Blauer See
  Gemälde von M. Claren-
  bach. 1938

7 Quarzite auf dem Stinkesberg, sogenannte Opfersteine

8 Römische Glasgefäße. 300-400 n. Chr.
Fundort Düsseldorfer und Bechemer Straße

Grenzland zwischen Franken und Sachsen

Die im 5. Jahrhundert nach dem Untergang des römischen Reiches unter dem Namen Franken aus dem Raum Seine/Loire über Maas und Rhein vorstoßenden germanischen Völkerschaften brachten das rheinische Land unter ihre Herrschaft. Im Jahre 459 war Köln endgültig in der Hand der Franken. Chlodwig beseitigte die Teilkönige und begründete die Einheit der fränkischen Königsmacht. Im Jahre 496 brachte seine Taufe in Reims die Einführung des Christentums.

Unsere Gegend blieb lange Zeit ein von den Sachsen bedrohtes Grenzgebiet. Daß Ratingen im Gegensatz zum Niederbergischen und Bergischen altes fränkisches Siedlungsgebiet ist, wird heute nicht mehr angezweifelt. Ratingen ist dem Volkstum nach niederrheinisch und nicht bergisch, wenn die alten Stammesgrenzen südlich der Ruhr auch fließend und etwas verwischt sind. In der Mundart und im Brauchtum begegnen sie uns in etwa heute noch.

Gegen die christlichen Franken rückten in der Mitte des 6. Jahrhunderts die heidnischen Sachsen vor, die schließlich das Land bis zur Ruhr eroberten. 566 und 625 erschienen sie sogar vor Deutz. 695 unterwarfen sie den Brukterer Gau zwischen Lippe und Ruhr und fielen wiederholt auch in unsere Gegend ein. 772 sollen sie noch Kaiserswerth zerstört haben.

Die Legende verlegt ein Ereignis der großen fränkisch-sächsischen Auseinandersetzung im Jahre 705 (?) nach Ratingen. Hiernach übernachtete ein Feldherr und Großfürst der Sachsen namens Bruno mit seinem Gefolge in dem Ort Ratingen, wo aus einer Trunkenheit („durch heidnische Völlerei") ein Streit zwischen den Sachsen und den Ratingern entstand, bei dem der Ratinger Vorsteher und zwei seiner Gehilfen getötet wurden. Aus Rache ermordeten die Ratinger den Feldherrn Bruno mit fast seiner ganzen Begleitung. Die Folge dieser Auseinandersetzung soll ein kriegerischer Einfall der Sachsen gewesen sein.

Die Legende erzählt: „Die Alt-Sachsen haben zur Wehr geschritten und das Bergische Land mit Krieg, Schwert und Feuer überzogen und die Stadt Ratingen geschleift, neben vielen anderen Städten mit Schlössern." (Ratingen war damals aber noch keine Stadt.)

Zum Schutz gegen die Einfälle der Sachsen und zur Sicherung der Ruhrlinie wurden von den Franken feste Plätze und Wallburgen angelegt. Aus einer solchen Wallburg soll die Volkardey entstanden sein. Vielleicht sind feste Häuser an der Anger, zum Beispiel die Burg zum Haus, ebenfalls in dieser Zeit angelegt worden.

Die Anger hatte als Grenze Bedeutung. Später wurde sie durch zahlreiche Rittersitze gesichert. Sie wird auch als Volkstumsgrenze zwischen den Franken und Sachsen betrachtet. Als fränkischer Siedlungshof wird das einst adelige Gut Heiligendonk angesehen.

Karl der Große, der 768 den Thron bestieg, zog von 772 bis 805 gegen die Sachsen und brach ihre Widerstandskraft, womit die Kämpfe zwischen den Franken und Sachsen ein Ende fanden. Unsere Gegend wurde jetzt gesichertes fränkisches Staatsgebiet.

Nach Auflösung der Stammesherzogtümer schuf Karl der Große eine einheitliche Verwaltung. Er teilte das Land an Gaue und setzte an die Spitze derselben Grafen als Verwaltungsbeamte. Unsere Gegend gehörte zum Bruckterer Gau, aus dem der Keldachgau wurde, der im Norden an den Ruhrgau grenzte. Grenze des Keldachgaues soll die Anger gewesen sein.

9 Rittergut Volkardey. Farblithographie von P. Grabow. 1857

Der Name der Stadt

Der Name „Ratingen" wird erstmals in der ältesten Urkundensammlung des 796 vom Hl. Ludgerus gegründeten Benediktinerklosters in Werden vor 849 im Zusammenhang mit Schenkungen von Einwohnern an dieses Kloster als Hretinga oder Hratuga genannt. Diese Urkundensammlung – Chartular genannt – erstreckt sich auf die Zeit von 799 bis 849, so daß diese erste Erwähnung ebenso gut in das Jahr 800 wie 849 fallen kann. Wenn der Ortsname auch erst in dieser Zeit genannt ist, so dürfte derselbe mit den Silben „Hrat" – und „ing" die Gründung der Siedlung in das 6. oder 7. Jahrhundert weisen, als fränkische Siedler in unsere Gegend kamen. In dieser Zeit wird auch schon eine Kirche entstanden sein. Aus dem Vornamen eines fränkischen Siedlers entstand der Name Ratingen, der sich aus der Kurzform eines Personennamens wie Hrada, Hrata oder Hratan bildete. Das althochdeutsche Hrad entspricht dem lateinischen celer = schnell, hurtig. Die Silbe „-ing" bezeichnet die Zugehörigkeit zu einer Person. Ratingen heißt also: „Bei den Leuten des Hrad". Der Name eines Siedlers wurde zum Namen der Siedlung.

Die bisher in der einschlägigen Literatur gegebene Erklärung, der Name Ratingen sei ein Rodungsname und bedeute: „Bei den Leuten der Rodung", Ratingen sei aus einer Rodung im Wald entstanden, ist heute hinlänglich widerlegt. Eine Ableitung von dem Wort „roden" oder „reuten" ist nach der heutigen Forschung ausgeschlossen. Auch mit einem Rad, das in dem sogenannten redenden Wappen der Stadt erscheint und in Beziehung zum Namen der Stadt gebracht wird, hat der Ortsname nichts zu tun.

10 Aus dem ältesten Chartular des Klosters Werden. Erste Erwähnung des Namens Ratingen. Vor 850.

Die Anfänge des Christentums

Als erster Bischof von Köln wird in römischer Zeit – im Jahre 313 – Maternus genannt. Die Tante des fränkischen Königs Chlodwig führte 496 das Christentum im fränkischen Reich ein. Gregor von Tours berichtet jedoch, daß der Bischof Gallus noch in der ersten Hälfte des 6. Jahrhunderts in die Gefahr geriet, von den Kölnern totgeschlagen zu werden, als er dort ein heidnisches Heiligtum zerstören wollte.

Am Ende des 6. Jahrhunderts gaben iro-schottische Mönche den Anstoß zur Erneuerung und Ausbreitung des Christentums. Sie setzten die religiösen Kräfte der fränkischen Reichskirche in Bewegung, die auch uns mit der fränkischen Besiedlung von Köln aus das Christentum gebracht haben. Die Ratinger Kirche ist eine Gründung Kölns.

Der Merowinger-König Dagobert I. (629–638) soll den Kölner Bischof Kunibert beauftragt haben, eine Kirche in Utrecht zu gründen. Wenn diese Kirche zunächst auch keinen Beistand hatte, so ist die fränkische Macht in dieser Zeit doch über den Rhein weit nach Osten vorgestoßen. In ihrem Gefolge waren Besiedelung und Christianisierung, wobei kirchliche Stützpunkte angelegt wurden.

Die Ratinger Kirche ist bei diesem Vordringen gegen Ende des 7. Jahrhunderts als nördlichster Stützpunkt Kölns und bischöfliche Kirche gegründet worden.

In der legendären Lebensbeschreibung des Hl. Suitbertus heißt es zwar, dieser habe den Ratingern das Christentum gebracht. Ratingen war aber bereits christlich, als Suitbertus kam.

Die Christianisierung unserer Gegend ist das Ergebnis des Zusammenspiels fränkischer Politik und der Missionierung der fränkischen Reichskirche, eines Zusammenwirkens von staatlicher und kirchlicher Macht von König und Bischof. Demgegenüber dürfte das Wirken angelsächsischer Mönche in unserer Gegend von untergeordneter Bedeutung gewesen sein.

Die Sage erzählt von heidnischen Bewohnern in Ratingen, die Suitbertus bekehrte, von einem Heidenturm als Vorläufer des Kirchturms von St. Peter und Paul und einer heidnischen Opferstätte auf dem Stinkesberg.

11 Holzplastik des hl. Suitbertus. 15. Jahrhundert

Die erste Kirche, welche in unserer Gegend genannt wird, ist die des Hl. Suitbertus (°713), auf der ihm von Pippin dem Mittleren 710 geschenkten Rheininsel Kaiserswerth. Die Ratinger Kirche hat aber, wie aus alten Rechten zu schließen ist, vorher schon bestanden. Es ist auch nicht anzunehmen, daß Suitbertus sein Kloster in einer heidnischen Umgebung errichtete.

In der heimatgeschichtlichen Literatur wird Suitbertus auch als Apostel des Bergischen Landes bezeichnet. Er soll hier sogar Kirchen selbst geweiht haben, wobei wieder die Ratinger Kirche genannt ist. Die geschichtlichen Quellen berichten nur, daß er das Kloster gründete und ein zurückgezogenes Leben führte.

Ratingen hat aber mit Berufung auf die Legende gern Anspruch darauf erhoben, eine besondere Wirkungsstätte des Heiligen gewesen zu sein. Anhaltspunkte sind dafür aber nicht gegeben. Es bestand auch später kaum Beziehung zu Kaiserswerth. Mit Suitbertus wird lediglich eine zweite Phase der Festigung des Christentums zu verbinden sein.

Die Lebensbeschreibung des Heiligen, von seinem angeblichen Schüler Marcellinus geschrieben, hat sich größtenteils als Fälschung erwiesen und enthält „solche Verstöße gegen Zeiten und Personen, daß es schwer ist zu beurteilen, wieviel dabei Wahrheit und wieviel Dichtung ist".

Von der Bekehrung der Ratinger durch Suitbertus berichtet die Dumeklemmer-Sage.

Die Dumeklemmersage

Um St. Suitbertus webt sich in Ratingen ein Legendenkranz. Die Dumeklemmersage hat ihn besonders mit Ratingen verbunden. Diese Sage erzählt, der Heilige habe in der Umgebund von Kaiserswerth das Evangelium gepredigt und auch den Ratingern das Christentum bringen wollen. Dabei sei er aber auf Widerstand gestoßen. Die Ratinger seien „von hartnäckigem Sinn und barbarischem Geist" gewesen. Sie versuchten ihn mit Stöcken und Steinen zu vertreiben, ja sie schlugen ihm sogar das Stadttor vor der Nase zu und klemmten ihm hierbei den Daumen. Trotzdem sei er nicht gewichen. Er habe schließlich das Evangelium mit Erfolg gepredigt und die Ratinger getauft. Ein altes Gedicht, dessen Ursprung und Verfasser unbekannt sind, berichtet hierüber:

> Gen Köllen, Rees und Xanten,
> Een och nach Neerlanden,
> Do het de hil'ge Suitbert
> De Heiden woll all bekiart.
>
> Gen Ratingen kwam he ock fürbaß,
> Well do nach ken Chrestendom was.
> Doch wuat he nitt guet opgenômen.
> Dat Volk het sech für Portz gestemmt,
> On het em bluedig de Dûmen geklemmt;
> Et het em geschmieten Stên op het Hôpt,
> Dat he bedrüeft davon es lopt.
> He äwwer rief engremmichlich:
> „Dat Volk es hatnäckiglich;
> De Nâm, de sall em bliewen,
> Well et mech het verdriewen."

Das Gedicht dürfte kurz nach 1500 entstanden sein.

Für die Untat der Ratinger müssen ihre Nachfahren „ewiglich" büßen. Zur Strafe dafür, daß sie dem Heiligen den Daumen klemmten, kommen seither alle Ratinger mit einem platten Daumen zur Welt und heißen auch „ewiglich" Dumeklemmer.

Ratingen hatte zur Zeit des hl. Suitbertus weder Mauern noch Tore. Die Sage wird darin ihren Ursprung haben, daß Ratingen im Herzogtum Berg ein alter Gerichtsort und dazu noch die Stadt gewesen ist, in der der Träger des roten Mantels, der Scharfrichter, wohnte. Der Ratinger Scharfrichter war weit bekannt. Er wirkte nicht nur im alten Herzogtum. Seine Tätigkeit ist auch im Stift Essen wie im Kurfürstentum Köln, in der Stadt Köln und in der Stadt Neuß nachgewiesen. Durch ihn war Ratingen über die Grenzen des Landes besonders bekannt.

Das Ratinger Gericht hat auch schon früh die Folter angewandt, wozu das Anlegen von Daumenschrauben gehörte. Die Folterung in dieser Art war aber allgemein üblich und keine Ratinger Besonderheit.

Schon früh wurden hier von dem Richter Wilhelm von Hammerstein mehrere Hexenprozesse durchgeführt, wohl die ersten in der näheren und weiteren Umgebung. Von 1499 bis 1504 sind allein 12 Folterungen und fünf Hexenverbrennungen überliefert. Das hat weithin Aufsehen erregt. Vielleicht haben diese Hexenverfolgungen sogar dazu beigetragen, daß der 1591 in der Nähe der Stadt in Kaiserswerth geborene Friedrich von Spee, der Verfasser der Trutznachtigall, ein so scharfer Bekämpfer des Hexenwahns wurde.

Die Entstehung der Sage wird, wie schon angedeutet, in mehreren Ursachen zu suchen sein. In der Phantasie der Bewohner des Bergischen Landes lebten die Gedanken an die Vertreibung des hl. Suitbertus, an Gericht, Scharfrichter und Folter, wenn sie den Namen Ratingen hörten.

Der in der 1508 erschienenen, gefälschten Lebensbeschreibung des hl. Suitbertus geschilderte hartnäckige und barbarische Sinn der Brukterer, ihr feindseliges und gewalttätiges Verhalten dem Heiligen gegenüber, wurde den Ratingern zugeschrieben, zumal Ratingen hier als einer der wichtigsten Orte in dieser Provinz ausdrücklich genannt wird. Die Phantasie hatte allen Stoff, um die Sage entstehen zu lassen, die wohl als eine der schönsten und lebendigsten in dem Schatz rheinischer Sagen bezeichnet werden kann.

Welch großen Einfluß die Lebensbeschreibung des hl. Suitbertus in unserer Gegend hatte, beweisen nicht nur mehrere Sagen, sondern auch zehn bildliche Darstellungen aus dem Leben des Heiligen, die bis etwa zur Mitte des 19. Jahrhunderts im Südschiff der Pfarrkirche St. Peter und Paul vorhanden und teilweise in direkter Beziehung zu Ratingen gesetzt waren. Der Inhalt dieser Bilder war der Lebensbeschreibung entnommen.

Zwei weitere Suitbertus-Sagen seien hier noch erwähnt. In einer heißt es, Suitbertus habe den Ratingern das Evangelium auf dem Stinkesberg verkündet und sie hier dabei überrascht, als sie die Eingeweide eines Tieres zu Ehren ihres heidnischen Gottes verbrannten. Er habe ihnen dann zugerufen: „Euer Opfer, das ihr hier darbringt, ist stinkend". Fortan sollen die Ratinger diesen Berg jetzt Stinkesberg genannt haben. (Stinkesberg heißt Steinchenberg, nach den hier liegenden Findlingen so genannt.)

Die andere Sage erzählt, der Heilige habe aus einer Quelle hinter dem alten Pfarrhaus an der Grütstraße, die noch zu Anfang des 19. Jahrhunderts als sumpfige Stelle zu sehen gewesen sein soll, das Wasser geschöpft, um die heidnischen Ratinger zu taufen.

Die Kirche und ihre Ausstattung

Aus Grabungen in den vom Kriege zerstörten Kirchen hat man die Erkenntnis gewinnen können, daß die Wurzeln vieler alter Kirchen in die fränkisch-karolingische Zeit zurückreichen und diese Jahrhunderte älter sind, als die ersten Urkunden von ihnen berichten. Diese Erkenntnis hat eine Grabung im Jahre 1973 auch für die Ratinger Kirche bestätigt.

Die erste urkundliche Erwähnung der Ratinger Kirche erfolgte in einem Privilegienbuch der Abtei Werden aus der Zeit von 1000–1150, wo schon von einer Pfarre Ratingen und von einer Pfarrgrenze gesprochen wird, auffallend früh, was für die Bedeutung der Kirche und des Ortes spricht. Diese Pfarrkirche, eine dreischiffige Basilika mit drei Türmen, einmalig in der ganzen Umgebung, die aufgrund der Grabung jetzt für die Zeit nach „1000" datiert werden kann, war nicht die älteste und nicht erste Kirche.

Die Grabung ließ einen Grundriß erkennen, aus dem ein früherer, einfacher karolingischer Saalbau mit eckigem Chorraum „abgelesen" werden konnte, der in das 8./9. Jahrhundert zurückreichen dürfte und nach einem Anhaltspunkt sogar noch einen Vorläufer als Holzkirche gehabt haben kann.

Das Apostelpatronat des hl. Petrus mit dem der Mutter Gottes wie das Zehntrecht der Kölner Kirche ließen ohnehin eine frühe Gründung der Kirche als sogenannte bischöfliche und älteste Kirche der Gegend gegen Ende des 7. Jahrhunderts vermuten.

Die Ratinger Kirche unterstand schon im 12. Jahrhundert dem Dompropst, dem die Einkünfte vom Erzbischof zugewiesen waren. Am 11. Dezember 1165 bestätigte der Erzbischof Reinald von Dassel die durch den Dompropst Hermann von Hengebach getroffene Regelung, wonach die Ratinger Pfarrkirche auch künftig zur ständigen Ergänzung der Einkünfte der Dompropstei einverleibt bleiben sollte. Es handelt sich nicht um eine Neuregelung, sondern um die Bestätigung einer „herkömmlichen Praxis".

Der Kölner Dompropst war hiernach der Patronats- und Pfarrherr der Ratinger und der Inhaber des Zehnten. Doch der Dompropst war nicht im ganzen Pfarrbezirk Zehntler.

In Teilen des Gebietes der alten Honschaften Ratingen und Heide (Tiefenbroich) hatte der jeweilige Eigentümer der Burg Zum Haus das Zehntrecht, das der Burg anklebte und für das hohe Alter dieser Burg spricht. Der Zehnte ist bis zum Jahre 1803 geblieben.

Durch die Grabung im Jahre 1973 ist bestätigt worden, daß die Lage der ersten Kirche die Lage der heutigen ist. Weithin sichtbar liegt sie genau in der Mitte der Stadt, am Schnittpunkt zweier Straßen auf einer Anhöhe, einem letzten Ausläufer des Bergischen Landes.

12 St. Suitbertus. Kolorierter Kupferstich von F. Bloemert. Um 1620

13 Darstellung der Kirche auf dem ältesten großen Stadtsiegel. 13. Jahrhundert

Sie war ursprünglich – wie schon erwähnt gesagt – der Mutter Gottes und dem hl. Petrus geweiht. Im Jahre 1403 ist der hl. Petrus allein als Pfarrpatron genannt. 1678 erscheinen Petrus und Paulus als Kirchenpatrone.

Zum alten Pfarrbezirk gehörten außer Ratingen die sieben Honschaften: Bracht, Eckamp, Eggerscheidt, Heide (Tiefenbroich), Krumbach-Hasselbeck, Lintorf und Schwarzbach. Lintorf ist um die Mitte des 15. Jahrhunderts ausgeschieden und selbständige Pfarre geworden.

An den karolingischen Saalbau erinnern noch Fundamente, an die dreischiffige romanische Basilika Pfeilersockel am Westturm und die beiden kleinen Osttürme, die aufgrund der Grabung statt ins 12. jetzt ins 11. Jahrhundert (nach 1000) datiert werden können.

Die dreischiffige Basilika ist im 13. Jahrhundert durch eine ebenfalls dreischiffige gotische Hallenkirche ersetzt worden. Nach 1220, spätestens 1250 ist der mächtige Westturm erbaut worden. Er ist, wie die ganze Kirche, aus Bruchsteinen erbaut worden; ein buntes Gemisch von Tuffsteinen aus der Eifel, Trachyt vom Drachenfels, Kalk-, Dolomit- und Kohlensandsteinen aus Ratingen und der Umgebung. Die Ausmaße des mächtigen Turmes lassen die Absicht eines geplanten, aber nicht mehr vollendeten größeren Baues erkennen.

Der Umbau von der romanischen Basilika zur frühgotischen, dreischiffigen Hallenkirche, fällt in die Zeit nach 1275, ein Jahr vor der Stadterhebung. Diese dritte Kirche ist in der Stadterhebungsurkunde von 1276 als *parochia* = Pfarrkirche bezeichnet.

Möglicherweise ist der Umbau nach einer Beschädigung der Kirche bei einem großen Brand erfolgt, der die Stadt im Jahre 1266 heimgesucht haben soll. Das Langhaus ist eine der frühesten deutschen Hallenkirchen und etwa gleichzeitig mit dem Essener Münster entstanden. Der abschnittsweise Um- oder Neubau dürfte kurz nach 1300 vollendet gewesen sein. Der Kölner Dompropst, als der eigentliche Pfarrherr in Ratingen, wird auf die bauliche Gestaltung der Kirche zu allen Zeiten seinen Einfluß genommen haben.

Heinz Peters, der die Baugeschichte der Kirche schrieb, sagte: „Mag der Westturm allenthalben auch als das schönste Bauglied der Kirche empfunden werden, der in kunstgeschichtlicher Hinsicht bedeutsamste Teil der ganzen Anlage bleibt das westliche Langhaus, in dem eine der frühesten rheinischen Hallenkirchen nachgewiesen werden kann."

An die Hallenkirche sind im 15. Jahrhundert eine Kapelle zu Ehren der hl. Anna und die Sakristei angebaut worden. Im Jahre 1775 erhielt der Westturm die heutige barocke Haube. Weitere Ausbauten an den beiden Osttürmen und eine Erweiterung nach Osten hin erfolgten in den Jahren 1892/1894, wobei die Annakapelle wieder abgerissen wurde.

Bei dem großen Fliegerangriff auf Ratingen am 22. März 1945 und durch Beschuß in dieser Zeit wurde die Kirche erheblich beschädigt. Die Schäden sind bis 1948 behoben worden. In den Jahren 1971/1974 erfolgte eine gründliche Instandsetzung und Umgestaltung im Innern.

Trotz der vielen Umbauten und Veränderungen ist St. Peter und Paul heute noch das bedeutendste und bemerkenswerteste Baudenkmal des ganzen Kreises. Mit ihrem wuchtigen und charakteristischen Turm überragt sie die Häuser der Stadt und grüßt weithin in die Ebene des Niederrheins.

Von der *Ausstattung* der Kirche ist zuerst die gotische Monstranz aus dem Jahre 1394 zu nennen, „durch Reichtum und Glanz der Arbeit die bedeutendste am Rhein aus dieser Epoche und eine der frühesten überhaupt" (Dehio – Gall). Heinz Peters rechnet sie „zu den kostbarsten gotischen Monstranzen". Sie ist ein Geschenk des Pfarrers Bruno Meens (1371–1398). Der reich ornamentierte Fuß trägt an seinem oberen Rand die Inschrift: „bid vor den priester, de did cleynot al up bereyt heet deser synre kyrken to Ratinghen ter eren des heylgen sacramentz anno dm MCCCXCIIII". Der Goldschmied, der sie anfertigte, ist unbekannt. Um diese Zeit war unter dem Herzog Wilhelm (1380–1404) der Ratinger Goldschmied Tielman Prost am herzoglichen Hof in Düsseldorf tätig; Arbeiten von seiner Hand sind nicht bekannt.

Von Emigranten wurde im Jahre 1793 ein originalwertiges van Dycksches Ölgemälde zurückgelassen, welches die Beweinung Christi bei der Kreuzabnahme darstellt. Dasselbe befindet sich heute im Nordschiff der Kirche. Durch die Äbtissin des Zisterzienser Klosters Herkenrode in Belgien kam es nach Ratingen und stammt aus der Mitte des 17. Jahrhunderts. Es handelt sich um eine Wiederholung des Originals in den Staatlichen Museen zu Berlin. Originalartig, aber nicht von der Hand des Meisters selbst gemalt. Das Gemälde wurde 1903 von dem Maler Aschenbroich und 1969 von Richard Perret restauriert.

Die *Kreuzigungsgruppe* unter dem Turm, welche sich früher auf einem hohen Balken zwischen den beiden Chorpfeilern befand, Chor und Kirchenschiff trennte, ist eine Arbeit aus der ersten Hälfte des 16. Jahrhunderts.

Der Taufstein aus dem Jahre 1631 ist aus blauschwarzem Ratinger Marmor aus dem „Schwarzen Loch" gefertigt wie ebenfalls drei Weihwasserbecken aus den Jahren 1681 und 1767. Zu erwähnen sind einige alte Glocken, besonders die sogenannte Marienglocke, die Merg, auch März genannt, die Johann von Venlo mit seinem Bruder im Jahre 1498 gegossen hat. Als sie einstmals verloren gegangen und im Wald vergraben war, soll sie von Schweinen entdeckt und ausgewühlt worden sein, so berichtet es eine Sage.

Die älteste und kleinste Glocke ist die Katharinenglocke, wohl vor 1300 gegossen.

Die dritte Glocke des alten Geläuts, welches als denkmalwert gilt und deshalb in den Kriegen der Ablieferung entging, ist die Peter- und Paul-Glocke aus dem Jahre 1523.

Der Sage nach wollten die Kölner dieses Geläut einmal erwerben. Sie boten als Preis dafür, den Weg von Köln nach Ratingen mit Talerstücken zu belegen und dazu noch die größte Domglocke zu geben. Doch die Ratinger wiesen dieses Angebot mit Stolz zurück.

Holzbildwerke aus Linden- und Birnbaumholz sind dem Stadtgeschichtlichen Museum anvertraut, von denen eine Statue des hl. Sebastianus aus dem 17. Jahrhundert, der Kirchenpatrone Petrus und Paulus sowie des hl. Johannes von Nepomuk aus der Zeit vor 1750 stammen.

14 Ansicht der Kirche in der Zeichnung von E. Ph. Ploennies. 1715

15 Südansicht der Kirche um 1870. Zeichnung von F. Pützer

16 Die Kirche von Norden vor 1892

17 Ostteil und Chor der Kirche vor 1892

18 Das Langhaus der Kirche vor 1892

In der Staatsbibliothek zu München befindet sich ein altes Meßbuch der Pfarrkirche St. Peter und Paul, der *Codex Ratingensis*, der zu den ältesten und wertvollsten liturgischen Handschriften zählt. Das Meßbuch stammt aus dem letzten Viertel des 12. Jahrhunderts und ist bis 1439 benutzt worden. Es kam im Jahre 1596 über den Ratinger Stadtrichter an die Regierung des Herzogtums, die das Kirchenbuch bei Streitigkeiten über die Pfarreinkünfte eingefordert hatte und nicht mehr zurückgab. Als Herzog Karl Phillip nach Mannheim übersiedelte, wurde der Codex dorthin entführt und kam so schließlich in die Staatsbibliothek zu München.

Er besteht aus drei Teilen: Calendarium, Missale und Sequenzen. Das Calendarium ist zur Aufzeichnung vieler gottesdienstlicher Notizen, der Jahrgedächtnisse und Memorien verwandt worden und hat dadurch besondere lokalgeschichtliche Bedeutung. Es weist auch auf die Herkunft des Buches hin, auf die Kölner Domkirche, deren Propstei die Ratinger Pfarrkirche einverleibt war. Das Buch scheint ein Geschenk des Dompropstes gewesen zu sein, der ja Patronatsherr der Ratinger Pfarrkirche gewesen ist. Geschrieben wurde es wahrscheinlich von einem Benediktiner, wie es eine Hymne auf den hl. Benediktus vermuten läßt.

Der zweite Teil umfaßt das Missale, die Meßgebete. Im dritten Teil folgen zahlreiche Sequenzen und Antiphone mit Texten und Melodien (Neumen). Allein 54 Sequenzen für Feier- und Heiligentage des Kirchenjahres sind aufgezeichnet. Diese sind, wie Teile des Missale, später geschrieben und stammen aus dem 13. Jahrhundert.

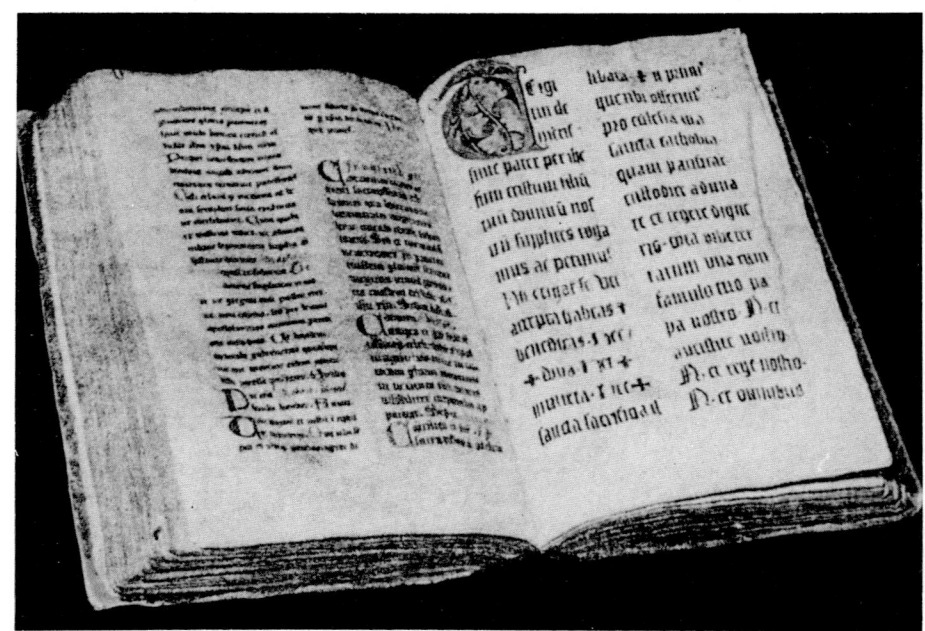

20 Der Codex ratingensis

21 Taufstein aus Ratinger Marmor. 1631

◀ 19 St. Peter und Paul heute. Im Vordergrund der Giebel des Bürgerhauses

22 Völlig überholt wurde in den letzten Jahren die Kirche St. Peter und Paul

23 Die gotische Monstranz aus dem Jahre 1394

24 Engel mit Passionswerkzeugen. Detail von der Ratinger Monstranz

Bei der Erweiterung der Kirche in den Jahren 1892/1894 erhielten Kirche und Kirchplatz die heutige Form. Der östliche Teil des Langhauses wurde von den beiden Osttürmen ab mit dem Chor niedergelegt. Neu errichtet wurden zwei Querschiffe und nach der Niederlegung eines angekauften Wohnhauses ein größerer Chorraum. Aus dieser Zeit stammen Hochaltar, Kommunionbank und Beichtstühle.

Bis zum Jahre 1884 lag die Kirche an der südlichen Längsseite durch eine Häuserreihe sehr eingeengt. Zwischen dieser Häuserreihe und der Kirche lag noch ein Teil des die Kirche umgebenden Friedhofs, der auf Anordnung der Regierung seit 1786 geschlossen war.

Bei der Verbreiterung der Oberstraße ist diese Häuserreihe niedergelegt und der Platz vor der Kirche erweitert worden. Vor dem Hauptportal, vom Bürgerhaus nur durch einen schmalen Treppengang getrennt, stand bis 1899 noch das alte, bereits 1338 erwähnte Weinhaus, welches dann angekauft und niedergelegt wurde. Damit war erst der Blick auf das schöne Hauptportal und dem Turm frei. Der Turm ist 57 m hoch.

Die Ratinger Edelherren und ihre Burg

Machtkampf an der Anger

In einem Privilegienbuch der Abtei Werden aus der Zeit von 1000–1150 wird ein Edelherr Adelbertus von Ratingen erwähnt. Wir erfahren hierdurch, daß in Ratingen ein Edelgeschlecht wohnte und damit auch ein Herrensitz, eine Burg, vorhanden gewesen ist. In der Zeit von 1168–1190 verkauft ein Edelherr Heinricus von Ratingen dem Kölner Kurfürst-Erzbischof Philipp von Heinsberg – Parteigänger Barbarossas und Kanzler des Reiches – sein in Ratingen gelegenes freies Gut (Allod). Bei ihm wird man unterstellen können, daß er ein Nachfolger des Ratinger Edelgeschlechtes ist, dem Adelbertus angehörte und das zum alten Dynastenadel zu rechnen ist.

Diese Dynasten waren als Inhaber einer Allodialherrschaft kleine Landesherren, die durch ihren Besitz grundherrliche und hoheitliche Rechte inne hatten. Da Rechte dieser Art und besondere Privilegien mit der heutigen Wasserburg Zum Haus verbunden waren, kann man darauf schließen, daß diese Burg der Sitz der Edelherren von Ratingen gewesen ist.

Wo heute die Wasserburg Zum Haus liegt, wird schon in fränkischer Zeit, als die ersten Ratinger Namen genannt werden (800–849), ein befestigter Platz zur Sicherung des Angerüberganges an dem Kreuzungspunkt zweier bedeutender Straßen gelegen haben, der nach 1000 zu einer festen Hofanlage, zu einem Herrensitz geworden und nach dem Ergebnis einer Grabung in dem Jahre 1966 im 12. Jahrhundert durch Feuer zerstört worden ist.

25 Siegel der Äbtissin Gudelinda von Ratingen. 11. Äbtissin von Elten, 1301

26 Siegel des Grafen Adolf von Berg (1193-1218)   27 Siegel des Grafen Heinrich von Berg (1225-1247)

Über eine in Quellen des 17. Jahrhunderts erwähnte sogenannte Ratinger Burg ist viel gerätselt worden. Dies kann nur die Burg Zum Haus gewesen sein. In der stadtgeschichtlichen Literatur ist nun dargelegt, die Ratinger Burg habe dort gelegen, wo heute die Pfarrkirche St. Peter und Paul steht, oder im Oberdorf. In dem Gebiet, in dem die Burg angenommen wird, stand im 8./9. Jahrhundert aber schon eine Kirche, wie es die im Jahre 1973 durchgeführte Grabung ergeben hat. Bei den von Augenzeugen im 17. Jahrhundert bestätigten, vermeintlichen Burgruinen im Oberdorf handelt es sich um Ruinen des Windmühlenturmes und der Befestigung des Oberdorfes, von denen heute noch Reste vorhanden sind.

Bei den Edelherren handelt es sich um selbständige Herren, um kleine Dynasten oder Landesherren, wohl die ersten Herrscher in Ratingen. Nach dem Verkauf ihres Allods wird das Edelgeschlecht nicht mehr in Ratingen erwähnt. Wohin es verzogen ist, wissen wir nicht. Ausgestorben, wie es die Stadtgeschichte sagt, ist es im 12. Jahrhundert aber nicht. Wir erfahren im 13. Jahrhundert noch von Angehörigen und Nachfahren dieses Geschlechts. Im Jahre 1259 wird ein bedeutender Angehöriger desselben genannt: Hermann von Ratingen, Kanonikus, Portarius und Scholaster in Xanten.

Aus seinem Testament vom 21. Mai 1291 erfahren wir, daß die Grafen von Moers seine Blutsverwandten waren und somit ein Graf von Moers mit einer Edelfrau von Ratingen oder die Mutter des Hermann von Ratingen eine Gräfin von Moers war.

Ein unbedeutendes Geschlecht scheint das Ratinger also nicht gewesen zu sein. Die Grafen von Moers gehörten zum Hochadel.

In dem Testament nennt Hermann von Ratingen auch seine Geschwister: seine Schwester Gudelinda von Ratingen, Äbtissin in Alten am Niederrhein, und Brüder, von denen einer mit dem Namen Dietrich genannt ist. Die Brüder hatten 1291 drei Kinder. Im Jahre 1269 treten ein Albert und ein Dietrich von Ratingen in einer Schenkungsurkunde des Abtes von Werden als Zeugen auf.

Graf Dietrich von Moers schlug im Jahre 1259 seinen Verwandten Hermann von Ratingen als Pfarrer von Krefeld vor, da die Grafen von Moers und das Kloster Meer in Meerbusch bei Düsseldorf abwechselnd das Präsentationsrecht ausübten.

Durch eine, aus einer Unklarheit entstandene doppelte Präsentation entspann sich in diesem Jahr ein Streit, der sogar zu Tätlichkeiten führte, da Graf Dietrich sein vermeintliches Recht zu sichern versuchte. Hermann von Ratingen geriet hierbei auf eine nicht geklärte Weise in die Gefangenschaft des Klosters Meer. Er leistete am 10. Dezember 1260 Verzicht auf die Pfarrstelle, nachdem ein von beiden Seiten anerkannter Schiedsspruch ergangen war.

Hermann von Ratingen kaufte 1284 den Hof Essmer in der Grafschaft Moers, der später je zur Hälfte im Besitz des Stiftes Xanten und der Grafen von Moers war. Hermann von Ratingen wird auch als Pfarrer und Kanoniker in Elten und als Pfarrer in Amern erwähnt. Reich bedacht ist in seinem Testament die Kirche in Xanten, aber niemand in Ratingen, auch nicht die Kirche, so daß hierin wohl keine Beziehungen mehr bestanden haben.

Gudelinda von Ratingen war die 11. Fürst-Äbtiissin von Elten. Sie starb im Jahre 1301. Von ihrem Namen hat man in Holland den Namen Goüland, einer Landschaft am Zuidersee, ableiten wollen. Unsichere Spuren lassen vermuten, daß die Herren von Ratingen an den Niederrhein und nach Holland verzogen sind. Sichere Nachfahren sind nach 1301 nicht mehr zu ermitteln.

Mit dem Edelherrn Heinricus von Ratingen verkaufte in der Zeit von 1168–1190 auch ein Sygewizen von Ratingen sein Allod dem Kölner Kurfürst-Erzbischof, der in dieser Zeit der mächtigste Fürst am Niederrhein war. Seine Erwerbungen sind das Zeichen eines Machtkampfes zwischen Kurköln und Berg am Niederrhein. Die Lage dieses Allods ist unbekannt.

Im Jahre 1189 erwarben die aufstrebenden Grafen von Berg ebenfalls einen Hof in Ratingen, den Angerhof, einst am Schüttensdiek gelegen, neben Gütern im Raum Düsseldorf. Damit waren beide Landesherren in Ratingen begütert. Es ging bei diesem Machtstreben auch schon um die Herrschaft an der Anger, einem kleinen Fluß, der große Geschichte gemacht hat. Die Grafen von Berg befürchteten hier eine Umklammerung ihres Gebietes durch Kurköln.

Nach 1190 erscheinen die beiden Ratinger Allode nicht mehr als Kölnischer Besitz. Die Grafen von Berg drängten Kurköln rechtsrheinisch immer mehr zurück und erwarben schon 1180 die Grafengewalt im Ruhr- und Keldachgau. Sie stiegen zu neuen Landesherren auf.

Das Ringen um die Macht an der Anger beendete erst die Erhebung Ratingens zur Stadt im Jahre 1276. Nach dem Sieg Graf Adolf VIII. von Berg über den Kölner Kurfürst-Erzbischof im Jahre 1288 untersagte der Sieger dem Besiegten in dem „Friedensvertrag" vom 19. Mai 1289, an der Anger Befestigungen oder Burgen anzulegen. Dies kennzeichnet die Bedeutung, die der Angerlinie noch in dieser Zeit beigemessen wurde.

Die Wasserburg Zum Haus

Die Wasserburg Zum Haus, am Rande des Weichbildes der Stadt gelegen, ist im 13. Jahrhundert entstanden und im 15. wie im 16. Jahrhundert mehrfach umgebaut worden. Ihren jetzigen Namen, mit dem sie erstmals im Jahre 1309 genannt wird, hat sie von dem einst hier seßhaft gewesenen Rittergeschlecht vom Haus, das erstmals im 13. Jahrhundert auftauchte und hier seinen Stammsitz hatte. Es ist anzunehmen, daß dieses Geschlecht die im 12. Jahrhundert durch Brand zerstörte Vorläuferin der heutigen Burg wieder aufgebaut hat.

Der jetzige Bau ist eine viereckige Anlage mit drei Rundtürmen und einem viereckigen Torturm, umgeben von einem breiten Wassergraben, der Vor- und Hauptburg von einander trennt. Das ganze Grabensystem ist heute ohne Wasser. Von den Türmen ist nur ein Rundturm und der Torturm gut erhalten, von der Vorburg der Torbau und ein zweistöckiger Bau mit sechsmal abgetrepptem Giebel. Das Herrenhaus hat bei dem Bombenangriff auf die Stadt am 22. März 1945 Schäden erlitten. Doch sind an der Außenseite die aus dem 15. Jahrhundert stammenden Fenster mit eindrucksvollen gotischen Steinkreuzen erhalten geblieben.

In der heutigen Anlage stecken nur noch geringe Reste von der Anlage des 13. Jahrhunderts. Baureste des 13. und 14. Jahrhunderts blieben in den beiden runden Südtürmen und in der Ostmauer des Herrenhauses, wo auch Tuffsteine vorhanden sind, erhalten. Bei der Instandsetzung im Jahre 1974 wurden im Südostturm vermauerte gotische Kreuzstockfenster freigelegt, die nachher anstelle romanischer Fenster eingesetzt worden sind. Beide Südtürme stammen aus dem 15. Jahrhundert. Die rechteckige Ringmauerburg dürfte um 1447 von dem einflußreichen und umstrittenen Marschall Johann vom Haus ausgebaut worden sein. Sie ist 1596 wesentlich umgebaut worden, wie es Eisenanker an der Außenmauer des Herrenhauses besagen. Aus dem 16. Jahrhundert, vielleicht dem Ende des 15. Jahrhunderts stammen Torturm und Vorburg.

Eine Rekonstruktionszeichnung der Burg aus dem 16. Jahrhundert gibt G. A. Fischer in seinem Buch aus dem Jahre 1890 über Schloß Burg und andere Burgen des Rheinlandes. Ein schönes Modell dieser Anlage von S. Scholz befindet sich im Stadtgeschichtlichen Museum. Größere Zerstörungen könnten 1405 erfolgt sein. Die Burg wurde 1595 bei einem Angriff spanischer Truppen verwüstet. 1641 besetzte sie der kaiserliche Marschall von Hatzfeldt, der hier sein Quartier nahm. 1689 war die Burg das Hauptquartier der Brandenburger bei dem Angriff auf Kaiserswerth und wurde wieder erheblich beschädigt. 1758 hatte der französische General Chabôt hier sein Standquartier.

Das Geschlecht von Haus starb im Jahre 1554 im Mannesstamm aus. Elisabeth vom Haus heiratete den Freiherrn Dietrich von der Horst, dessen Familie die Burg im Jahre 1685 an die Freiherren von Zweiffel verkaufte. Das Geschlecht von Zweiffel starb im Jahre 1768 aus. Die Burg fiel jetzt an die Familie von Bawir zu Frankenberg, deren Erben sie 1783 an die Reichsgrafen von Spee verkauften. Im Besitz der Familie von Spee blieb die Burg bis 1972. Sie ging dann durch Schenkung an die Stadt Ratingen über, die sie anschließend auf 60 Jahre an den Architekten Bruno Lambart in Erbpacht gegeben hat. Der neue Burgherr nahm eine gründliche Instandsetzung der Burg und Vorburg vor, die ein Architekturbüro und ein Restaurant aufnehmen soll. Der Ausbau zu einer Ausbildungsstätte für Architekten ist geplant.

28 Die Burg Zum Haus im 16. Jahrhundert. Federzeichnung von G. A. Fischer

29 Die Burg Zum Haus. Aquarell von W. Ritzenhofen. 1954
Die alte Wasserburg ist ein begehrtes Objekt für Maler.

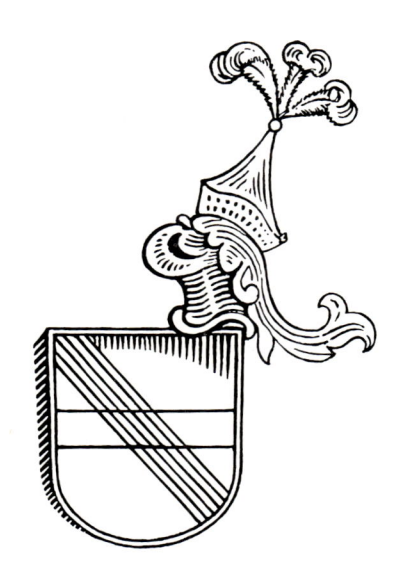

30 Wappen des Rittergeschlechts vom Haus

Pfarr- und Marktdorf vor der Stadterhebung

Ratingen entstand aus zwei Siedlungskernen: aus der bäuerlichen Siedlung um den Herrenhof, die spätere Burg Zum Haus, und der handwerklichen Siedlung um die Kirche. Die Pfarre Ratingen wird schon nach 100 bestanden haben, denn die Pfarrgrenzen werden bereits in einem Schenkungsverzeichnis aus der Zeit von 1000–1150 genannt. Der Pfarrbezirk war sehr ausgedehnt und erstreckte sich auf sieben Honschaften: Ratingen, Heide (Tiefenbroich), Eckamp, Eggerscheidt, Bracht, Krumbach-Hasselbeck, Lintorf und Schwarzbach. Als Pfarrdorf dieses weiten Bezirks hatte Ratingen eine zentrale kirchliche Funktion.

In einer Urkunde des Jahres 1165 wird Ratingen villa = Dorf genannt wie auch in der Stadterhebungsurkunde von 1276. Durch seine zentrale Lage an einem Straßenkreuz hat „die stadtbildende Kraft des Verkehrs" das Dorf früh zu einem Marktort wachsen lassen, ebenso wie das Dorf als Pfarrdorf mit dieser zentralen Funktion schon ein gewisses Marktleben brachte. Zentrale Bedeutung brachte auch das Gericht In der Brüggen. Ratingen war für die sieben zur Pfarre gehörenden Honschaften ebenfalls Gerichtsort.

Ein gewerbliches Leben hat das Schmiede- und Schleifergewerbe entstehen lassen, dem vor allem die Wasser des Anger- und Schwarzbaches gute Entwicklungsmöglichkeiten geboten haben.

Von der wirtschaftlichen Bedeutung zeugt die nach 1000 vorhandene Kirche mit drei Türmen, eine Besonderheit in der ganzen Umgebung. Der Neubau dieser Kirche nach 1000 als Ersatz für eine kleinere unterstreicht dies.

In der handwerklichen Siedlung wohnten bereits vor der Stadterhebung Fernhandelskaufleute, von denen einer schon vor dieser Zeit das Bürgerrecht in der Hansestadt Wismar erwarb. Ratinger Kaufleute sollen im Jahre 1246 bei Kreuznach überfallen worden sein.

Schließlich folgert man aus der Tatsache, daß in der Stadterhebungsurkunde von 1276 kein Marktrecht verliehen wurde, daß ein solches schon vorher bestanden hat.

Die Stadterhebung selbst beweist die schon vorhandene wirtschaftliche Bedeutung. Die befestigte Stadt Ratingen sollte Eckpfeiler und Stützpunkt gegen die Kaiserpfalz Kaiserswerth sein, der man sicherlich kein schwaches Gebilde entgegensetzen konnte.

II. Von der Stadterhebung bis zur Zerstörung der Stadt (1276–1641)

Die Stadterhebung

In „der kaiserlosen, der schrecklichen Zeit" suchten die Fürsten und Städte die Macht des Reiches zu schwächen und die eigene zu stärken. Dieses Streben nach Macht blieb, als Rudolf von Habsburg im Jahre 1273 von dem Kölner Kurfürst-Erzbischof Engelbert II. in Achen zum Kaiser gekrönt, die Geschicke des Reiches in seine Hand nahm und die Kaiserherrschaft erneuerte.

Am Niederrhein blieben die Grafschaft Burg und das Kurfürstentum Köln die rivalisierenden Mächte. Die Grafen von Berg suchten die Pläne des Kölner Kurfürst-Erzbischofs, des mächtigsten Fürsten am Niederrhein zu durchkreuzen. Die Gegensätze verschärften sich. Graf Adolf VIII. verband sich im Jahre 1262 mit der gegen den Kurfürst-Erzbischof rebellierenden Stadt Köln und wurde dessen offener Gegner.

Rudolf von Habsburg hatte 1275 den Kurfürst-Erzbischof, den kriegstüchtigen Siegfried von Westerburg, als Vogt von Essen bestätigt und am 29. Januar 1276 dessen Schwager das Burggrafenamt in Kaiserswerth übertragen. Das wurde als eine feindliche Haltung gegenüber Berg betrachtet. Berg sah die Position Kurkölns auf dem rechten Rheinufer bedrohlich gestärkt. Kurköln hatte hier festen Fuß gefaßt. Kaiserswerth mit der 1174 von Friedrich Barbarossa errichteten Kaiserpfalz und dem Rheinzoll war seit Jahrzehnten umkämpft und begehrt.

Die Grafen von Berg sahen jetzt die Nordflanke ihres Landes bedroht. Graf Adolf VIII. sah sich veranlaßt, ein Gegengewicht gegen Kaiserswerth zu schaffen und auch die Straße zur Ruhr gegen Essen wie gegen Duisburg und die Grafschaft Kleve zu sichern. Er suchte die bisher nur durch Burgen geschützte Angerlinie durch ein starkes Bollwerk zu schützen. Dies bewog ihn dazu, Ratingen aufgrund seiner Lage aus der Reihe

31 Stadterhebungsurkunde vom 11. Dezember 1276

der Dörfer herauszuheben und dem Pfarrdorf am 11. Dezember 1276, am Freitag vor dem Feste der heiligen Jungfrau Lucia, aus landesherrlicher Machtvollkommenheit den hochklingenden Titel *oppidum* = befestigte Stadt zu verleihen. Ratingen baute Gräben, Mauern, Türme und Tore um die Stadt. Der Ruhrübergang wurde durch die neu angelegte Burg Landsberg besonders gesichert. Ratingen hatte als Festung Kaiserswerth die Stirn zu bieten.

So schlug die Geburtsstunde der Stadt Ratingen. Aus gleichen Beweggründen hatten schon vorher der Kölner Kurfürst-Erzbischof wie die westfälischen Bischöfe von Münster und Paderborn, der Herzog von Geldern und der Graf von Kleve die Sicherung ihrer Länder durch Stadtgründungen angestrebt. Sie ahmten damit das Vorbild deutscher Kaiser nach. Das 13. Jahrhundert war für die Stadtgründung wie für die Anlage von Städten das fruchtbarste.

37

32 Das älteste große Stadtsiegel, 1338

33 Ältestes Sekretsiegel der Stadt, 1363
34 Zweites Sekretsiegel, 1383
35 Jüngeres großes Sekretsiegel, 1442

36 Von dem Mettmanner Grafiker Hütten stammt diese Zeichnung der Stadt Ratingen, wie sie im 17. Jahrhundert ausgesehen haben mag

Die mittelalterliche Festung, das „elegans oppidum"

Die Stadterhebung brachte der jungen Stadt Rechte und Pflichten. Sie mußte sich mit Gräben und Mauern umgeben, Tore und Türme bauen. Wann mit dem Bau der ersten Befestigungsanlagen begonnen wurde, wissen wir nicht. Auffallend schnell bewilligte der Landesherr aber die Mittel hierzu. Die erste Nachricht hierüber haben wir in einer Urkunde vom Februar 1277, also schon 2 Monate nach der Stadterhebung. Graf Adolf VIII. gestattete den Bürgern, solange eine besondere Steuer, Akzise genannt, zu erheben, bis die Befestigungsarbeiten durchgeführt waren. Der Landesherr spricht in dieser Urkunde von *firmare* und *aedificare*, von Befestigungs- und Aufbauarbeiten. Bei dem gespannten Verhältnis zwischen Berg und Kurköln konnte es jederzeit zu kriegerischen Auseinandersetzungen kommen, so daß Ratingen vielleicht schon schnell seine Aufgabe als landesherrliche Festung erfüllen mußte.

Die ersten Befestigungen werden neben Wall und Graben aus hölzernen Palisaden bestanden haben, denen vom 14. Jahrhundert an steinerne Anlagen gefolgt sind. Im Jahre 1362 werden das Vowinkeler (Düsseldorfer) und das Obertor erstmals genannt. Doch werden in dieser Zeit, in der sich die schnell wachsende Stadt schon um drei Vorstädte erweitert hatte, auch das 1380 erstmals erwähnte Lintorfer und das als Torburg gebaute Bechemer Tor vorhanden gewesen sein. Im Jahre 1403 bewilligte der Landesherr erneut eine Akzise, um „damit zu bauen und zu bessern", 1437 um verstärkt „zu befestigen".

Der Bau der steinernen Befestigungsanlagen fällt in der Hauptsache in das 14. und 15. Jahrhundert. Eine mittelalterliche Handschrift nennt Ratingen „elegans oppidum", eine feine Stadt, in der viele Eisenschmiede wohnen.

Schon im Jahre 1405 muß Ratingen eine starke Festung gewesen sein, denn bei einem Angriff der Kölner in diesem Jahr in der Fehde gegen Kalkum gelang es diesen zwar, die Vorstädte zu zerstören, aber nicht, die Stadt zu erobern.

Die Stadtmauer war 7 m hoch und bis zu 2 m dick; der Stadtgraben 7 m tief und 8–10 m breit. In die Stadtmauer eingefügt waren Wach- und Wehrhäuser, Tore und Türme, letztere als Wach- oder Wehrtürme. Als Wachturm diente auch der Turm von St. Peter und Paul. Von hier kündigte eine schwarze Fahne das Annähern feindlicher Reiter, eine rote von feindlichem Fußvolk an. Um die Stadt herum ging auch ein sogenannter Hagen, ein Wall, der 1467 und auch noch 1625 erwähnt wird.

Nicht nur die Stadt war befestigt, auch die drei Vorstädte Bechem, Oberdorf und Vowinkel hatten in gleicher Weise Gräben und Mauern, Tore und Türme. Um 1444 wurden hier umfangreiche Befestigungsarbeiten durchgeführt.

Mehr als zwei Jahrhunderte erfreute sich die Stadt der besonderen Gunst und Fürsorge der Landesherren, auch noch, als König Wenzel den Grafen Wilhelm II. am 24. Mai 1380 auf dem Reichstag zu Aachen zum Herzog ernannte und damit die Grafschaft zum Herzogtum erhoben hatte. Doch Herzog Wilhelm (1360–1408) wandte sich bald mehr nach Düsseldorf zu, das eigentlich er erst zur Stadt wachsen ließ, indem er ihr die volle Gerichtshoheit gab, die Ratingen schon seit 1276 besaß, eine Zoll- und Münzstätte hier errichtete und die ersten Eingemeindungen durchführte. Doch auch für das junge Herzogtum blieb Ratingen ein wichtiger Stützpunkt. Verstärkt ging der Ausbau der Festung vor allem im 15. Jahrhundert weiter. Neue Tore und Türme wurden gebaut. Bis zum ausgehenden Mittelalter blieb Ratingen eine starke Festung, die zu verschiedenen Zeiten, auch noch im 17. Jahrhundert, und nach verschiedenen Systemen verstärkt oder umgebaut wurde.

Von einigen Türmen ist das Baujahr bekannt. Der Taubenturm, einst in der Nähe des Trinsenturmes gelegen, wurde 1439 erbaut, 1451 der Villensturm an der Wallstraße, ein Gefängnisturm, auch Folter- und Peinigerturm genannt, und ein Turm im Oberdorf. Im Jahre 1460 wurden gebaut: ein Turm am Düsseldorfer Tor und der Kornsturm, der Tielenturm im Oberdorf sowie die Streich, ein Rondell am Düsseldorfer Tor. 1466 erfolgte der Bau der Lücke, eines Rondells an der Grabenstraße, 1466 bis 1471 der Bau des Windmühlenturmes im Oberdorf, 1467 der Bau des Kuckturmes, eines Wachturmes an der Wallstraße und 1468 eines weiteren Turmes im Oberdorf. Der Verkeshirdenturm, welcher im heutigen Gelände des St. Marien-Krankenhauses lag, wurde 1468 errichtet und 1479 der Trinsenturm, auch Schwertturm genannt.

Mit dem Ausgang des Mittelalters beginnt schon der Verfall einiger Türme. Die Befestigungsanlagen wurden nur in einem geringen Umfang der wechselnden Angriffstechnik angepaßt.

Die Blütezeit Ratingens war seit Anfang des 16. Jahrhunderts vorbei, die Finanzkraft geschwächt. Die Stadt war allein nicht in der Lage, die Befestigungsanlagen zu erhalten. Im Jahre 1552 wurde der Ausbau

37 Partie am Dicken Turm

38 Wehrgang mit dem Trinsenturm

Düsseldorfs als Hauptfestung des Landes beschlossen, nachdem die Stadt nach 1511 Residenz und Hauptstadt der Länder Berg, Jülich, Kleve, Mark und Ravensburg geworden war.

Die alten Befestigungsanlagen waren durch die Entwicklung der Waffentechnik auch ziemlich wertlos geworden. Dem Fortschritt der Kriegstechnik wurde im Herzogtum nur die Festung Düsseldorf angepaßt. Zwar bewilligte die Regierung noch mehrmals Zuschüsse für die Erhaltung der vorhandenen Anlagen, die man 1545 verstärkte und instandsetzte. 1609 wurde eine Verbesserung der Verteidigungskraft vorgenommen und nach der Zerstörung im Jahre 1641 erneut eine „Fortifikation" befohlen. Gegen Ende des 17. Jahrhunderts erfolgt aber schon das Abbrechen einzelner Türme. Die Tore blieben bis in das 19. Jahrhundert erhalten. Im Jahre 1815 wurden das Düsseldorfer und das Obertor abgebrochen, ebenso das schönste Tor, das Bechemer Tor, und schließlich im Jahre 1873 das Lintorfer Tor, welches seit 1806 als Gefängnis gedient hatte und als „Pooz" in der Erinnerung der Ratinger geblieben ist. Teile der Stadtmauer verschwanden 1813, 1816 und 1874. Im Jahre 1911 beseitigte man die Stadtmauer mit Resten von zwei Türmen (Bastionen) an der Wallstraße zwischen der Düsseldorfer und der Bechemer Straße.

Heute noch erhebt sich der Dicke Turm 11 m über dem Stadtgraben an der Turmstraße. Sein Durchmesser beträgt 11,70 m, die Dicke der Mauer 3,50 m. Nicht so hoch und so dick ist der Kornsturm, der dafür aber mit Toren und Türmen zur Rechten und zur Linken sowie der „goldenen Kull" Teil eines starken Verteidigungssystems gewesen ist. Seine Mauer ist nur 1,70 m dick. Er ist heute nur noch 6,70 m hoch. Beide Türme hatten früher eine Haube. Der Trinsenturm war eine rechteckige Schale und zur Stadtseite hin offen. Seine Höhe beträgt etwa 12 m. Seine Mauern sind 90 cm dick. Er ist 7,20 m lang und 4,65 m breit.

39 Bechemer Tor.
Nach einer Federzeichnung
von G. A. Fischer.
Abgerissen 1815

40 Lintorfer Tor. Sicht zur Stadt. Abgerissen 1873. Im Hintergrund die evangelische Kirche.

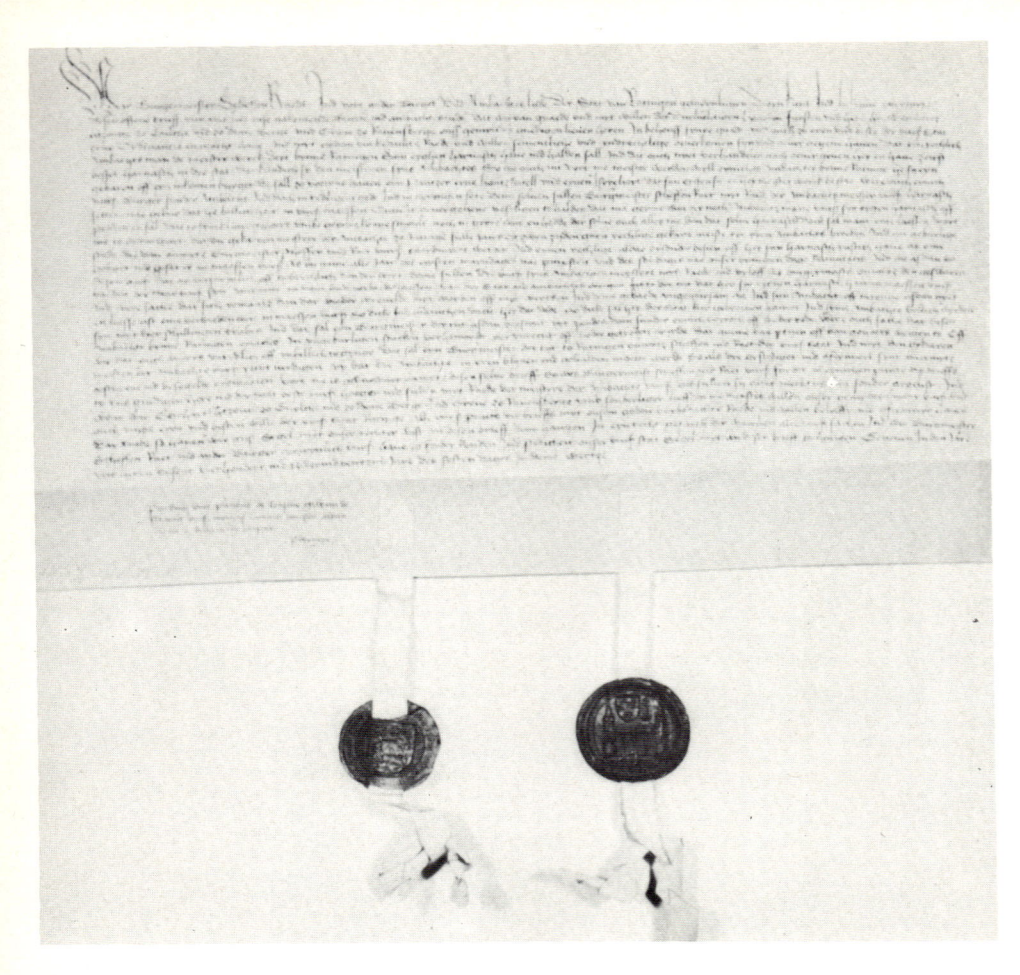

41 Urkunde über die Errichtung der Ratinger Bürgerwehr vom 6. März 1442

Die städtische Wehrverfassung

Die mittelalterliche Stadt ist ohne eigenes Militärwesen und ohne eigene Wehrverfassung nicht denkbar. Ihre militärische Stärke beruhte auf der allgemeinen Wehrpflicht der Bürger. Im Jahre 1433 werden als allgemeine Bürgerpflichten genannt: Steuer zahlen, Gräben ausheben, in den Krieg ziehen, Wache halten und Tore bewachen. Die umfangreichen Befestigungsanlagen mußten unterhalten, geschützt und bewacht, die Stadt mußte verteidigt werden. Schon die Küren (Stadtrechte) aus dem 14. Jahrhundert fordern von allen Bürgern Hilfe bei der Anlage des Stadtgrabens und dem Bau der Stadtbefestigungen, auch die Stellung einer Wache. Dem Landesherrn war Kriegsfolge zu leisten. Die Stadt stellte hierfür Schützen und Söldner, sie hatte einen eigenen Heerwagen.

Die militärische Befehlsgewalt lag beim Bürgermeister, den Schöffen und dem Rat. Um 1400 scheint die Organisation der wehrfähigen Mannschaft neu erfolgt zu sein. Nach der Verordnung vom 6. März 1442 waren die Bürger, vor allem die Zunftangehörigen, kraft städtischer Vorschrift als Schützen in der Bürgerwehr militärisch zusammengefaßt, freiwillig mit religiösen Zwecken schon 9 Jahre früher in der St. Sebastiani-Bruderschaft, die einen Stiftungsbrief vom 23. Juni 1433 besitzt, und in der St. Georgs-Bruderschaft. Bei der mittelalterlichen Verschmelzung des öffentlichen und kirchlichen Lebens ist die Trennung zwischen Bürgerwehr und Bruderschaft verwischt. Beide Bruderschaften übten sich im Schießen und hatten für die Verteidigung der Stadt größte Bedeutung, wie es Stiftungsbrief und die geldlichen Zuwendungen der Stadt erkennen lassen. Ihnen war der Schutz der Stadt anvertraut.

Für die Wehrorganisation war in der Quartier- und Wachtordnung eine bezirksmäßige Einteilung geschaffen und die Stadt in Quartiere eingeteilt. Diese zerfielen wieder in Rotten. Nach den vier Toren und den vier Hauptstraßen waren ursprünglich vier Quartiere vorhanden, die von Schöffen kommandiert wurden. Die Zahl der Quartiere wechselte. 1595 waren es fünf, 1609 wieder vier und 1622 sogar sechs.

Nach 1613 heißt es, der Bürgermeister habe das Kommando, er habe zu „gepieten". An der Spitze der Rotten standen Rottmeister. Jeder Bürger hatte seine eigene Waffe zu halten. In den einzelnen Zunftordnungen war die Pflicht, Wache zu halten, ebenfalls festgelegt. Noch die erneuerten Zunftordnungen der Bäcker und Schmiede von 1712 verpflichteten hierzu. Zweimal im Jahr hielten Bürgermeister und Rat Waffenschau.

Über die Stärke der waffenfähigen Mannschaft liegen nur wenige Zahlen vor. 1542 werden nach dem Musterungsbuch innerhalb der Stadt 135 und in der Außenbürgerschaft 39, zusammen 174 Schützen genannt. 1609 waren es 137 und 52, insgesamt 189. Neben den Waffen der Bürger verfügte die Stadt über „schwerere Waffen", über sogenannte Geschütze. Dafür waren den Quartieren Geschützmeister zugeteilt. Das schwerste Geschütz, die Kanone, stand auf dem Dicken Turm. Leichtere, wie Tummler (Steinschleuder), Basten (Mörser) und Haken (Arkebusen) auf den anderen Türmen und Toren. Ständig lag ein Pulvervorrat im Keller des alten Bürgerhauses. Zu Pfingsten 1600 schenkte ein guter Freund der Stadt ein Tönnchen Pulver von 318 Pfund. Auf den Toren und Türmen standen im Jahre 1609 noch 43 Geschütze.

Zu allen Zeiten mußten die Bürger Tag- und Nachtwache auf den Mauern und Türmen und Schildwache vor den Toren wie vor dem Rathaus halten, mußten die Torhüter die Tore täglich öffnen und schließen, die Torschlüssel beim Bürgermeister abliefern und holen. In Kriegszeiten wurden die Wachen verstärkt. Wenn die Sturmglocke geläutet oder das Horn zum Alarm geblasen wurde, hatte sich jeder Bürger mit seiner Waffe zu dem verordneten Quartier zu begeben. Für das Wach- und Alarmwesen galten besondere Vorschriften.

Oft haben Kriege und Fehden die Bürger aus ihrer friedlichen Arbeit zu den Waffen gerufen. Mit ihren militärischen Feldzeichen zogen sie in den Kampf für den Landesherrn. Sie werden schon 1288 in der Schlacht bei Worringen für ihn gestritten haben.

42 Platte aus dem Schützensilber der St. Sebastiani-Bruderschaft Anno 1433, 1753

43 Platte aus dem Schützensilber der Scheibenschützen, 1776

Bis in das 19. Jahrhundert hinein ist für die Bürger die Pflicht der Stadtbewachung als Rest ihrer städtischen Dienstpflicht geblieben. Das heitere Schützenspiel der Schützenbruderschaften und -gesellschaften blieb als letzte Erinnerung an das „Beschützen" der Stadt, an Kampf, Abwehr und Hilfe für die Gemeinschaft, für ihr Leben, Hab' und Gut, an eine einst so ernste städtische Gemeinschaftsaufgabe.

Tapfere Kämpfe der Ratinger Bürger

Festung und Bürger bestanden 1405 eine harte Bewährungsprobe. Aus diesem Jahr ist uns der erste größere Angriff auf die Stadt überliefert. In der Fehde der raub- und kriegslustigen Herren von Kalkum mit der Stadt Köln versammelten die Kölner „ein großes Volk", zogen in das Land Berg und zerstörten die Burg des Ritters Arnold von Kalkum. Der Chronik zufolge zogen sie auch vor Ratingen. Doch die Stadt widerstand ihren Angriffen erfolgreich, während Solingen erobert wurde. Die anscheinend noch nicht stark befestigten Vorstädte wurden von den Kölnern niedergebrannt.

Eine Fehde löste im 15. Jahrhundert die andere ab. Herzog Adolf gibt der Stadt 1434 zur Ausbesserung der entstandenen Schäden auf 12 Jahre die Akzise. In der Soester Fehde beginnt man 1444 die Vorstädte zu ummauern, als der Kölner Erzbischof Dietrich von Mörs in der Stadt weilte, um gegen Duisburg zu ziehen.

Für die Kriegszüge des Landesherrn mußte die Stadt Schützen stellen, die von ihm oftmals zur Rüstung und zum Heerdienst aufgeboten wurden. Von der besonderen Tapferkeit der Ratinger Schützen zeugt eine Urkunde vom 23. Juni 1449, in der Herzog Gerhard der Stadt und Bürgerschaft wegen der treuen Dienste, die sie ihm beim Regierungsantritt (1437) und in seinen Nöten, Fehden und Kriegen geleistet haben, seine drei Honschaften Schwarzbach, Bracht und von der Heiden (Tiefenbroich) im Amt Angermund und die Honschaft Crumbeck (Krumbach) im Amt Mettmann mit allen Rechten, Steuern, Zinsen, Pachten, Diensten usw., für den Fall überträgt, daß er kinderlos stirbt. Das war allerdings nicht der Fall, sonst wäre die Stadt um ein großes Gebiet erweitert worden. 1450 berechtigt er aus dem gleichen Grund die Bürger von Ratingen, im Kriegsfall die ganze Honschaft Bracht mit Wagen, Knechten und Gerätschaften aufzubieten, um ihnen das Kriegsgerät, Harnisch und Proviant zu fahren. Die Ratinger Bürger waren damit vom Heerwagendienst befreit. Offensichtlich hatten sich die Ratinger Schützen 1443 bei der Eroberung des Schlosses Broich und des Dorfes Mülheim sowie in der Hubertusschlacht bei Linnich im Jahre 1444 besonders ausgezeichnet.

44 Siegel des Schöffen Lewe Koelken, 1470
Nimmt 1471 an dem Kriegszug der Ratinger Schützen nach Nideggen teil

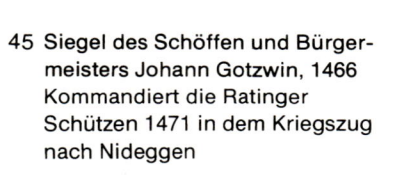

45 Siegel des Schöffen und Bürgermeisters Johann Gotzwin, 1466
Kommandiert die Ratinger Schützen 1471 in dem Kriegszug nach Nideggen

1467 liegen die Ratinger Schützen vor Schloß Linnep, 1468 ziehen sie in die Richrather Heide und 1471 zur Tomburg in die Eifel. 1474 zogen sie gegen Karl den Kühnen, als er die Stadt Neuß belagerte. Die aufgebotenen Bürgerschützen konnten in diesen Zeiten ihrem Handwerk nicht nachgehen. Das mag der Grund dafür gewesen sein, daß die Stadt 1479 Söldner in ihre Dienste stellte. Für die Bewachung der Stadt war ja ohnehin eine Mannschaft in der Stadt erforderlich. So waren Kaufleute und Handwerker oft und manchmal lange Zeit statt im Handwerk und Handel im Dienste der Stadt oder des Landesherrn tätig.

Im 16. Jahrhundert bewegten geistige Strömungen die Länder und Menschen, immer wieder werden die Bürger aufgeboten. Im Lande sind seit dem 1568 ausbrechenden spanisch-niederländischen Krieg die Spanier und die Niederländer, die seit 1582 das Land etwa 40 Jahre beunruhigten. 1584 streiften die Spanier und Bayern durch die Gegend. 1595 greifen die Spanier die Stadt an, plündern und rauben in Eckamp, überfallen die Höfe Zum Eigen und die Volkardey.

Als spanische Soldaten den Bürgern am 17. September 1595 das Vieh von den Weiden raubten, griffen die Ratinger Schützen an, nahmen ihnen das Vieh wieder ab und fünf spanische Soldaten blieben als Tote zurück. Daraufhin griff am 18. September eine spanische Abteilung die Stadt an. Es gelang ihr zunächst, durch das Lintorfer Tor in die Stadt einzudringen, mußte dann aber wieder unter Verlusten weichen.

Von den vielen, oft harten und blutigen Kämpfen der Ratinger Bürger und Schützen sind hier nur einige genannt.

Die städtische Verwaltung

Nach der Stadterhebungsurkunde durften die Bürger der Stadt Ratingen acht Schöffen nach ihrem Gefallen wählen, die der Landesherr durch Zuweisung der Schöffenstühle bestätigen mußte. Diese Schöffen verwalteten die Stadt, sie werden den Bürgermeister allein und aus ihrer Mitte gewählt haben. Erstmals ist der Bürgermeister urkundlich 1320 nachzuweisen. Die Bürgerschaft von Ratingen wird 1338 erstmals genannt und wirkt seither durch den Rat bei der Verwaltung mit.

Die Zahl der Ratsmitglieder ist anfangs gleich der Zahl der Schöffen; beide Zahlen ändern sich später. Die Zahl der Schöffen wechselte zwischen acht und vier, die der Ratsmitglieder steigt auf 16 und schließlich auf 24, mindert sich im 18. Jahrhundert aber auf zwölf. Bürgermeister, Schöffen und Rat vertreten die Stadt und bilden die Legislative, der Bürgermeister und vier Gesellen, zwei Schöffen und zwei Ratsmitglieder führen die Verwaltung, sie stellen die Exekutive dar.

Der Bürgermeister wurde jährlich in feierlicher Form auf dem Holzfahrtstag (Donnerstag nach Pfingsten) gewählt, einem frühmittelalterlichen Frühlingsfest, das ursprünglich im Wald und später unter Beteiligung der gesamten Bürgerschaft in der Stadt gefeiert wurde. An diesem Tag legte der alte Bürgermeister die Rechnung, ein neues Rechnungsjahr begann und Neubürgern wurde das Bürgerrecht verliehen. Der Holzfahrtstag war in der Bevölkerung tief verwurzelt. So feierten Ratinger Kaufleute, die 1460 den Markt in Antwerpen besuchten, auch dort diesen Tag.

Die Feier des Holzfahrtstages wird von Köln nach Ratingen gekommen sein, wo dieser Tag mit einem geschichtlichen Ereignis, der Marsiliussage, verknüpft war. Dort wurde dieses Fest noch bis um 1800 gefeiert. In Ratingen erhielten die alten Brunnen- und Pumpengemeinschaften noch bis in die 2. Hälfte des 19. Jahrhunderts von der Stadt an diesem Tage Bier, das sogenannte Holzfahrtsbier.

Die städtische Selbständigkeit erlitt seit dem 17. Jahrhundert Einschränkungen durch den Landesherrn. Auch versuchte der Amtmann in Angermund immer wieder, sich in städtische Zuständigkeiten einzumischen, die Rechte der Stadt zu beschneiden oder die Stadt zu Leistungen bzw. zu Diensten heranzuziehen, wozu sie sich aufgrund ihrer Sonderstellung nicht verpflichtet fühlte, so daß sich mit ihm wiederholt

46 Ältestes Stadtwappen, 15. Jahrhundert   47 Stadtwappen, 16. Jahrhundert   48 Stadtwappen, 19. Jahrhundert

Konflikte ergaben. Ratingen gehörte seit Bildung des Amtes Angermund zu diesem Amt, dem es zu gewissen Leistungen verpflichtet war. Der Amtmann war Vertreter des Landesherrn. Das Amt Angermund wurde auch Amt Ratingen genannt, so in der Landesbeschreibung und auf der Karte von E. Ph. Ploennies im Jahre 1715.

Das Bürgerrecht wurde durch die Leistung des Bürgereides, die Zahlung des Bürgergeldes und die Abgabe eines Ledereimers, eines Gerätes bei einem Handwerker oder einer Waffe erworben. Die Bürger schieden sich in Innen- und Außenbürger. Die Außenbürger wohnten außerhalb der Stadtmauern. Der Erwerb des Bürgerrechtes in der Außenbürgerschaft war mit weniger Pflichten und Abgaben verbunden.

Das Gericht

Mit der Stadterhebung schied die Stadt aus der Zuständigkeit des Landgerichts „In der Brüggen" aus und erhielt ein eigenes Gericht, das anfangs für alle Zivil- und Strafsachen zuständig war, den sogenannten Blutbann besaß. Es konnte über Leben und Tod urteilen. Vorsitzender des Gerichts war ein besonderer Richter, der seit 1402 nachweisbar ist, gleichzeitig Richter des Amtes Angermund war und meist in Ratingen wohnte. Ihm zur Seite standen die schon erwähnten acht auf Lebenszeit von der Bürgerschaft gewählten und vom Landesherrn bestätigten Schöffen. Jeder Schöffe führte ein eigenes Siegel.

Die Bürgerschaft wählte ebenfalls einen Gerichtsboten. Der Ratinger Scharfrichter war, wie schon gesagt, nicht nur für Ratingen, sondern für das ganze Herzogtum Berg zuständig. Die Richtstätte lag zuerst vor dem Kornsturm in der Engen Gasse, später vor dem Vordorf Vowinkel am Galgenbruch, woran die Flurbezeichnung an der Düsseldorfer Straße heute noch erinnert. Die nicht zur Stadt, aber zum Kirchspiel gehörende Honschaft Schwarzbach war verpflichtet, Übeltäter zum Galgen zu fahren und den entseelten Körper wieder wegzuschaffen. Der Scharfrichter wird vielfach Diebeshänger genannt, weil der Diebstahl das häufigste Kriminalverbrechen war. Auch Urteile über Mord sind überliefert. Mit der Hand, die man dem Ermordeten abschlug, wurde ein Totschlag beschrien und diese nach der Sühne des Mörders begraben. Zur Erlangung eines Geständnisses wurde die Folter in drei Graden angewandt. Der Villersturm (Viller = Schinder oder Peiniger) in der jetzigen Wallstraße ist sowohl als Gefangenen- wie als Peinigerturm genannt. Als Gefängnis dienten auch andere Türme; u. a. der Dicke Turm und der Kornsturm, seit der französischen Zeit bis 1873 das Lintorfer Tor, in der Mundart die Pooz genannt, so daß heute noch die Begriffe *Pooz* und Gefängnis bei den alten Ratingern gleich sind. Vor der Kirche St. Peter und Paul stand einst ein Pranger, ein Schandpfahl, auch Geckhäuschen genannt, mit dem Übeltäter bei kleineren Vergehen bestraft wurden.

49 Siegel des Gerichts In der Brüggen, zu dem Ratingen bis zur Stadterhebung gehörte. 1499

50 Allgemeines Schöffensiegel der Stadt, 1574

Die Berufung (Hauptfahrt) hatte das Ratinger Schöffengericht in Lennep, während es selbst Hauptgericht und Konsultationsinstanz für Düsseldorf, Gerresheim und Mettmann war. Über Lennep und Siegburg galt das Kölner Recht.

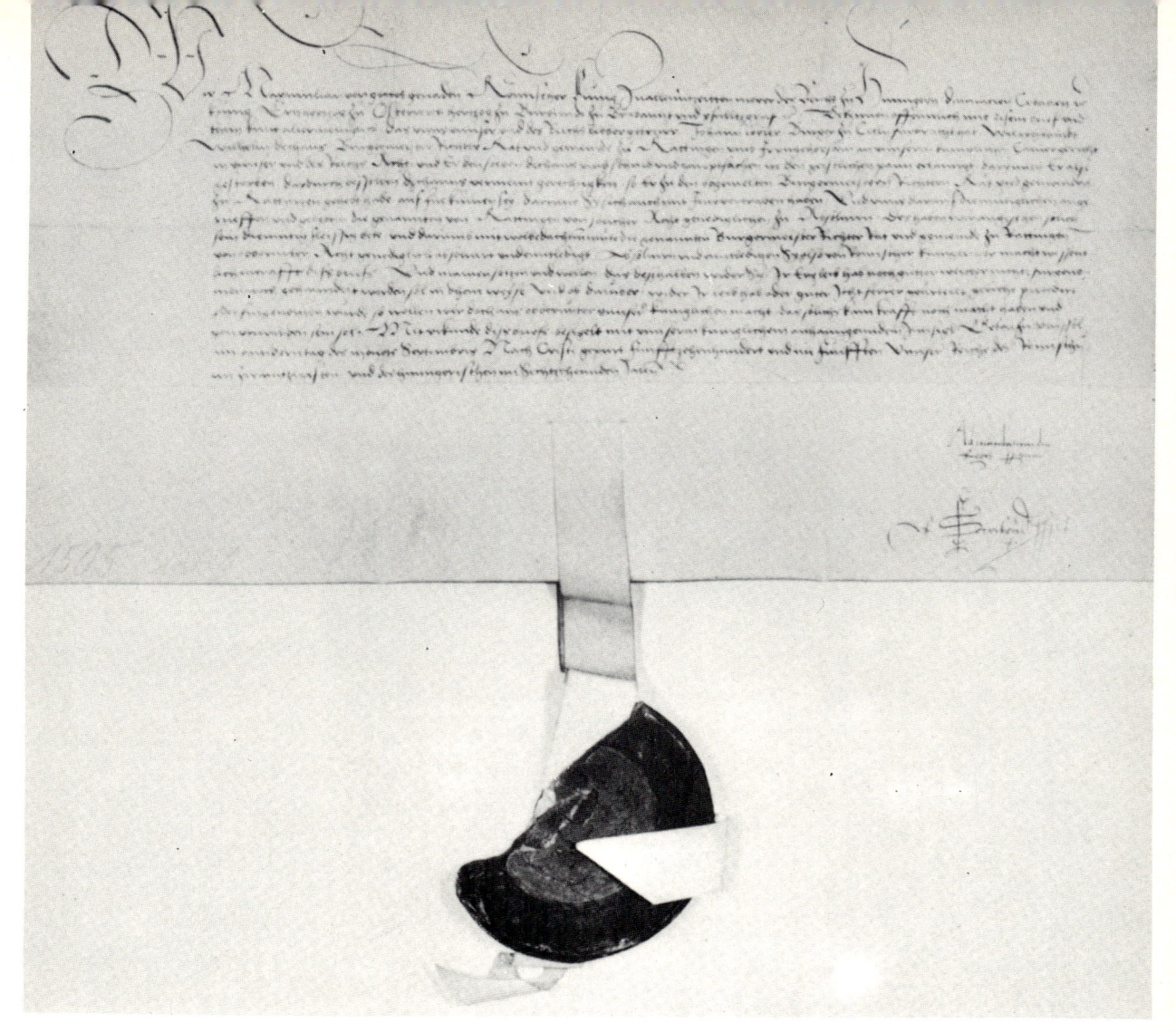

51 Kaiser Maximilian I. enthebt die Stadt der Reichsacht.
Urkunde vom 2. September 1505

52 Siegel des Kaisers Maximilian I. an der Urkunde vom 2. September 1505, wonach er die Stadt der Reichsacht enthebt. Siegelrest

Im Jahre 1499 brachte Kaiser Maximilian I. das Stadt- und Schöffengericht durch den Prozeß eines Kölners gegen einen Ratinger Bürger in die Reichsacht, weil sich das Ratinger Gericht weigerte, Akten an das Reichskammergericht in Worms auszuliefern. Aus dieser Reichsacht wurde die Stadt erst 1505 wieder befreit.

Bei einem Totschlag wurde Notgericht gehalten. Als Sühne für einen Totschlag wurden in einem Fall u.a. Bußfahrten nach Rom, Maria Einsiedeln und Aachen genannt. Der Totschläger mußte im Totenkleid und mit Kerzen in den Händen durch die Stadt zum Kirchhof und in die Kirche gehen.

Für kleinere Vergehen war das Bürgermeistergericht (Bürgerverhör) zuständig, welches aus dem Bürgermeister als Vorsitzenden und zwei Schöffen bestand.

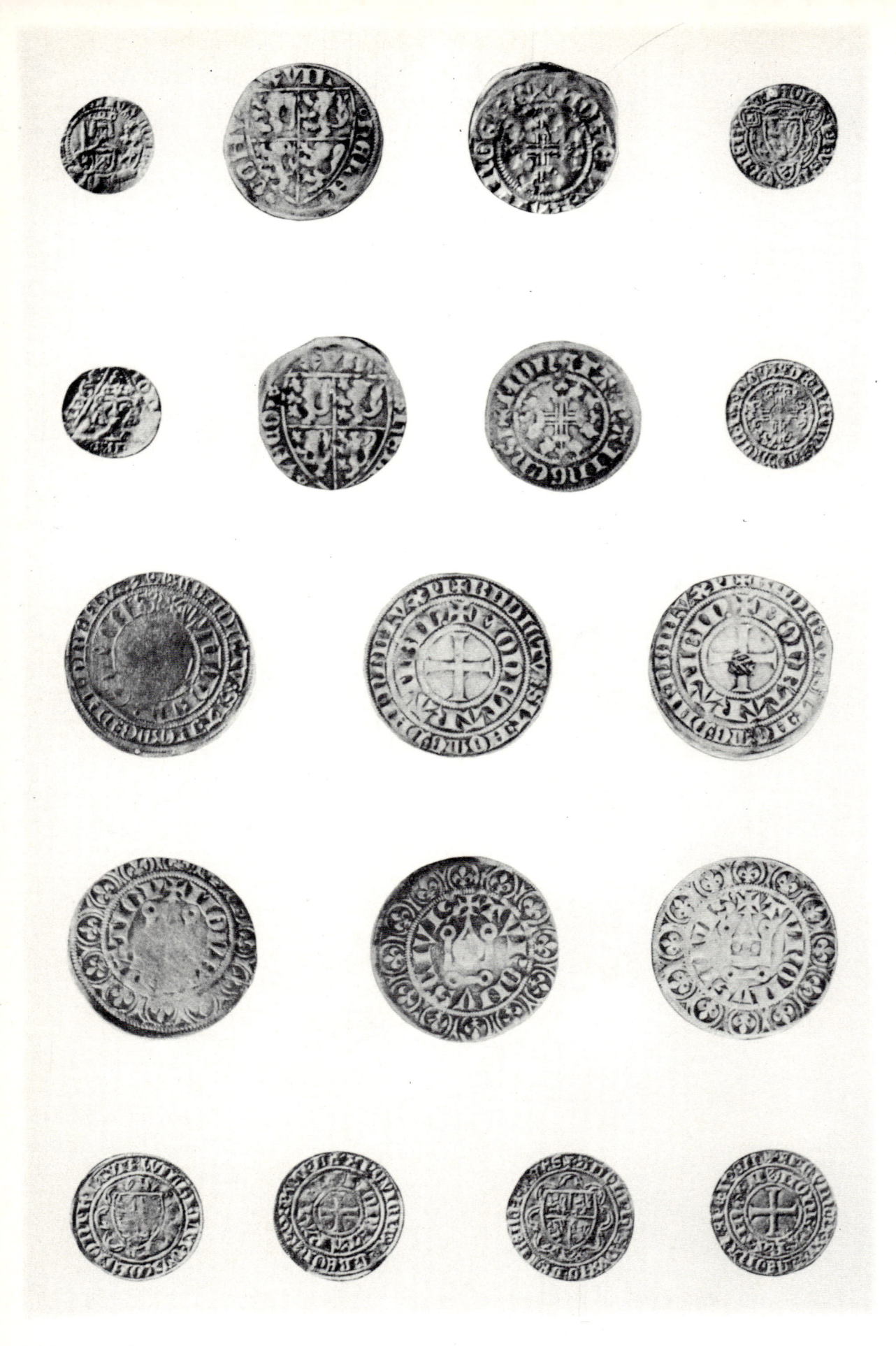

53 Ratinger Münzen

Die alte bergische Münzstätte

Eine Urkunde vom 21. Januar 1444, in der Herzog Georg Gobel Gryss und Bruyn Bolte als Münzmeister ernennt und für sechs Jahre bestellt, verrät uns das Bestehen einer Münze in Ratingen. Die ältesten bekannten Ratinger Münzen sind silberne Sterlinge, die unter der Gräfin Margarete von Ravensberg schon 1360–1361 geprägt wurden. Sie tragen die Umschrift „Moneta Ratingen". Zwei Sterlinge aus der Zeit Wilhelms II. (1360–1408) besitzt das Stadtgeschichtliche Museum Ratingen. Ratinger Denare, Turnosen und Weißpfennige wurden in dieser Zeit ebenfalls geprägt. Unser Museum besitzt drei dieser Turnosen. Unter Adolf X. (1408–1437) erscheint neben dem Weißpfennig der halbe Weißpfennig.

Nach der Münzordnung vom 21. Januar 1444 sollten Gulden aus Gold, auf den Wert von 20 kölnischen Weißpfennigen, wie die Kurfürsten am Rhein sie zu dieser Zeit schlugen, Weißpfennige aus Silber zu 12 Mörchen, halbe Weißpfennige zu sechs Mörchen geprägt werden. Überliefert ist uns von der Ratinger Münze, die nach diesem Edikt geschlagen wurde, nur ein Weißpfennig. Einen sehr schönen Weißpfennig besitzt das Historische Museum in Düsseldorf.

Die Münzordnung von 1444 sollte zunächst sechs Jahre gültig sein. Anlaß dazu scheint eine Münzregelung der rheinischen Kurfürsten gegeben zu haben. Wann die Ratinger Münzstätte aufgehoben wurde und wo sie sich befand, ist nicht bekannt.

Auch die Ratinger Münzen sind Zeugen der Bedeutung der Stadt im Mittelalter. Sie gehören heute zu den seltenen deutschen Prägungen in dieser Zeit.

54 Oberstraße, Blick auf altes Fachwerkhaus und Kirche

Das mittelalterliche Stadtbild

Der Grundriß der mittelalterlichen Stadt zeigt ein regelmäßiges Eirund, die Form einer Ellipse, welche, wie meist bei dieser Stadtkernform, durch eine Stadterweiterung entstand. Innerhalb des Mauerringes liegen rund 6 1/2 ha. Die mittelalterlichen Städte haben durchweg einen kleinen Kern; Aachen wuchs aus 8 ha, Bonn aus 9 ha.

Um dieses Oval gruppierten sich drei Vorstädte: das Oberdorf vor dem Obertor, das Dorf Bechem vor dem Bechemer Tor und das Dorf Vowinkel vor dem Vowinkler, dem späteren Düsseldorfer Tor. Durchschnitten war das Oval, wie noch heute, von vier Hauptstraßen. Am Schnittpunkt der Straßen liegen Markt, Rathaus und Kirche. Der Markt teilte sich in den Fischmarkt, Fleischmarkt, Faulmarkt usw. An der Südseite stand der Marktbrunnen. Das alte Rathaus, meist Bürgerhaus genannt, ist schon um 1300 als Haus der Räte – domus consulum – erwähnt. Es ist nicht aus dem Weinhaus entstanden, wie es in der Stadtgeschichte von 1926 heißt. Dieses Haus, eine Gaststätte, lag neben dem Rathaus. Ursprünglich hatte das Bürgerhaus rechts einen Turm, den der Grundriß im Gebäude heute noch erkennen läßt. Im Rathaus oder Bürgerhaus waren unten die Kaufhalle und die Stadtwaage. Seitlich an der Mauer war die Stadtelle, das Normalmaß für den Marktverkehr und den Handel angebracht. In der Ecke eines Vorbaues stand ein überdachtes Muttergottesbild. In der Zeichnung von Ploennies aus dem Jahre 1715 ragt das Bürgerhaus hoch über die anderen Häuser der Stadt empor. Das hohe Dach und die vorgekragten Ecktürmchen sind deutlich erkennbar. Die jetzige Form hat es 1751 erhalten.

Um die Kirche St. Peter und Paul lag der Kirchhof, der von einer Mauer umgeben war und die Kirchenfreiheit abgrenzte. In der Oberstraße, an dem Obertor, lag das Gasthaus zum hl. Geist, ein von den Bürgern gestiftetes und reich dotiertes Spital, in dem die Armen nach der Gepflogenheit des Mittelalters unentgeltlich aus frommen Stiftungen betreut wurden. Es wird bereits 1362 erwähnt.

Aus diesem Spital ging das heutige Kath. Krankenhaus hervor. Damit verbunden war die Gasthauskapelle, die 1945 zerstört wurde.

Außerhalb der Stadt lagen die Kapelle Unserer lieben Frau zur Heide in Tiefenbroich, an die heute nichts mehr erinnert, die Hauser Kapelle am Hauser Ring, 1685 erbaut, und das Heiligenhäuschen, die jetzige Kreuzkapelle an der Kreuzstraße, schon 1443 genannt, 1642 erneuert und 1648 wieder eingeweiht.

Sechs Klöster, wohl meist Herbergen für durchreisende Ordensleute, Pilger und sonstige Fremde, lagen innerhalb der Stadt. 1362 sind die Karmeliter (Gruitstraße), die Dominikaner (Turmstraße), die Augustiner (Kirchgasse), das Heilig-Geist- und spätere Pilgerhaus (Oberstraße, in der Nähe von St. Peter und Paul) erwähnt, 1380 das alte Beginenhaus (Kirchgasse), in dem 1470 die Minoriten ihre Herberge hatten, und 1479 das neue Beginenhaus (Oberstraße).

In der Stadt lag die Selendonk (Brunostraße), ein festes Haus, das um 1460 dem Ritter Johann von Eller gehörte. Die Herren vom Haus, von Linnep, Kalkum und Landsberg hatten ein Haus in der Stadt. Mehrere wohlhabende Familien besaßen kleinere Zufluchtstürme, da steinerne Häuser noch selten waren. Die Häuser waren nahezu alle aus Fachwerk, wie das noch erhaltene schöne Fachwerkhaus in der Oberstraße, einst das Haus „Zum Roten Hahn". Dieses Haus mit seinem stark vorgekragten Obergeschoß stammt aus der Zeit der Renaissance und wohl noch aus dem Ende des 15. Jahrhunderts. Die für die Spätgotik eigentümliche Stellung der Ständer und Streben ist noch vorhanden, die eine Verwandtschaft mit Rathäusern wie in Frankenberg in Hessen oder in Michelstadt im Odenwald erkennen lassen. Vielleicht war das Erdgeschoß einst eine laubenartige und offene Halle.

Das Patriziat

Das Amt eines Schöffen oder eines Rates war nur einer besonderen Bürgerschicht und damit nur wenigen Familien aus dem Kreis der Meistbeerbten zugänglich, die immer mehr eine Sonderstellung in der Stadt einnahmen und schon im 14. Jahrhundert ein Patriziat bildeten, in dem Grundbesitzer, Kaufleute, Handwerker, Beamte und Gelehrte zu finden sind. Da die Schöffen in Ratingen, anders als in vielen anderen Städten auf Lebenszeit gewählt wurden, behielten sie großen Einfluß auf die Geschicke der Stadt. Im 15. Jahrhundert zeichnete sich dieses Patriziat klar von den anderen Familien ab.

Aus der Familie Dechen, wohl der bedeutendsten Kaufmanns-, Handwerker- und Grundbesitzerfamilie, bekleideten Angehörige von 1399 bis 1549 ein Schöffenamt. Angehörige der Familie Goltschmid

55 Hauser Kapelle, 17. Jahrhundert

(Handwerker) von 1483–1606, der Familie Haenen (Kaufleute und Handwerker) von 1420–1580, Koefgen (Kaufleute und Handwerker) von 1466–1527, Offerkamp (Beamte und Kaufleute) von 1425–1638, Pempelfurt (Grundbesitzer und Gelehrte) von 1585–1628, Portmann (Diplomaten, Beamte und Kaufleute) 1566–1608, Yserenhoit und Yserenhoifft (Gelehrte und Handwerker) 1407–1472 und Steinhaus (Kaufleute und Handwerker) von 1525–1673. Der größte Teil des Grundbesitzes lag in den Händen weniger Familien. Seit Anfang des 16. Jahrhunderts ging der Einfluß dieser Familien aber immer mehr zurück.

Der Einfluß mancher Familien ging weit über die Stadt hinaus. Heute ist nicht mehr ein einziger Name von Familien aus dieser Zeit vorhanden.

56 Siegel des Aelf Dechen, 1451

57 Siegel des Bürgermeisters Rutger Portmann, 1581

Höhepunkte in der Geschichte der Stadt

Die alte Stadt hat in ihrer Geschichte manchen Höhepunkt gehabt und manchen hohen Gast in ihren Mauern gesehen. In dem alten Bürgerhaus am Markt empfingen Bürgermeister, Schöffen und Rat nicht nur Herzöge, Grafen, Fürsten und Bischöfe, auch ein Kaiser des Hl. Römischen Reiches Deutscher Nation kehrte hier ein und der König eines fremden Landes.

Die Landesherren waren wiederholt in der Stadt zu Gast, ebenso wie die Erzbischöfe von Köln. Schon 1278 stellte Graf Adolf von Berg, unser Stadtgründer, in der Stadt eine Urkunde aus und schlichtete einen Streit der Ratinger mit den Tiefenbroichern, den Leuten zur Heide, wegen der Herbstbede, einer Landsteuer. 1319 bestätigte der Landesherr hier der Stadt ihre Rechte und Freiheiten und 1427 hielten Adolf IX. und sein Sohn Ruprecht in Ratingen Hoftag. 1452 kommt Herzog Gerhard II. in das Bürgerhaus und bestimmt, daß nur hier der Bürgermeister der Stadt gewählt werden darf.

Als glanzvoller Höhepunkt kann das Jahr 1377 betrachtet werden, da am Katharinentag dieses Jahres, am 25. November, Kaiser Karl IV. (1347–1378) in der Stadt weilte und fünf Tage hier geblieben sein soll. Vor der Stadt ließ er ein Hoflager aufschlagen. Nach dem Verlauf seiner Reise, die von Tangermünde über Ratingen nach Paris ging, kann er sich hier vier bis fünf Tage aufgehalten haben.

Das Jahr 1451 muß genannt werden. Herzog Gerhard hatte der Stadt angezeigt, daß er mit dem Kölner Erzbischof Dietrich von Moers eine Vereinbarung getroffen habe, wonach das Herzogtum Berg diesem zufalle, wenn er selbst kinderlos sterbe. Der Stadt Ratingen gab er den Befehl, dem Erzbischof Huldigung und Eid zu leisten, darüber auch einen Revers auszustellen. Am 17. März 1451 sollte nun diese mit hohen Geldbeträgen erkaufte Huldigung stattfinden. Zu diesem Zweck erscheinen neben Gerhard mit seinem Gefolge auf dem Ratinger Markt der Erzbischof Dietrich von Köln mit großem Gefolge sowie der Bürgermeister, Schöffen und Rat der Stadt sowie viele Bürger. Vor Notar und Zeugen forderte Herzog Gerhard dem Bürgermeister, die Schöffen und den Rat sowie die Bürger mit lauter Stimme auf, dem Erzbischof den Eid der Treue zu leisten. Der Übertragungsvertrag wurde besiegelt und der Eid in die Hand des Kölner Erbvogts Gumpert von Neuenahr geleistet. Nach dem feierlichen Akt und dem prunkvollen Fest warfen der Erzbischof und die Vertreter des Domkapitels Geldmünzen unter die Bürger und sicherten der Stadt die Bestätigung ihrer Privilegien zu.

58 Kaiser Karl IV. (1347-1378) besuchte die Stadt 1337

Unter den anwesenden Edelleuten war auch der Marschall des Herzogs, der Ritter Johann vom Haus, der neben dem Kölner Erzbischof der zweite große Geldgeber des Grafen Gerhard war und im Lande nach großer Macht trachtete. Ihm hatte der geisteskrank gewordene Herzog Gerhard schon 1448 alle Renten und Gulden in der Stadt und der Bürgerschaft Ratingen, auch in Tiefenbroich verpfändet, ebenso die herzoglichen Einkünfte in vielen anderen Ämtern. Die Rechtmäßigkeit der Verpfändung und Übertragung bestritt die Herzogin Sophia später und forderte Johann vom Haus vor Gericht.

Der Vertrag von 1451, der von großer Tragweite geworden wäre durch die Vereinigung des Herzogtums Berg mit dem Kurfürstentum Köln, also ein großes Land am Niederrhein geschaffen hätte, kam nicht zur Ausführung, da 1455 doch noch ein Erbe geboren wurde.

Am 25. Juli 1458 schlossen die Städte Ratingen und Düsseldorf ein Bündnis zur gegenseitigen Unterstützung zur Aufrechterhaltung ihrer Privilegien und besonders ihrer Gerichtsbarkeit.

Einen Königsbesuch gab es im Jahre 1474, als Karl der Kühne von Burgund die Stadt Neuß belagerte. Mit „anderen Herzögen und Grafen" sowie großem Gefolge zog König Christian I. von Dänemark in diesem Jahr in die Stadt, der nach Deutschland gekommen war, um zwischen Kaiser Friedrich III. und Karl dem Kühnen zu vermitteln, vielleicht darüber in unserer Stadt Verhandlungen geführt hat.

59 König Christian I. von Dänemark (1426-1481) besuchte die Stadt 1471
Bild: Der König mit seiner Gemahlin, Dorothea von Brandenburg

Die Reformation

Über die Anfänge der Reformation in Ratingen liegen nur wenig Nachrichten vor. Es fehlt insbesondere eine eingehende Untersuchung über die Zeit vor der Gründung der reformierten Gemeinde im Jahre 1584. Das Jahr 1584, in dem diese erstmals erwähnt ist, wird in der „Festschrift zum 350jährigen Bestehen der Evangelischen Gemeinde Ratingen" von Pfarrer Johannes Sjuts als das Jahr ihrer Gründung betrachtet.

Die 95 Thesen Martin Luthers vom 31. Oktober 1517 und die Verkündigung der neuen Lehre werden den Bürgern der Stadt Ratingen schon früh bekannt geworden sein. Herzog Johann III. von Berg (1511–1539) wandte sich 1525 gegen die Verbreitung der Lehre Luthers und stellte fest, daß „die Untertanen unserer Fürstentümer und Lande unseres Wissens davon noch unbefleckt" seien. Landesherr und Untertan zeigten sich aber für religiöse Neuerungen empfänglich, die als jülich-bergische Erscheinung eines Reformkatholizismus zu bezeichnen sind. Herzog Wilhelm der Reiche (1539–1592) neigte nach seinem Regierungsantritt mehr und mehr zur eigentlichen Reformation, die sich so immer mehr „heimlich" ausbreiten konnte. Als Wilhelm der Reiche dem Kaiser im Feld unterlag, mußte er jedoch im Frieden zu Venlo am 7. September 1543 beschwören, daß er in seinen Landen alle kirchlichen Neuerungen abstellen und bei der katholischen

Religion verbleiben werde. Das hielt er äußerlich, aber er übte dabei so viel Nachsicht, daß sich eine Art Zwitterchristentum herausbildete, welches sich je nach dem Eifer der Reformer oder der Katholiken nach der einen oder anderen Seite hin entwickelte, wie sich auch in Ratingen zeigt. Amtlich war das Land katholisch, aber weder Wilhelm der Reiche noch Johann Wilhelm führten diesen Staatsgrundsatz durch.

Die Erkundigung des Jahres 1550 über die Pfarreien im Bergischen Land läßt das Eindringen der neuen Lehre in Ratingen nicht erkennen. Von 1546 bis 1564 wirkte in der katholischen Gemeinde Pfarrer Johann Clauwen, der seit etwa 1558 der neuen Lehre zugetan war. Während seiner Amtstätigkeit erlangte die reformatorische Richtung immer mehr Bedeutung, die sogar zur Absetzung seines Nachfolgers Franz Karss (1564–1566) und Einsetzung des von 1566–1574 tätigen Pfarrers Arnold Neuenhaus führte, der die evangelische Lehre begünstigte. 1566 gelang es den Evangelischen, die St. Katharinen-Vikarie an St. Peter und Paul mit ihrem Prediger Johann Wischmann zu besetzen, der, wenn auch nur vorübergehend (1566–1567), die Einkünfte dieser Vikarie genoß und in St. Peter und Paul evangelische Wochenpredigten hielt. Pfarrer Neuenhaus duldete dies nicht nur, sondern führte selbst Reformen nach der evangelischen Lehre ein. Damit dürfte das Jahr 1566 das eigentliche Jahr der Einführung der Reformation in Ratingen sein. Daß die Reformation auch in der Umgebung Boden gewonnen hatte, beweist die Einsetzung des evangelisch gesinnten Pfarrers Brinkmann (Neomander) in Lintorf im Jahre 1568.

Im Jahre 1578 erfolgte die Abberufung des Pfarrers Neuenhaus, der anscheinend der Gegenreformation im Herzogtum Berg weichen mußte. Die Reformierten schlossen sich als „heimliche" Gemeinde zusammen, die in Ratingen seit 1584 nachzuweisen ist. Eine öffentliche reformierte Gemeinde besteht seit 1609. Ihr erster Prediger war Daniel Goldbach (1609–1616). Im Jahre 1610 bildete sich auch eine öffentliche lutherische Gemeinde. Beide Gemeinden hielten seit 1611 ihren Gottesdienst im Rathaus, dem jetzigen Bürgerhaus.

Von 1609 bis 1653 regiert nach dem Aussterben des Hauses Kleve als erster aus dem Hause Pfalz-Neuburg Wolfgang Wilhelm, der bis 1614 dem lutherischen Glauben angehörte. Die Protestanten profitierten hiervon, so daß es nicht verwunderlich ist, wenn 1611 die fürstliche Kommission in Ratingen feststellte, daß „ungefähr an die Tausend allerlei Standes Personen" der reformierten Predigt beiwohnten. Der Übertritt Wolfgang Wilhelms zum katholischen Glauben im Jahre 1614 brachte dann den Katholiken wieder mehr Vorteile, löste aber keine gewaltsame Rekatholisierung aus, da der Landesherr hierauf nicht drängte und selbst reformatorische Gebräuche beibehielt. Seit 1625 war die lutherische Gemeinde, da diese „doch nur wenige Familien umfaßte", ohne Prediger, während die größere und festgefügte reformierte Gemeinde viele Anhänger behielt.

Der Gottesdienst der Reformierten fand teils im Rathaus, teils auf Gut Rommeljans oder in Privathäusern statt. Der Westfälische Friede des Jahres 1648 setzte das Jahr 1624 als das Normaljahr für die Religionszugehörigkeit fest, wodurch die Katholiken in der Stadt wieder begünstigt waren. Die reformierte Gemeinde erreichte aber im Jahre 1651, daß ihr der Ankauf des Portmannschen Platzes am Lintorfer Tor für die Errichtung eines Pfarrhauses, einer Schule und Küsterwohnung zugestanden wurde.

Wie Wolfgang Wilhelm und sein Sohn Philipp Wilhelm (1653–1690) in ihrer persönlichen Lebensführung eine tolerante Haltung bewiesen – ihre zweiten Gattinnen gehörten dem reformierten bzw. lutherischen Bekenntnis an –, so zeigten sie auch in ihrer Regierung religiöse Duldsamkeit, wenn auch einengende Vorschriften für die Protestanten, u. a. für den Kirchenbau, bestehen blieben.

Die Stadt der Handwerker und Kaufleute

Im Schutze der Mauern und Türme, im Genuß städtischer Freiheiten und in der Gunst des Landesherrn, der Privilegien, Recht und Vorrechte verlieh, wuchs die Stadt schnell zu einer blühenden Handwerker- und Handelsstadt, die ein mittelalterlicher Schriftsteller als vornehme und wohlhabende Stadt bezeichnete. Auch die Stadterhebung Düsseldorfs beeinträchtigte die Entwicklung Ratingens zunächst nicht. Der Düsseldorfer Forscher Heinrich Lau sagt, daß Ratingen um 1450 mit Düsseldorf wirtschaftlich fast auf gleicher Höhe stand und damals von einer Vorrangstellung Düsseldorfs noch keine Rede sein konnte. Ratingen war um diese Zeit die bedeutendste Handwerker- und Handelsstadt im ganzen Herzogtum Berg, eine Stadt mit einer blühenden Eisenindustrie, die H. Amman in der Wirtschaftskarte Mitteleuropas als solche vermerkt. Otto R. Redlich sagt in der Stadtgeschichte: „Wenn es Ratingen gelungen ist, trotz der nahen Nachbarschaft von Düsseldorf, auf das sich nun in mehr als in einer Hinsicht die Fürsorge des Landesherrn konzentrierte, seine Bedeutung zu wahren und eine Rolle als aufblühendes städtisches

60 Teil des Münzfundes von 1956 aus der Zeit nach dem Dreißigjährigen
   Krieg

61 Vorderseite eines Maximilian-Talers von 1613 und Rückseite eines
   Ferdinand-Talers von 1622 aus dem Münzfund

62 Heiligenhäuschen oder Kreuzkapelle (bereits 1443 erwähnt). 1642 erneuert und 1648 wieder eingeweiht.

Gemeinwesen zu spielen, so ist dies der beste Beweis dafür, daß die gewerblichen Bedingungen, die den Grafen zur Stadterhebung Ratingens veranlaßt haben mochten, sicher begründet waren und keinen Wettbewerb zu scheuen hatten."

Schon das alte Stadtbuch von 1362 nennt die Bruderschaft der Schmiede mit ihrem Zunfthaus und die Vorsteher der Schleifer. Die Zunft der Schmiede und Schleifer war die bedeutendste, welche zeitweise über 100 Meister zählte. Daß mit der Bruderschaft der Schmiede im Jahre 1362 auch die Schleifer genannt werden, zeigt den engen Zusammenhang beider Gewerbe. Wie Perlen an einer Schnur reihten sich an Anger und Schwarzbach, sogar an dem heute so unbedeutenden Sandbach die Schleifkotten der Schleifer, die ebenfalls seit dieser Zeit genannt werden. Im 14. Jahrhundert werden die verschiedensten Schmiedearten genannt, wie Klein-, Huf-, Messer-, Schwert-, Trumpen- (Trompeten), Kannen-, Nagel- und Goldschmiede, Sporenmacher usw. Erzeugnisse der Ratinger Handwerker wie Pfeile, Büchsen, Schilde, Harnische, Schwerter, Messer, Scheren, Zirkel, Hämmer, Hufhämmer, Zangen, Kessel, Kannen, Trompeten und Nägel werden seit dem 14. Jahrhundert „durch alle Welt verhandelt und veräußert".

Um 1400 war der Goldschmied Tillmann Prost herzoglicher Hoflieferant, der auch in Duisburg arbeitete. Die Siegel des Klosters Werden schnitt 1436 ein Ratinger Goldschmied.

Neben den Schmieden und Schleifern treten 1440 die Schuhmacher, Hamacher und Gerber als organisierte Zunft auf, 1447 die Schneider, 1464 die Metzger, 1510 die Hutmacher und später die Bäcker. Ohne Zunft blieben die Brauer und Kürschner. Um 1479 beherrschen Kalkkaufleute aus Ratingen und Umgebung den Markt in Köln.

An den Geschenken, welche die Stadt ihren Gästen gab, kann man erkennen, was zu den verschiedenen Zeiten hergestellt wurde. Bis etwa 1480 waren es vorwiegend Pfeile, die wichtigste Waffe vor Erfindung der Feuerwaffe; 1451 erhielt die Stadt Köln eine größere Lieferung, 1471 und 1475 und 1490 der Herzog von Berg, der im Jahre 1474 allein vier Tonnen Pfeile bezog. Auch auf Feuerwaffen stellte man sich rechtzeitig um. Die Stadt Essen bestellte 1390 schon Donnerbüchsen in Ratingen. 1433 ernannte der Herzog den Büchsenmeister Dederich Kersten zu seinem Hoflieferanten. 1437 wird Meister Coynkin als Schwertschmied genannt und ist damit wohl der älteste genannte Schwertschmied im Herzogtum. In Solingen erhielten die Schleifer und Härter erst 1401 ihr Privileg, die Schwertschmiede 1472. Ratingen war eine bedeutende Waffenschmiede des Herzogtums und hatte vor Solingen Bedeutung. 1451 schenkte man dem Landesherrn vergoldete Hämmer und Scheren. Als private Geschenke finden wir Hämmer, Hufhämmer, Zangen, Sporen, Scheren, Kessel, Kannen und Zirkel. Um die Ende des 15. Jahrhunderts erlangte die Scherenindustrie große Bedeutung. Ratingen wurde die Stadt der Scheren. Neben den einfachen Scheren wurden kleine Scheren, Spezialscheren, Schaf-, Hand-, Korn-, Bart-, Papier- und Schneiderscheren produziert. Im 16. Jahrhundert erscheint unter den Geschenken auch Beschlagzeug. Im Jahre 1567 schließen die Scherenschmiede und Kaufleute einen Vertrag über die Beschickung der auswärtigen Märkte, vor allem des Marktes in Antwerpen. Noch 1610 geloben die Schleifermeister mit Eid, daß sie ihr Handwerk „nirgend anders als allhier in Ratingen üben und gebrauchen" wollen.

Ratinger Kaufleute erscheinen auf den Märkten vieler Hansestädte. Als hansefähige Stadt wird Ratingen um 1470 genannt, sie hatte eine Zeitlang hansische Rechte. Nach 1250 erwirbt der Kaufmann Conradus von Ratingen in Wismar Bürgerrechte. 1358 handelt Hermann Fink in Brügge. 1362 nennt das Stadtbuch mercatores = Großkaufleute., Im Jahre 1373 verzollte der Großkaufmann Christian von Ratingen Waren im Werte von 2375 Mark in Reval. 1422 kennt der deutsche Kaufmann in London einen Lewe von Ratingen. 1468 wird in einem Schreiben an König Christian von Dänemark ein Hinrick von Ratingen genannt. 1471 hält sich der Brüsseler Kaufmann Jovyn längere Zeit in Ratingen auf. 1479 werden Ratinger Kaufleute bei Wachtendink im Kreise Geldern überfallen.

Im Jahre 1554 bestätigte der Kölner Sekretär Hagen, daß Ratingen damals und seit „unvordenklichen Jahren" hansefähig war. Doch der Wohlstand Ratingens war bereits abgesunken.

Schwere Schicksalsschläge hat die Stadt vor 1487 aus einer noch unbekannten Ursache erlitten. 1510 heißt es, die Stadt sei „in ihrer Gewerblichkeit sehr zurückgegangen". Statt 300 Häuser im Jahre 1460 zählte sie um 1530 nur noch 225. Es geht bis zum Dreißigjährigen Krieg auf und ab, aber eine wirtschaftliche Blütezeit kommt nicht mehr.

Streitigkeiten innerhalb der Bürgerschaft belasten das Leben in der Stadt, die der Kaiser in die Reichsacht (1499–1505) bringt. Der Herzog sucht der Stadt mit neuen Privilegien zu helfen. Nach 1560 kommt wieder ein Aufschwung und ein starker Zuzug, vor allem aus den Niederlanden. Die Bevölkerungszahl von 1530 mit etwa 850 hat sich nach 1560 verdoppelt und betrug etwa 1 700. Doch dann geht es erneut ständig abwärts. Märkte gehen verloren, Handwerker und Kaufleute geraten in Auseinandersetzungen. Meister und Kaufleute verlassen die Stadt und wandern aus. Allerdings schließen Scherenschmiede, Schleifer und Kaufleute 1567 und 1589 Verträge und im Jahre 1618 noch einen „beständigen Verbund" zur Förderung des Handwerks und einer preiswerten Ausfuhr.

1622 klagt die Stadt, daß ihre Bürgerschaft außerhalb des Ackerbaues und der Viehzucht keine andere „Commercia oder Nahrung" habe.

Eine Reihe von Ursachen, politische und religiöse Wandlungen bewirkten einen Rückgang. Den Niedergang aber brachten Kriege und Krankheiten.

1641: Die Zerstörung der Stadt

Seit der Stadterhebung fiel der Stadt die Rolle eines militärischen Stützpunktes zu. Als Festung wurde sie belagert, überrumpelt, erobert, besetzt, geplündert und gebrandschatzt. Sie wurde zum militärischen Musterungs- und Sammelplatz bestimmt, durch Einquartierungen und Kontributionen ausgesogen. Waren die Zeiten unruhig, so lag eine Garnison in der Stadt, deren Größe mit der Gefahr wechselte. Mit Unterbrechungen hatte die Stadt fast 230 Jahre, von 1585 bis 1815 Einquartierungen. Ratingen war zu einer Einquartierungsstadt geworden.

Bei unsicheren Zeiten und erst recht bei der Annäherung feindlicher Truppen zogen die außerhalb der Mauern wohnenden Bürger mit Hab und Gut in die Stadt, um hinter den Stadtmauern sicher zu sein. Auch hierdurch gab es in der Stadt so manche Belastung. Krankheiten kamen hinzu, wiederholt brachte Kriegsvolk die Pest in die Stadt; so um 1566, 1577, 1598, 1606 bis 1609, 1613, 1623 usw. Großbrände sind aus den Jahren 1266, 1466, 1565, 1580 und 1738 erwähnt.

Immer wieder hatte sich die Stadt von den Folgen der Fehden und Kriege, von Pestepidemien, Brand und wirtschaftlichen Schwierigkeiten erholen können. Der Dreißigjährige Krieg brachte ihr aber den Niedergang. Mit diesem Krieg kam auch der jülich-klevische Erbfolgestreit (1609–1614), in dem Ratingen am 6. April 1611 von Brandenburg in Besitz genommen wurde. Bedeutende Truppenführer des Dreißigjährigen Krieges gaben sich abwechselnd in der Stadt ein Stelldichein. Die Reihe der Einquartierungen reißt nicht ab; bald sind es spanische, bald holländische, kaiserliche, bayrische, hannoveranische, hessische Soldaten. Am 22. November 1622 schreibt der spanische Feldherr Spinola an die „sehr lieben und guten Freunde im Rate der Stadt wegen Verstärkung der spanischen Garnison, die seit 1614 fast ohne Unterbrechung in der Stadt lag und erst 1624 abrückte. Am 28. Oktober 1628 überrumpeln holländische Truppen die Stadt und plündern sie, wobei ein Ratinger Junge ihnen die Fahne stiehlt. Kaiserliche Truppen kamen, die am 27. Dezember von den Holländern besiegt und aus der Stadt vertrieben wurden. 1632 ist Ratingen Musterungsplatz für die bergischen Truppen. 1633 sind die Kaiserlichen wieder hier, die 1635 unter Oberst Beisinger die auswärtige Bürgerschaft ausplündern und hier große Schäden anrichten. Am 30. Dezember 1635 kommt es zu einer Meuterei kaiserlicher Truppen in der Stadt. 1636 ist der kaiserliche General Lamboi hier, 1637 sind es Soldaten der Armee Piccolominis, 1640 die Hessen.

Dann kommt für die Stadt das verhängnisvolle Jahr 1641. Herzog Wolfgang Wilhelm hatte Ende 1640 pfalz-neuburgische Truppen in die Stadt legen lassen, damit seiner Hofhaltung und seiner Residenzstadt nicht alle Zufuhr an Lebensmitteln, Furage, Holz und anderen Sachen entzogen wurde. Ratingen sollte unter allen Umständen gegen die kaiserlichen Truppen gehalten werden. Doch als der kaiserliche General von Hatzfeld die Burg Zum Haus besetzte, die Geschütze gegen die Stadt richten ließ und die Häuser rund um die Stadt in Brand steckte, kapitulierte der Hauptmann Schop am 8. Februar 1641 und überließ die Stadt den Kaiserlichen. Hauptmann Schop wurde deshalb später zum Tode verurteilt. Die Kaiserlichen rückten ein, an der Spitze der Oberst Meuter, der mit acht Kompanien zu Pferde und zehn Kompanien zu Fuß Quartier nahm und seine Schreckensherrschaft begann. Er forderte von der Stadt sofort 1 200 Dukaten. Die Stadt wurde ausgeplündert. Viele Seiten füllen die Stadtrechnungen mit Lieferungen an Wein, Bier, Fleisch, Brot, Eier, Schinken, Speck, Butter, Kühe, Schafe, Hühner, Karpfen, Krebse, Salm usw. Meuter ließ Steuern eintreiben, beschlagnahmte alle Pferde und Furage. Zweimal gehen Bürgermeister und Pfarrer unter Bewachung zum General Hatzfeld auf die Burg Zum Haus und bitten um Schonung der Stadt. Als die Stadt ausgeplündert und ausgesogen war, ließ Meuter Häuser abbrechen. Eisen und Blei mußten abgeliefert werden, um daraus Granaten herzustellen.

In vier Monaten war sein Zerstörungswerk vollendet. Als die Kaiserlichen ausgezogen waren, kam der Kurfürst und besichtigte, wie „jammervoll dieselbe zugerichtet gewesen ist". Von „300 gewesenen guten Häusern" waren nur noch drei unbeschädigt. Die Zahl der Einwohner war früher schon von 1 200 auf 600 zurückgegangen und betrug jetzt nur noch 60. Die Stadt war „auf den äußersten Grad ruiniert", die Soldaten hatten auch „viele unschuldigerweise ums Leben gebracht".

Das Schicksal der Stadt war besiegelt. Ratingen ist 1641 ein wirtschaftlich bedeutungsloses, verarmtes und von Menschen entblößtes Städtchen geworden.

Doch auch jetzt hörten die Einquartierungen nicht auf. Ratingen blieb weiterhin Einquartierungsstadt und Musterungsplatz.

1645 klagt die Stadt, daß das Gewerbe ganz darniederliege. Gute Meister der verschiedensten Handwerke seien früher in der Stadt gewesen, allein an die 80 Meister beim Scherenhandwerk. Scheren und andere Waren seien in großen Mengen gefertigt worden. Nicht die geringste Nahrung sei jetzt noch vorhanden. Die Stadt zähle „etwa 60 Bürger, deren Mittel zur Zeit kaum noch 20 Reichstaler betrügen".

Von der Blütezeit der mittelalterlichen Stadt zeugten nur noch die Reste der Stadtbefestigung, die Kirche St. Peter und Paul, das Bürgerhaus, das Gasthaus Zum heiligen Geist und einige Bürgerhäuser.

63 „Die Zerstörung der Stadt Ratingen" im Jahre 1641, dargestellt von dem Mettmanner Grafiker Hütten

III. Das Landstädtchen (1641–1783)

Unruhige Jahre

Der Friede von 1648 währte nur drei Jahre. 1651 flammte der Erbfolgestreit mit Brandenburg wieder auf. Der Kurfürst Friedrich Wilhelm von Brandenburg, der „Große Kurfürst", griff erneut das Herzogtum an. Am 19. Juli 1651 eroberten die Brandenburger die von etwa 200 Soldaten und einer Anzahl Landschützen besetzte Stadt. Am 5. August kam es bei Ratingen zu einem Gefecht.

Unruhig blieb die Zeit noch viele Jahre, selbst noch als 1666 und 1677 Vergleiche mit Brandenburg abgeschlossen waren. Jahr für Jahr gab es Einquartierungen und Überfälle. 1667 war in Ratingen ein Truppenwerbeplatz.

1686 berichtet der Magistrat dem Herzog über den immer noch trostlosen Zustand der Stadt und klagt, die ganze Stadt bestehe kaum in 140 Bürgern, welche insgesamt nur soviel Vermögen besäßen, wie zwei Elberfelder Kaufleute. Die Stadt sei „in Untergang und Ruin geraten, teils abgebrochen und teils abgebrannt, das früher florierende Scherenhandwerk, von dem sich hunderte Leute unterhalten hatten", sei ganz untergegangen.

Das Minoritenkloster

Am 9. März 1651 erhielt die kölnische Minoritenprovinz die landesherrliche Genehmigung zu einer neuen Niederlassung in der Stadt und erwarb ein Grundstück an der Ecke des Marktes und der Lintorfer Straße. Ihr 1380 an der Kirchgasse gelegenes Haus war 1560 in Privatbesitz übergegangen. Noch im Jahre 1651 legten die Minoriten den Grundstein zu einem neuen Kloster, welches sie am 4. Oktober 1656 bezogen. Im Jahre 1659 begannen sie mit dem Bau einer Kirche, die allerdings erst 1677 fertiggestellt war und erst 1725 geweiht wurde. Von 1678 bis 1691 wurde das Kloster um zwei Flügel erweitert, so daß es mit der Kirche jetzt das heute noch vorhandene Quadrat bildet. Der Westflügel trägt die Jahreszahl 1691. Im November 1767 errichteten die Minoriten eine Lateinschule. Das Kloster wurde 1803 säkularisiert und als Zentralkloster bestimmt, in dem die Angehörigen anderer aufgehobener Klöster dieses Ordens untergebracht wurden. Am 4. Juni 1834 wurde es der Stadt vom preußischen Staat für Schulzwecke geschenkt. Es diente seit 1824 schon diesen Zwecken und von 1884 bis 1973 auch der Stadt als Rathaus.

Die reformierte Kirche und ihre Ausstattung

Im Jahre 1653 faßte die reformierte Gemeinde, die kein Gotteshaus besaß und den Gottesdienst bisher im Rathaus oder in Privathäusern abgehalten hatte, den Plan zum Bau einer Kirche, mit dessen Verwirklichung durch die in der Gegend wütenden Pest erst 1669 begonnen wurde. Am 20. März 1669 wird der Grundstein gelegt, der Weiterbau aber am 17. April 1669 durch den Richter untersagt und erst 1683 wieder aufgenommen. 1687 konnte die Einweihung erfolgen. Der Große Kurfürst von Brandenburg stiftete für den Bau in diesem Jahr 100 Goldgulden. Die Brandenburger betrachteten sich als die Betreuer der Protestanten im Herzogtum Berg. 1709 erhielt die Kirche einen Dachreiter mit zwei Glocken, 1736 eine Orgel. Der Turm, 33 m hoch, wurde erst 1856 gebaut.

Die Kirche ist eine der ältesten evangelischen Bauten, die erste im Rheinland, nach den einengenden Vorschriften der damaligen Zeit als einfacher Saalbau ohne Chornische errichtet. Es ist eine dreischiffige Halle. Das Gewölbe des Mittelschiffes ist von zwei Reihen dorischer Säulen getragen. Der ganze Bau ist in seiner puritanischen Strenge eines der ältesten Beispiele reformatorischer Gestaltung des Kirchenbaues, der Typus der Predigerkirche.

Von der Ausstattung sei zuerst die reich verzierte barocke Orgel erwähnt, 1736 von dem Ratinger Meister Thomas Weidtman gebaut. In dem Orgelprospekt besitzen wir noch eine Arbeit dieses Meisters in Ratingen, der Wirkungsstätte dieser Familie. Neben wertvollen Abendmahlsgeräten aus dem 17. Jahrhundert, u. a. einen vergoldeten Abendmahlskelch, aus dem Jahre 1620 eine silberne Abendmahlskanne, 1660 gestiftet von der Freifrau Elisabeth von Bawyr zu Frankenberg geborene von Schade, deren Familie kurze Zeit die Wasserburg Zum Haus gehörte, einem Abendmahlsteller, ein Geschenk des Gouverneurs Gerhard Demmer von Ostindien und einen hohen silbernen Kelch, geschenkt von „Schipper nach Ostindien opt grote Schipp Malakka", ist das Marmorepitaph des 1702 von Kaiserswerth gefallenen Obersten der Schweizer Legion, Wilhelm von Muralt aus Bern, zu erwähnen.

64 Altar aus der Minoritenkirche. Heute in der kath. Kirche in Irlich bei
   Neuwied

65 Das alte Minoritenkloster und jetzige Volkshochschule. Im Hintergrund das neue Rathaus

66 Innenhof des früheren Klosters (Rathaus) 1964

67 Evangelische (reformierte) Kirche

68 Inneres der evangelischen Kirche bis 1951

69 Nach einem Brandanschlag renoviert: der Innenraum der Ev. Kirche Ratingen

70 Silberne Abendmahlskanne. Gestiftet 1660 von der Freifrau von Bawyr zu Frankenberg

71 Silberner Abendmahlsteller. Gestiftet von Gerhard Demer, Gouverneur von Ostindien

Die lutherische Kirche

Die lutherische Gemeinde kaufte im Jahre 1685 zwei Häuser in der Düsseldorfer Straße, jetzt Düsseldorfer Straße 2 und 4, wovon eines als Pfarrhaus und das andere zur Kirche umgebaut wurde. Die Kirche wurde am 4. Advent 1685 eingeweiht. 1712 erhielt sie einen Dachreiter und Glocken. 1765 einen Turm. In Friedrich Mohn – geboren am 25.1.1762 in Velbert, gestorben 1834 in Duisburg – hatte die Gemeinde einen über Ratingen hinaus bekannten Prediger und Schriftsteller. Nachdem die lutherische und die reformierte Gemeinde die Union beschlossen hatten, wurde die lutherische Kirche profaniert, 1820 der Turm abgebrochen und die Kirche mit dem Pfarrhaus 1828 verkauft. Der Chor der Kirche ist erhalten und heute noch von der Minoritenstraße aus zu sehen.

72 Blick auf den Chor der ehemaligen lutherischen Kirche von der Minoritenstraße aus

Die Kriege um die Wende vom 17. bis 18. Jahrhundert

Im Jahre 1672 kamen die Franzosen und beunruhigten das Land auf viele Jahrzehnte, bis am 7. März 1714 der Friede zu Rastatt geschlossen wurde. Das Land litt wieder unter den Drangsalen der Kriege. Zunächst waren es die französischen Eroberungskriege, der Krieg gegen Spanien und Holland, 1668 bis 1697 gegen Deutschland. 1688 fielen die Franzosen in das Rheinland ein. Sie besetzten u. a. Neuß und Kaiserswerth. Gegen die Franzosen bildete sich eine große Allianz; vor allem waren es die Truppen des Kurfürsten von Brandenburg, die dem Vordringen der Franzosen am Rhein ein Ende bereiteten und das französisch besetzte Kaiserswerth umzingelten. 1689 war die Burg Zum Haus Hauptquartier der Brandenburger und Münsteraner für den Angriff auf Kaiserswerth, den Kurfürst Friedrich III. von Brandenburg, der spätere erste König von Preußen, selbst leitete. Kaiserswerth kapitulierte am 25. Juni 1689. Ratingen hatte schwere Kriegslasten zu tragen. Für die Beseitigung der Schäden in der Stadt bewilligte der Landtag einen Zuschuß von 500 Reichstalern, für die Schäden an der Burg Zum Haus weitere 400 Reichstaler.

Weit schlimmer waren für die Stadt aber noch die Folgen des erneuten Kampfes um Kaiserswerth im Jahre 1702, im Verlauf des spanischen Erfolgekrieges (1701 bis 1714), mit dem Frankreich nach Spaniens Krone griff. Am 9. Juni 1702 traten 22 000 Preußen, Hannoveraner und Holländer zum Sturmangriff auf Kaiserswerth an und verloren hierbei 9 600 Tote und Verwundete, in drei Stunden allein 2 974 Tote und Verwundete. Die Verteidiger – eine französische Besatzung – hatten so starke Verluste, daß sie für den 10. Juni um Waffenruhe baten, um die Toten zu begraben. Doch erst am 15. Juni hißte Kaiserswerth die weiße Fahne. „Kein Stein war auf dem anderen geblieben". Es waren dort nur noch fünf Häuser vorhanden, in denen acht Menschen lebten. Ganz Ratingen war ein Lazarett. Viele Privathäuser und das Rathaus waren hierfür in Anspruch genommen. Die Steine des Ratinger Straßenpflasters dienten als Geschosse auf Kaiserswerth. Bei dem Angriff fiel der Schweizer Oberst Wilhelm von Muralt, der in einem holländischen Regiment kämpfte und in der evangelischen Kirche bestattet liegt.

Der gesamte Schaden in der Stadt, der während der Belagerung von Kaiserswerth entstand, wird mit 4 362 Reichstalern angegeben. An den Folgen des spanischen Erbfolgekrieges hat Ratingen lange tragen müssen. Der Rat beschloß sogar die Einführung einer völlig neuen Steuer bei allen Grundstückskäufen, eine Art Grunderwerbsteuer.

Friedensjahre

Im Jahre 1701 ernannte die Stadt einen Marktmeister, ein Zeichen dafür, daß das Marktleben reger geworden war. Auch die Zünfte lebten wieder auf. 1712 wurden die Zunftordnungen der Schuhmacher, der Schneider und Bäcker erneuert, 1714 die der Schmiede.

Johann Wilhelm (1690–1716) Kurfürst von der Pfalz und Herzog von Berg, volkstümlich Jan Wellem genannt, förderte Zünfte und Bautätigkeit in der Stadt. Unter seiner ordnenden Hand verschwinden die Siechenhäuser am Rande der Stadt. Seine Fürsorge gilt auch den Klöstern, woran ein von ihm gestifteter Wappenstein im Rathaus noch erinnert.

Vor der Stadt lagen zwei Siechenhäuser, eines an der Schwarzbachbrücke an der Landstraße nach Düsseldorf, die heute noch Siechenbrücke genannt wird, und eines an der Straße nach Eggerscheidt im Hölenter. Die Siechenhäuser waren zum Sammelplatz für Verbrecher geworden, denen man 1712 einen im ganzen Land Aufsehen erregenden Prozeß machte. Zwölf Todesurteile wurden gesprochen; sieben für den Tod auf dem Rad, der härtesten Hinrichtungsart jener Zeit, und fünf für den Tod durch Enthaupten. Die Urteile wurden am 22. und 23. Februar 1712 in Düsseldorf vollstreckt. Johann Wilhelm ließ die Siechenhäuser dann abreißen.

Aus dieser Zeit besitzen wir zwei geographische Beschreibungen des Herzogtums und der Stadt. Der Beschreibung von E. Ph. Ploennies aus dem Jahre 1715 verdanken wir auch eine wertvolle Ansicht, der einzigen der alten Stadt. In der Beschreibung heißt es: „Von der Stadt Ratingen: Obgleich dieser Ort vom vorigen (Wipperfürth) nicht viel ungleich, so ist er doch mit einer besseren Mauer versehen und seine Nahrung besteht meistens, gleich des vorigen, im Feldbau, dieweilen die Situation zu Handel und Wandel ganz unbequem, auch kein Wasser oder Fluß sich dabei findet, welchen die Bürger in solchem Fall nutzen könnten. Darneben liegt die Stadt vom Rhein etliche Stunden ab, dessen sie sich dann der Ursach auch nicht bedienen kann. Die Einwohner bestehen aus drei Religionen, dann daselbst das Exercitium von allen anzutreffen. Diese Stadt rühmt sich, im Bergischen Land die älteste zu sein..."

Die Beschreibung der vornehmen Handelsstätte und Flecken des Bergischen Landes von Johann Wülfing aus dem Jahre 1729 sagt: „Die Stadt Ratingen ist die dritte Hauptstadt des Bergischen Landes, zwei Stund von Düsseldorf gelegen, ist mit Mauern, Türmen und Gräben umgeben. Bürgermeister und Rat seind römisch-katholischer Religion. Das Rathaus ist ein altes am Markt gelegenes Gebäude. Die Hauptkirche sowohl als der Minoriten Closter seind wohl erbauet. Allhier wird kein Handwerk weder Kaufmannschaft in fremde Lande, nur das Wüllenhandwerk, sodann Ackerbau und in etwa Wein- und Kornhandel getrieben".

„Allhier wird Ackerbau getrieben"

Zuweilen wird Ratingen im 18. Jahrhundert ein Ackerstädtchen genannt. Die Beschreibung von Ploennies sagt, daß die Nahrung meistens im Feldbau besteht. Der Begriff „Ackerstädtchen" soll sagen, daß die Stadt, soweit in ihr Handwerk und Handel herrschten, dieser wesentlich auf die Bedarfsdeckung der bäuerlichen Umgebung abgestimmt war. Noch zum Stadtgebiet gehörte die rein bäuerliche Auswärtige Bürgerschaft, die sich auf Gebiete der heutigen Stadtteile Tiefenbroich und Eckamp erstreckte.

Die vielen Namen auf Heide und Broich – die ganze Honschaft Tiefenbroich hieß ehedem Heide – verraten, daß der Landwirtschaft nicht der beste Boden gegeben war. Heide war auch das Gebiet im Osten der Stadt, von der Bahn bis zum Waldfriedhof und im Südwesten die Plättchesheide. Die Namen Broich oder Bruch sind im Südwesten wie im Westen (Schützenbruch, Broichhof) zu finden. Dazu sprechen die alten Stadtbücher von sumpfigen und gerodeten Flächen sowohl im Westen wie im Osten der Stadt.

Im alten Stadtkern lagen einige bedeutende Höfe; u. a. der Olmershof, der Merenscheidthof und der Ponishof, auch ein Nebenhof der Burg Zum Haus, der Hof Bruchge, bei dem durch einen Schreibfehler aus

73 „Die Eroberung der Haupt-Vestung Kaiserswerth" im Juni 1702 nach einem zeitgenössischen Stich

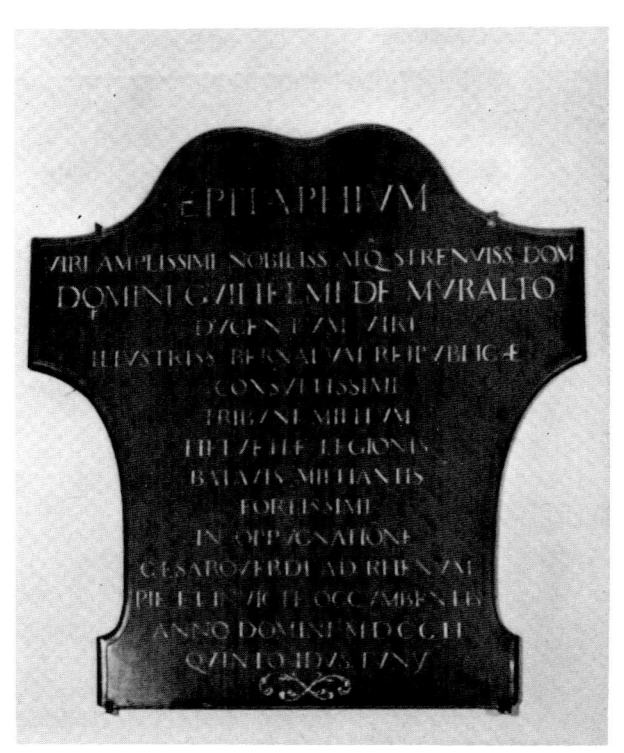

74 Epitaph des in der evangelischen Kirche begrabenen und vor Kaiserswerth gefallenen Obersten Wilhelm von Muralt

Durchleüchtigste Großmächtigste Königin freundtlich
geliebte bund Hochgeehrteste Fraw Schwester

Weilen Ich dermaßen Deiner Ministrum an dasigem
Königl. Hoff habe, gleichwohl aber meine Schuldigkeit erfordert
Ires. Königl. Mayst. meine Condolenz über den todtfall der Verwittibten
Königl. Mayst. höchstseeligsten andenckens mit mehrerem mündtlich
contestiren zu können, So hab Ich dess Herrn großhertzogs von Toscana
lbdn. aldaher anwesendten Inciato Straordinario ersucht, bey Ir. Königl.
Mayst. solthane Condolenz in meinem nahmen gebührendtst abzulegen,
bitte Dannenhero Ires. Königl. Mayst. gehorsambst, Sie belieben gedachtem
Ministrum gnädigst anzuhören, und in allem, gleich mit selbsten
völligen glauben beyzumessen, auch zu glauben dass Ich in un-
veränderlicher devotion beharre, bundt in allem schuldigstem
respect gehorsamblich verstorbe.
Irer Königl. Mayst.

Düsseldorff den
19. Augst. 1696

an
Ir. Mayst. die
Königin in Hispanien

freundtlichster gebruester getrewister
Bruder gehorsambster Vetter und Diener
beständigst biß in meinem todts

Johann Wilhelm Churfürst

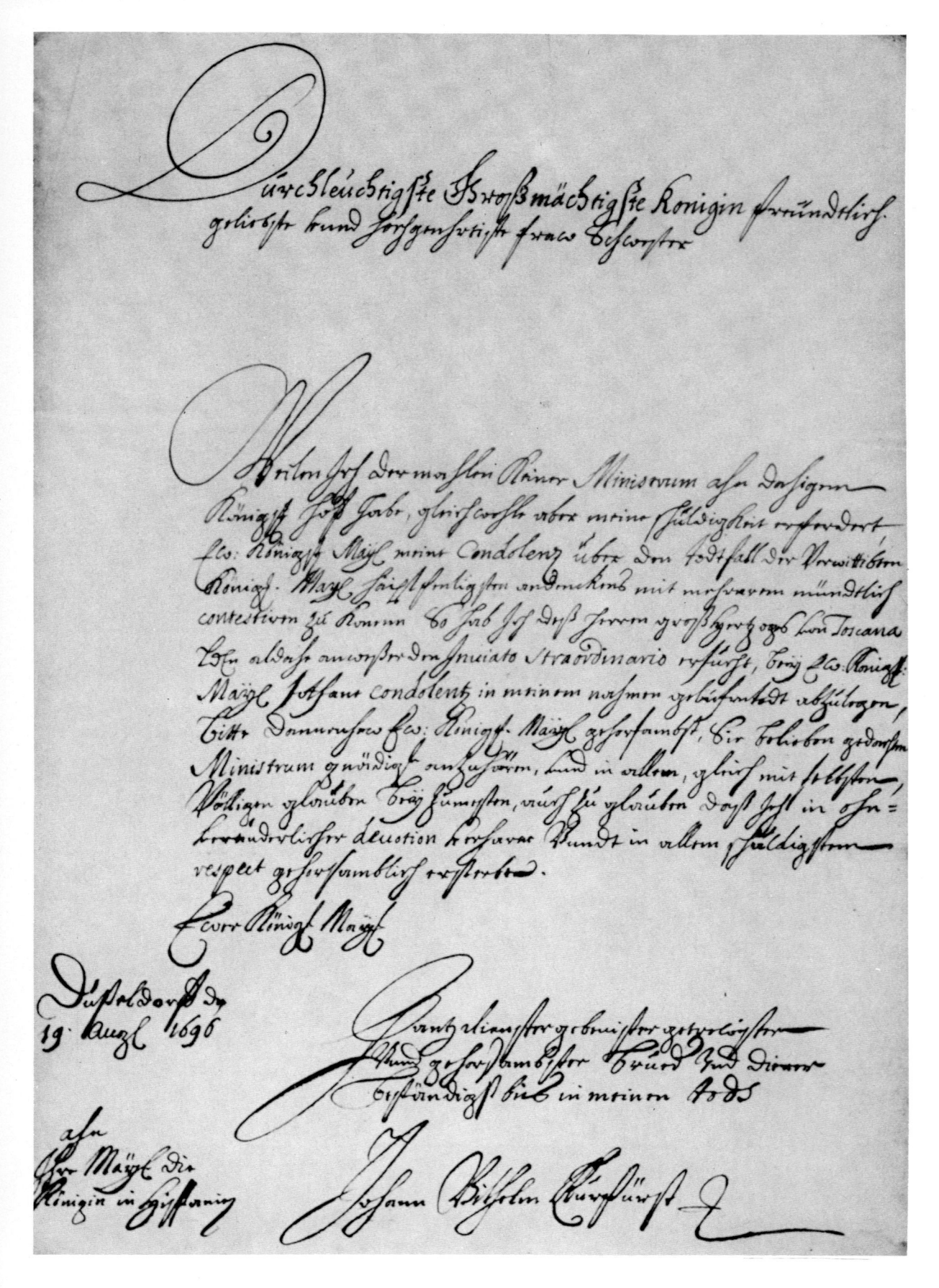

75 Eigenhändiger Brief des Kürfürsten Johann Wilhelm von Pfalz-Neuburg (Jan Wellem) vom 19. August 1696 an seine Schwester Maria Anna, Königin von Spanien

76 Johann Wilhelm II. von Pfalz-Neuburg (genannt Jan Wellem), Regent seit 1679, Kurfürst von 1690 bis 1716. Schabkunstblatt von E. C. Heiss.

dem Wort Bruchge das Wort Burghe entstand (jetzt die Häuser Markt 12 und 12a). Dieser Schreibfehler hat die Vermutung einer Ratinger Burg in dem Gebiet der Kirche von St. Peter und Paul entstehen lassen.

Rund um Ratingen liegen zahlreiche Kotten, kleine Hofstellen und kleine abhängige Bauernhöfe, zu denen etwa zwei bis zwanzig Morgen Land gehörten. In dieser großen Zahl sind sie bald eine Ratinger Eigentümlichkeit. H. Dittmaier bezeichnet als Kotten kleinere Bauernstellen, die oft von einem größeren Bauerngut abhängig sind, mit minderen Rechten, aber auch mit weniger Pflichten. Diese Deutung des Wortes ist auch für Ratingen zutreffend. Die Namen einiger Kotten haben sich als Flur- und Straßennamen erhalten, so vor allem im Osten der Stadt und in Tiefenbroich. Die meisten Kottennamen sind verschwunden, mit ihnen auch die kleinen Bauern, die Kötter, wie man die Besitzer nannte.

Zur Burg Zum Haus gehörte eine Reihe kleiner Höfe. Der Vertrag über den Verkauf des Rittergutes im Jahre 1685 nennt uns die Höfe Bauloff (am Blauen See) Spillenheide, Auf der Aue, in Tiefenbroich die Höfe Schlupsgut, Söttgeshof, Schönebeck, Hüttergut, Kixberg, Schreiskothen, Goldbergskothen, Kopperschall, Linneperskothen, Kleinbroichhof, Große Dregenburg, Rutzhagen und Kleinbuschhaus. Der kleinste Hof war die Spillenheide mit 5 1/2 Morgen, der größte Schönebeck mit 101 Morgen.

Die Zehntrollen aus dem 18. Jahrhundert des Kölner Dompropstes und der Burg Zum Haus nennen eine Reihe weiterer kleinerer Höfe.

Außerhalb des heutigen Stadtgebietes lagen als Exklaven die zur Stadt gehörenden Höfe Rosendahl – der alte Hof Swazepe – vermutlich der Hof, den die Edelfrau Luitgardis 1000–1150 dem Ludgerus-Kloster in Werden schenkte, 1362 erwähnt, Ridders und Kleinkauhaus in Schwarzbach-Hasselbeck, Grashaus in Meiersberg, Fahrenkothen, Kopperschall, Kellersdiek und das Pixgut in Eggerscheidt, die alle im Stadtbuch von 1539 erwähnt sind. 1362 sind u. a. schon die Höfe Eckamp (früher am Ende der Schützenstraße gelegen), Zum Eigen (Kockerscheidt) Zum Diek, Zur Mühle (Mühlenterhof) und Sackerhof (Aldenhoff) genannt. 1367 ist der Rahmhof (Schlösser, Düsseldorfer Straße) erwähnt, 1402 der Großbroichhof, 1439 der Heiliggeisthof, Hof an der Heide, heute Heiderhof, und ein Hof Vogelhausen, 1448 der Schimmershof, 1454 der Hof Vohlhausen an der Kaiserswerther Straße, 1467 der Hof Heimesand in Tiefenbroich, 1475 der Pfaffenhof an der Neanderstraße und der Voishof und 1480 der Hirdenburghof, an den die Bezeichnung Hienenburg erinnert.

In der alten Honschaft Rath lagen mehere, jetzt zum Stadtgebiet gehörende bedeutende Höfe; so Hohe Beck, auch Gerlingshof genannt, der freie Hof Niederbeck, 1433 erwähnt, die adeligen Höfe oder Rittergüter Heiligendonk, 1351 genannt, und die Volkardey, deren Entstehung vielleicht in die fränkische Zeit reicht, sowie der Hof Nösenberg, 1484 erwähnt. Das Rittergut Heiligendonk zeigt die fränkische Siedlungsform, den fränkischen Gevierbau. Ratingen liegt auf der Grenze, wo sich die fränkische Hofanlage, im Viereck gebaut, von dem sächsischen Bauernhaus, bei dem sich Wohn- und Wirtschaftsräume unter einem Dach befinden, scheidet.

Das Herrenhaus des Rittergutes Volkardey stammt aus dem 18. Jahrhundert. Erwähnenswert ist die zur Volkardey gehörende Mühle aus dem 17. Jahrhundert. In dem Mühlengang sind wertvolle alte Grabsteine von Düsseldorfer Friedhöfen eingebaut.

Seit der Stadterhebung hat die Zeit ständig am Ackerland genagt und mancher Bauernhof ist verschwunden. Es ist heute kaum noch möglich, eine umfassende Darstellung der Geschichte aller Bauernhöfe zu geben. Dies bleibt aber vor allem deshalb eine besondere Aufgabe, weil immer mehr Höfe verschwinden.

Einige Häuser stammen aus dem 18. Jahrhundert, deren Bauweise das Haus Oberstraße 27 aus dem Jahre 1704, einst das Haus „Im Herz", am besten wiedergibt. Einige Häuser zeigen auch noch Hauszeichen; so das Haus „Zum Roten Löwen" am Markt, der „Schwarze Adler" Oberstraße 30 und der „Goldene Pflug" von 1752 sowie die „Krone" in der Lintorfer Straße von 1776. Das Hauszeichen des Hauses „Zu den drei Kronen" war an dem abgerissenen Wohnhaus Markt 12 angebracht worden. Von den teilweise in das 15. Jahrhundert zurückgehenden, meist aber erst im 18. Jahrhundert entstandenen vielen Hausnamen ist kaum noch einer gebräuchlich geblieben. In der Oberstraße waren u. a. die Namen Rosenkranz, Goldene Glocke, Roter Hahn, Weißes Pferd, Schwarzer Adler, Herz, Stern, Morian, Goldener Kopf, Schwarzer Bär vorhanden, in der Düsseldorfer Straße Königshaus und später Drei Könige, Schwan und Goldener Pflug, in der Lintorfer Straße Vier Winde, Roter Löwe und Krone.

Bedeutende Orgelbaumeister in der Stadt

Das einzige Gewerbe von überlokaler Bedeutung in dem Ackerstädtchen, das den Namen der Stadt von 1675 bis etwa 1750 weithin bekannt machte, war der Orgelbau, getragen von den Orgelbaumeistern Weidtman, deren Schüler Thomas Houben, Johann Heinrich Kleine, Johann Peter Hadernach, Jakob Engelbert Teschemacher (?), Anastasius Meinhertz und vielleicht Johann Henrikus Titz waren. Alle Stadtbeschreibungen und bisherigen Einzeldarstellungen erwähnen nichts von diesen bedeutenden Meistern, die gerade in der Zeit höchster Blüte der Orgelbaukunst lebten. Die Klangschönheit der Barockorgeln ist bis in die heutige Zeit nie wieder erreicht worden. die auf uns gekommenen Weidtman-Orgeln sind heute Gegenstand musikhistorischer Forschung und eine Aufgabe der Denkmalpflege geworden.

Die Meister Peter Weidtman der Ältere (1647–1715), Thomas Weidtman (1675–1745), Thomas Houben (1690–1754), Peter Weidtman der Jüngere (1698–1753) und Johann Wilhelm Weidtman (1705–1760) bauten viele Orgeln im Bergischen Land, am Niederrhein und in Holland; u. a. in Orsoy, Langenberg, Hoerstgen bei Moers, Volberg bei Köln, Düren, Düsseldorf, Burscheid, Radevormwald, Dinslaken, Neukirchen bei Moers, Kettwig, Wattenscheid, Amsterdam, Maastricht, Middelburg usw. Durch sie war Ratingen eine Zentrale der Orgelbaukunst, vor allem für die reformierten und lutherischen Kirchen. Thomas Weidtman baute auch die

77 Alte Hauszeichen
   Zum Roten Löwen, Markt 3, 1650 (1611)
   Im Schwarzen Adler, Oberstraße 30, 1752
   Zum Goldenen Pflug, Düsseldorfer Straße 15, 1752
   In der Crone, Lintorfer Straße 2, 1776
   In den drei Kronen, jetzt am Haus Markt 12

78 Orgel in der evangelischen Kirche zu Ratingen. Erbaut 1735 von Thomas Weidtman

79 Orgel in der Hervormde Kerk zu Sprang (Holland). Erbaut 1727 von Thomas Houben für die Hervormde Kerk in Dordrecht (Holland)

80 Orgel in der evangelischen Kirche in Orsoy. Erbaut 1680 von Peter Weidtman I

heute noch erhaltene, allerdings inzwischen mehrfach umgebaute Orgel in der evangelischen Kirche aus dem Jahre 1736, Thomas Houben im Jahre 1730 die nicht mehr erhaltene Orgel für die lutherische Kirche.

Schäden und Verluste im Siebenjährigen Krieg (1756–1763)

Nachdem bereits von 1741 bis 1748 im österreichischen Erbfolgekrieg, die mit Österreich verbündeten Franzosen im Lande waren, da das Herzogtum Berg dem Bündnis gegen Österreich beitrat, brachte der Siebenjährige Krieg neues Kriegselend. Das Herzogtum Berg stand auf der Seite der Feinde Preußens. Der Kurfürst gestattete den Franzosen, die Verbündete Österreichs waren und gegen Preußen kämpften, den Durchmarsch. Er versprach ihnen die Lieferung von Lebensmitteln und die Bereitstellung einer Truppe. Die Franzosen drangen bis Thüringen vor, wurden aber wieder zurückgetrieben und zogen sich im April 1758 auf das linke Rheinufer zurück. Nur in Düsseldorf und Kaiserswerth bleiben französische Truppen. Ratingen war von diesen geräumt. Im Mai 1758 war Ratingen Stammquartier preußischer Husaren. Am 1. Juni standen in der Stadt 1 000 Infanteristen, 800 Dragoner und 200 Husaren mit 1 000 Pferden für den Angriff auf das von den Franzosen noch besetzte Düsseldorf bereit, marschierten dann aber nach Mülheim, um von dort nach Krefeld vorzurücken, wo die Franzosen am 23. Juni 1758 vernichtend geschlagen wurden. Am 7. Juli kapitulierte Düsseldorf. Als die Preußen mit ihren Verbündeten am 9. August 1758 wieder abrückten, kamen die Franzosen zurück und blieben bis 1762. Die französische Legion Royale bezog in Ratingen ihr Winterlager. Die Burg Zum Haus wurde französisches Hauptquartier des Generals Chabôt. 1760 sammelte das französische Freikorps Fischer Truppen in Ratingen und richtete ein Magazin ein. 1761 bis 1762 war Ratingen Aufmarschgebiet.

Als am 15. Februar 1763 der Friede zu Hubertusburg geschlossen wurde, stellte man die Lasten und Schäden, die Lieferungen an Geld, Lebensmitteln und Furagen zusammen. Abwechselnd hatten in diesem Krieg Franzosen und Preußen sieben Jahre lang requiriert und Lieferungen gefordert. Die Aufstellung gab allein die von den Franzosen verursachten Schäden mit 43 018 Reichstalern an. Auch die Verluste an Menschen waren außerordentlich. Es sind Anhaltspunkte dafür vorhanden, daß mehrere hundert Bürger, die einmal zum Kampf für die Franzosen und dann für die Preußen gezwungen wurden, den Tod fanden.

Wie nach dem Dreißigjährigen Krieg war die Stadt verarmt, die Bevölkerung ausgeraubt. Viele Wohnhäuser standen leer und verfielen. In der Bürgerschaft tritt erneut ein großer Wechsel ein, die Namen der meisten Bürger wechseln wieder.

Eifrige Aufbauarbeit nach 1762

Die Regierung drängte nach 1762 auf eine schnelle Instandsetzung der Stadt. Der Landtag bewilligte zur Ausbesserung des von 1751 bis 1753 umgebauten Rathauses (Bürgerhaus) und der Stadtmauern einen Beitrag von 400 Reichstalern. Als das Rathaus „aus- und inwändig zum größten Zierrat der bergischen Hauptstadt Ratingen hergestellt" war, wie der Rat der Stadt schreibt, schenkte auf dessen Antrag hin Kurfürst Karl Theodor (1742–1799), der sich mit Ratingen besonders verbunden gefühlt hat, obschon er nur selten in der Düsseldorfer Residenz war, der Stadt am 10. April 1766 sein Bild und das Bild seiner Gemahlin.

Als Karl Theodor 1768 die Zünfte reorganisierte, zählten die meisten Handwerke nur noch wenige Meister. Die Zahl der Schuhmacher und Hamacher betrug wieder 42, der Schmiede und Schleifer jedoch nur 20. Es bestanden auch wieder die Schneider-, Bäcker- und Hutmacher-Zunft. Das Verbot des Jahres 1771, die Häuser und Scheunen mit Stroh zu decken, begünstigte die Entwicklung eines neuen Gewerbes, die Dachziegelherstellung, denn nun mußte mit „Pfannen gedeckt" werden. Drei Dachziegeleien, sogenannte Pfannschoppen, bestanden schon 1758.

Am 14. Juli 1774 wurde die Turmhaube von St. Peter und Paul durch ein Unwetter zerstört. Nach den Plänen des Hofbaumeisters Wanters fertigte der heimische Zimmermeister Gerhard Loufen die heutige barocke Zwiebelhaube, welche am 8. Juli 1775 aufgerichtet wurde. Beim Schützenfest der Scheibenschützen im Jahre 1776 errang Kurfürst Karl Theodor die Königswürde. 1780 wütete ein Brand in der Stadt, dessen Folgen aber in zwei Jahren schon behoben sind. 1783 wurde der Judenfriedhof an der Angerstraße angelegt, 1785 bis 1786 erfolgte hier auch die Anlage der beiden christlichen Friedhöfe.

Auf allen Gebieten ging der Aufbau gut voran. Die Verhältnisse in der Stadt waren in den Jahren nach 1783 wieder geordnet.

81 Kurfürst Karl Theodor (1742-1799)

82 Gesellschaft beim Kaffeetrinken. Federzeichnung von N. Aartmann, um 1770

81

IV. Die Industriestadt (1783 bis 1945)

Die Gründung Cromfords

In das Jahr 1783 fällt ein Ereignis, das für die Stadt eine neue Entwicklung einleiten sollte. Am 24. November 1783 beantragte der Elberfelder Fabrikant Johann Gottfried Brügelmann beim Kurfürsten die Erteilung eines Privilegs für die Errichtung einer Baumwollspinnerei, die er „durch ein Wasserrad könnte treiben lassen" und erklärte, daß er sich „solchen Ends einen Ort bei Höchstdero Bergischen Mithauptstadt Ratingen ausersehen habe". Wieder einmal gab ein Bach Veranlassung und Möglichkeit zur Ausnutzung seiner Wasserkraft, die bald „1600 Spindeln einmal in Bewegung setzte".

Die Zeit des stillen Land- und Ackerstädtchens war vorbei. In Ratingen entstand durch Johann Gottfried Brügelmann die erste mechanische Baumwollspinnerei des Kontinents. Für Ratingen begann damit ein neuer Zeitabschnitt. Johann Gottfried Brügelmann schreibt in den Antrag an den Kurfürsten: „Nie ist eine nützlichere Anlage für das ganze Land, besonders aber für Ratingen vorgenommen worden . . .". Der Rat sprach in einem Brief an den Kurfürsten die Hoffnung aus, daß noch mehr Fabriken angelegt würden, wodurch die „zu allem wohl gelegene Stadt in Flor kommen müßte." Ratingen wurde durch das „Etablissement des Johann Gottfried Brügelmann" über die Grenzen der deutschen Lande bekannt.

Die Baumwollspinnerei ist unter dem Namen „Cromford" zu einem Begriff geworden, der sich seit 1790 einbürgert. Johann Gottfried Brügelmann hat den Ort seiner Niederlassung nach dem englischen Vorbild, dem Cromford in der Provinz Derbyshire so genannt; er hat sich für die Fabrik und die Umgebung bis heute erhalten.

Johann Gottfried Brügelmann war es 1781 durch einen sich in England aufhaltenden Freund gelungen, von dort eine Kratzmaschine zur Reinigung der Baumwolle und 1782 das Modell eines Spinnstuhles zu erhalten, dazu aus England auch einen Meister zur Bedienung dieser Maschinen zu gewinnen. In England war die Baumwollspinnerei durch mehrere Erfindungen vom Handwerk zum Industriezweig geworden.

Im Jahre 1783 kehrte Johann Gottfried seiner Vaterstadt Elberfeld den Rücken, er soll sich zunächst nach England begeben und unerkannt bei dem Erfinder Arkwright in Cromford einige Zeit gearbeitet, sogar Teile einer Spinnmaschine, „in Kleidern eingenäht" nach Deutschland gebracht haben. Im April 1782 tauchte er aber schon in Ratingen auf und erwirbt am 1. Mai 1783 von dem Grafen Ambrosius Franziskus von Spee aus dem Gelände des Rittergutes Zum Haus an der Anger Grundstücke in Erbpacht. Sofort begann er dann mit der Errichtung von zwei Fabrikgebäuden nach den Plänen des Hofbaumeisters Flügel. Alles ging erstaunlich schnell. Ende September war der Bau teilweise fertig und in Betrieb genommen. Die Spinnerei beschäftigte schon 70 bis 80 Menschen. Am 15. November 1783 trat Johann Gottfried Brügelmann an die Stadt Ratingen heran, und „begehrte vom Magistrat eine Urkunde, daß seine hier liegende Fabrik bisher der Stadt Ratingen Nutzen gebracht habe" und „auch künftighin bringen werden, dies um so mehr, da die hiesigen Bürger, Handwerker und ‚arme Kinder' dort ihr Brot verdienen könnten". Die übrigen Handwerksleute würden hierdurch „in den Stand gestelle" ihre Steuern und sonstige Lasten bezahlen zu können. Der Magistrat beschloß noch am gleichen Tage, dem Antrage zu entsprechen. Bürgermeister und Rat der Stadt bestätigten, daß „Brügelmann im Sommer 1783 ein großes Gebäude nebst einem Haus für eine Baumwollenfabrik angelegt habe, an dem noch gebaut werde. Es werden viele Leute und auch Kinder von zehn bis zwölf Jahren in der neuen Fabrik ihren Verdienst finden und die ganze Stadt, insbesondere die Handwerker davon großen Vorteil haben".

Am 24. November 1783 richtete Brügelmann dann schon den erwähnten Antrag auf Erteilung des Privilegs an den Kurfürsten, der es am 8. Juli 1784 zwar nicht für die erbetene Dauer, aber für zwölf Jahre erteilte.

Das zwölfjährige Privileg endete im Jahre 1796. Johann Gottfried Brügelmann hat keine Verlängerung des Patentschutzes beantragt, obschon die Französische Revolution 1794 große wirtschaftliche Veränderungen brachte. Sein Betrieb, dem er noch eine Türkisch-Rot-Färberei, eine Farbstoff- und eine Ölmühle angliederte, beschäftigte 1795 rund 400 Personen.

Da das linke Rheinufer 1801 französisch und der Rhein Zollgrenze geworden war, gingen wichtige Absatzgebiete für die heimische Industrie verloren. Johann Gottfried Brügelmann, welcher in seiner Fabrik jetzt 500 Personen beschäftigte und mit 5200 Spindeln etwa 7000 kg Garn produzierte, hatte schon 1798 versucht, für seine Ware Zollfreiheit zu erlangen. Seine Bemühungen blieben aber ohne Erfolg. Er gründete

83 Johann Gottfried Brügelmann, der Gründer von Cromford, der Vater der deutschen Industrie (1750-1802)

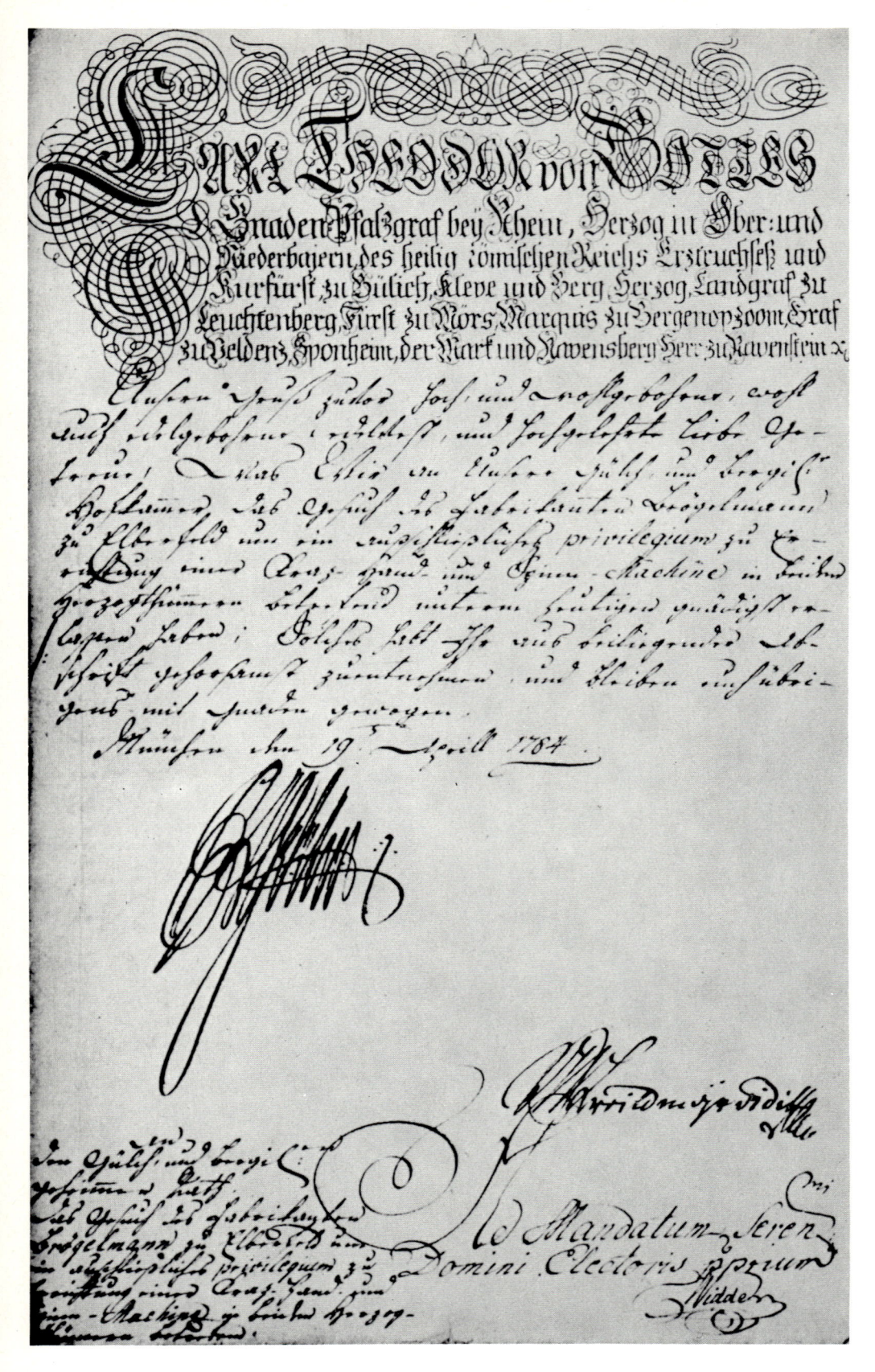

84 Privileg des Kurfürsten Carl Theodor vom 19. April 1784 für Johann Gottfried Brügelmann
zur Errichtung einer „Kraz-, Hand- und Spinn-Maschine"

85 Herrenhaus Unter-Cromford
Erbaut 1787–1790, vermutlich von Nikolaus de Pigage, dem Erbauer von Schloß Benrath

86 Herrenhaus Unter-Cromford
Hauptsaal mit Dekorationen des ausgehenden 18. Jahrhunderts

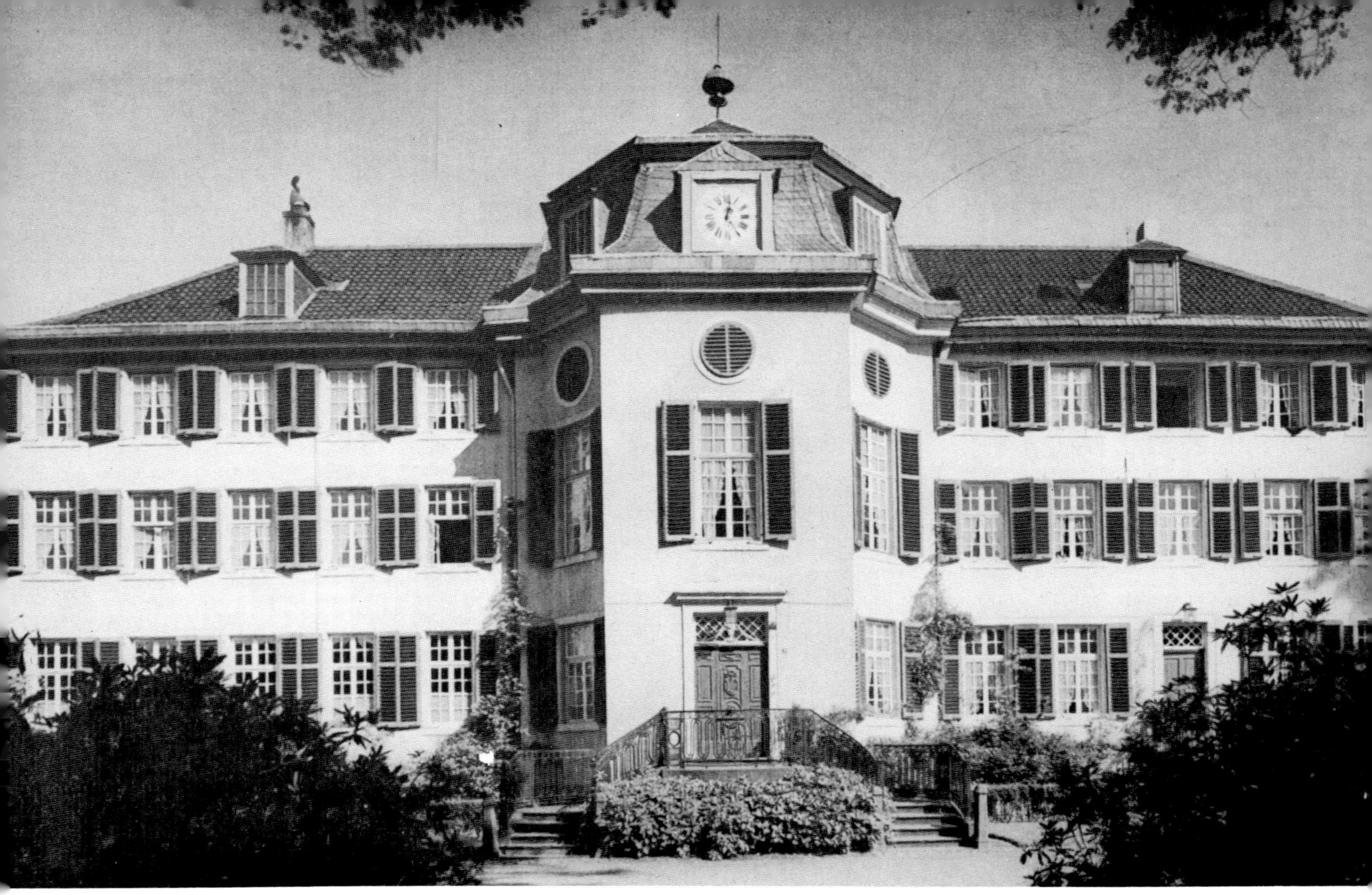

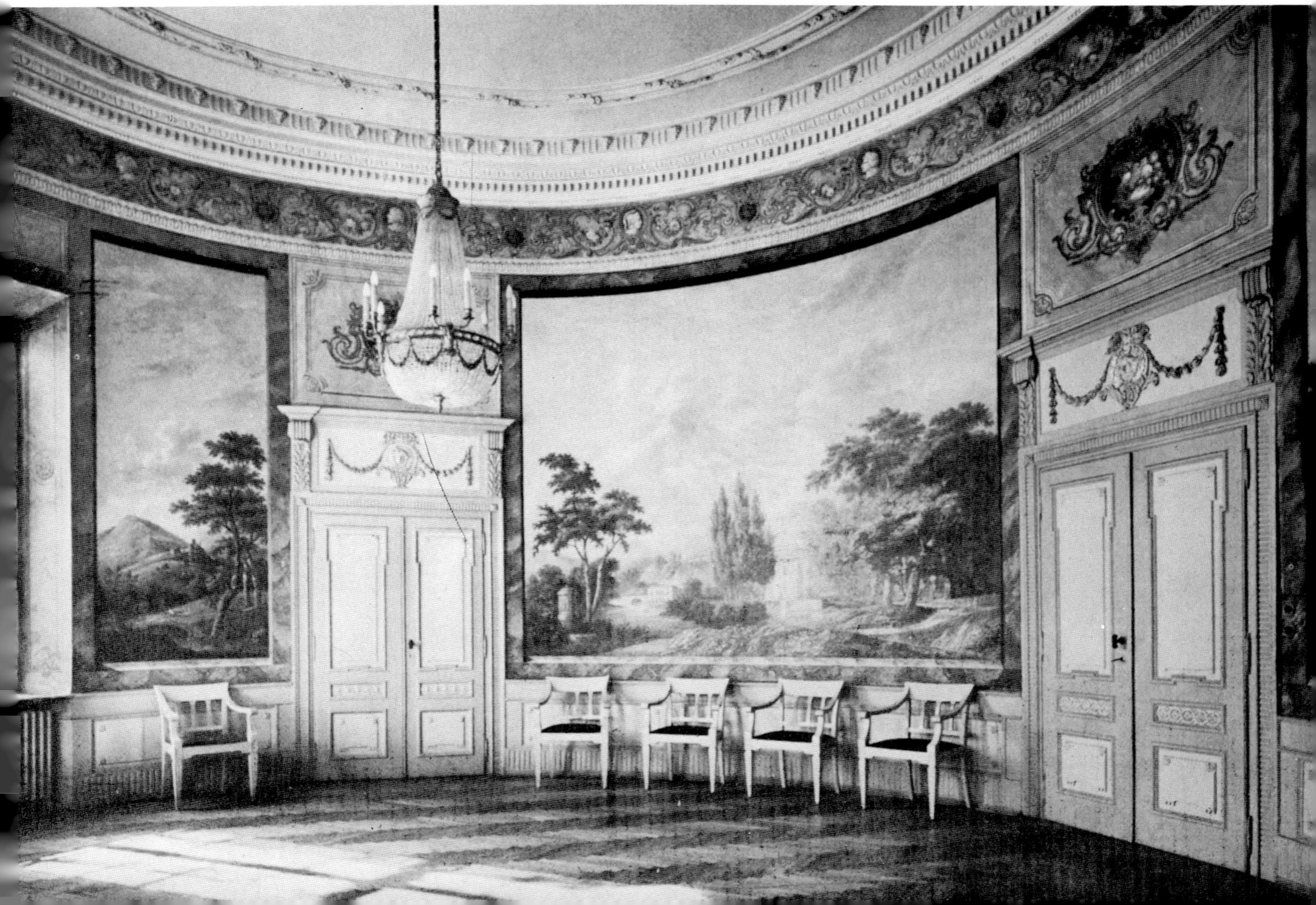

87 Herrenhaus Ober-Cromford
Erbaut um 1810, vermutlich von
A. Vagedes

deshalb 1799 linksrheinisch einen Betrieb in Gemeinschaft mit dem Fabrikanten Johann Lenssen in Rheydt, einen der sieben bedeutendsten des linksrheinischen Roerdepartments.

Johann Gottfried Brügelmann starb, erst 52 Jahre alt, am 27. Dezember 1802. Mit ihm ging einer der „Großen" in der deutschen Wirtschaftsgeschichte dahin. Der Westfälische Anzeiger schrieb am 15. Febr. 1802 in einem Nachruf: „Außer seinen eigenen Anlagen beförderte er auch manche andere, dem Staate vorteilhafte Einrichtungen. In den ersten vier Jahren seiner Tätigkeit war er Mitglied des Düsseldorfer Handlungsvorstandes geworden. Er leistete größtenteils die zur Gründung einer regelmäßigen Rhein-Schiffahrt nötigen ansehnlichen Vorschüsse. Er reiste nach Amsterdam und half dort mit den Kommissaren der Rheinschiffahrt, den ewig merkwürdigen Vertrag einer gemeinschaftlichen Rangfahrt zwischen der Amsterdamer und Düsseldorfer Kaufmannschaft zu schließen. Als Deputierter des bergischen Industriestandes arbeitete er rastlos für das Kommerzwesen des Landes durch seine inneren und äußeren Verhältnisse. Er suchte einen Teil seines großen, selbsterworbenen Vermögens in Landgütern anzulegen und entwarf die schönsten Pläne zu dem, was er zur allgemeinen Verbesserung der Forst- und Ackerwirtschaft noch tun wollte."

Der Kurfürst besucht die Fabrik

Kurfürst Karl Theodor, der, seit 1777 auch Kurfürst von Bayern, in München residierte, und sich in Düsseldorf nur zweimal aufhielt, verlieh Johann Gottfried Brügelmann am 23. Dezember 1784 den Titel eines kurfürstlichen Kommerzienrates und besuchte die Fabrik am 7. Juli 1785. Dieser Besuch war für die Stadt Ratingen ein ganz besonderes Ereignis, zumal Serenissimus hier ja 1776 Schützenkönig geworden war. Der Magistrat beschloß, ihn feierlich zu empfangen und, sobald der Landesherr am Großen Rahm eintraf und die Stadtgrenze überschritt, mit allen Kanonen so lange zu schießen, bis er die Fabrik erreicht habe. Die Schützenkompanien mußten auf dem Markt „in Parade stehen" die Kirchen läuteten mit allen Glocken und der Magistrat bezeugte die tiefste Devotion. Die „Professoris" der Lateinschule und die „Studenten" mußten sich mit der Fahne ebenfalls auf den Markt stellen. Im Fabrikhaus empfing der Kurfürst dann Johann Gottfried Brügelmann, die Herrn Beamten und den Magistrat der Stadt zum Handkuß.

Der Bau der Herrenhäuser Unter- und Ober-Cromford

Im Jahre 1787 begann Johann Gottfried Brügelmann mit dem Bau eines dreistöckigen Wohnhauses, des Herrenhauses Unter-Cromford, welches der Familienüberlieferung zufolge der geniale Baumeister Karl Theodors, Nicolaus de Pigage, errichtete, der auch die Schlösser in Benrath, Schwetzingen und Mannheim schuf. In der Tat zeigen „sich verwandte Züge mit dem Benrather Schloß".

Der etwas später angelegte Park ist eine Schöpfung des Düsseldorfer Hofgartendirektors Maximilian Friedrich Weyhe.

Jünger ist das Herrenhaus „Ober-Cromford", dessen Planung der großherzogliche Baudirektor und rheinisch-westfälische Baumeister des Klassizismus, Adolf von Vagedes, geschaffen haben soll. Hier ist im

Gegensatz zu dem anspruchsvollen Bau von Unter-Cromford um 1800 ein Herrenhaus geschaffen worden, welches in einfachen und klaren Linien auf jeden Schmuck verzichtet. Heute versteht man unter dem Herrenhaus Cromford Unter-Cromford.

Die Französische Revolution

Die Stadt hatte sich bis zur Französischen Revolution gut entwickelt. Die Spinnweberei Cromford begünstigte diese Entwicklung wesentlich. Wie bis zum Jahre 1641 zählte die Stadt 1794 wieder rund 300 Häuser, während es 1740 noch 160 waren. Die Stadt war seit 1791 mit 22 Laternen beleuchtet und die Häuser hatte man numeriert, da seit 1785 viele neue Häuser gebaut wurden.

Der Ausbruch der Französischen Revolution führte viele Emigranten in die Stadt, die viel Geld brachten und das schon erwähnte Ölgemälde aus der Schule van Dycks, die Kreuzabnahme Christi darstellend, zurückließen, welches sich heute in der Kirche St. Peter und Paul befindet. Durch belgische Emigranten kamen Reliquien der hl. Waltraudis nach Ratingen, die 1803 wieder zurückgegeben wurden.

In dem Krieg gegen Frankreich versuchte Karl Theodor neutral zu bleiben, aber schon bald gab es starke Einquartierungen kaiserlicher Truppen, da die kaiserliche Armee, von den Franzosen besiegt, über den Rhein zurückwich und sich rechts des Rheines festsetzte. Als einige Bürger am 16. Juli 1794 auch in Ratingen die Revolution verkünden wollten, kam es in der Stadt zu einer kleinen Revolte. Am 6. Oktober 1774 beschossen die Franzosen Düsseldorf. Um 9.30 Uhr hörte man in Ratingen den Kanonendonner und bald sah man den Himmel gerötet vom Feuerschein der brennenden Häuser. Schon vor Mittag kamen die ersten flüchtenden Familien in Ratingen an und suchten ein Obdach. Am Abend forderte ein Quartiermeister der kaiserlichen Armee Quartier für 400 Soldaten, obschon die Stadt bereits voll mit kaiserlichen Truppen belegt war. In Eckamp lagen kaiserliche Husaren, die auf eigene Faust requirierten.

Am 6. September 1795 griffen Grenadiere der französischen Division Lefèvre vor dem Lintorfer Tor die Stadt an, wurden aber von Ulanen des kaiserlichen Generals Riese über Tiefenbroich hinaus zurückgeworfen. Doch am 7. September zog sich die kaiserliche sowie die kurpfälzische Garnison zurück und französische Revolutionstruppen unter dem General Lefèvre besetzten die Stadt, nachdem sich die Festung Düsseldorf am 6. September ergeben hatte. Auf dem Bürgerhaus und dem Bechemer Tor wehte die Trikolore. Es gab Plünderungen auf den Höfen in Tiefenbroich und in Eckamp, hohe Kontributionsforderungen und Kosten für die französischen Volksrepräsentanten. Im Kloster der Minoriten quartierte sich ein französischer General ein und ordnete die Anlage eines Magazins an.

Zur Deckung der Bedürfnisse der französischen Armee sollten die „Kaufleute und Kapitalisten" freiwillige Beiträge von etwa 7000 Reichstalern liefern, und als diese nicht termingemäß kamen, wurden Johann Gottfried Brügelmann und das Ratsmitglied Jakob Winkels eine Zeitlang als Geiseln festgenommen. Männer, Frauen und Kinder mußten von 1796 bis 1798 zur Verstärkung der Festung Düsseldorf Schanzarbeiten verrichten. Holz aus den Ratinger Waldungen wurde für die Palisaden gefordert, Hand- und Spanndienste waren zu leisten, Karren und Handwerksgeräte zu stellen. Zu der französischen Einquartierung kam noch eine kurpfälzische, die wochenlang vor dem Obertor kampierte, als die Preußen im April 1795 Frieden mit Frankreich geschlossen hatten.

Weihnachten 1795 suchten französische Kommandos in der Stadt nach 15 Deserteuren, die bei den Schanzarbeiten in Düsseldorf entwichen waren. Am 6. Februar 1796 wurde das Bürgerhaus auf Antrag des französischen Stadtkommandanten Weiß von den Stabsoffizieren zu einer Lustbarkeit zur Verfügung gestellt und am 8. Februar 1796 feierte der Düsseldorfer Stadtkommandant von Märken mit einer Ratinger Bürgerstochter Hochzeit.

Der kurpfälzische General von Dalwigk nahm in der Stadt Quartier und der französische General d'Haupoul, später die Generäle Compère und Ducoment auf Haus Cromford. Geld und Naturalleistungen wurden ständig weiter gefordert. Der eine General forderte Wein, der andere Fische. Damit alles pünktlich geliefert wurde, lagen zeitweise eine Züchtigungstruppe und ein Strafkommando in der Stadt. Über die Jahrhundertwende wurde der Schlüssel des Lintorfer Tores in der ganzen Stadt gesucht. Sonst melden die Akten von der Jahrhundertwende kein „besonderes Ereignis". Die Zahl der Einwohner betrug am 1. Januar 1800 2596.

Seit der Gründung Cromfords war das gewerbliche Leben reger geworden, ein verstärkter Zuzug von Handwerkern war zu verzeichnen. In den Beiträgen zur Statistik des Herzogtums Berg heißt es über Ratingen: „Der Ackerbau in dem Gebiete der Stadt wird gut betrieben und nichts liegt öde. Es sind hier aber ergiebige Brüche marmorartiger Steine, eine ansehnliche Dachziegelbrennerei und eine vor wenigen Jahren angelegte Papiermühle in der Stadt zu bemerken". Besonders erwähnt wird auch das Hutmachergewerbe. Über die Fabrik von Johann Gottfried Brügelmann ist gesagt: „Unter den Manufakturen ist die Baumwollspinnerei mit englischen Wassermaschinen, welche der Commerzienrat Brügelmann zu Cromford bei Ratingen angelegt hat, die vorzüglichste. Daselbst ist auch eine Türkisch-Rot-Färberei und eine Farbstoffmühle". Andere Statistiken nennen noch zwei Kalköfen, eine Loh-, eine Öl- und zwei Getreidemühlen.

Im Juni 1800 wurde Ratingen Relaisstation der kaiserlichen Post. Nach dem Frieden von Lunéville zwischen dem Kaiser und Frankreich im Februar 1801 wurde die Schleifung der Festung Düsseldorf befohlen und Ratingen mußte auch hierfür wieder Arbeiter stellen.

Nach dem Abzug der Franzosen im Mai 1801 bemühte sich die Stadt, ihre Finanzen wieder in Ordnung zu bringen. Jahrelang waren die Befestigungsanlagen wieder vernachlässigt und am 2. Juli 1802 der Abbruch des Ober-, Bechemer und Düsseldorfer Tores vom Magistrat beschlossen worden. Zum Abbruch der Tore kam es allerdings erst im Jahre 1815. Das Rathaus wurde instandgesetzt, ebenso die Gasthauskirche und das Gasthaus Zum heiligen Geist, die als Magazin und Lazarett gedient hatten. Doch die großen Lieferungen und Leistungen, die Teuerung mit einer Arbeitslosigkeit hatten wieder zu einer großen Not geführt, wiederholt sogar zur Ausgabe von Brotbriefchen, Karten für den Einkauf von Brot. Der Magistrat schreibt, die Bürgerschaft sei bis zum Elend erschöpft.

Blühendes Geistesleben

Trotz der unruhigen politischen Verhältnisse und Wirren brachten die Jahre um die Wende vom 18. zum 19. Jahrhundert für Ratingen eine Blüte des geistigen und gesellschaftlichen Lebens, wie sie später nicht wieder erreicht wurde. Das kulturelle Leben wurde vornehmlich getragen von Johann Gottfried Brügelmann, dem lutherischen Pfarrer Friedrich Mohn, der Apothekerfamilie Korte und der Beamtenfamilie Degreck. Johann Gottfried Brügelmann pflegte den Verkehr mit vielen bedeutenden Männern der Wirtschaft wie später sein Enkel Moritz. Es „spinnen sich auch Fäden vom Goethekreis zu der Familie Brügelmann". Um Friedrich Mohn, dem Herausgeber der Taschenbücher für Liebhaber des Schönen und Guten von 1799–1803, scharte sich ein literarischer Kreis wie ein Kreis Düsseldorfer Maler. Friedrich Mohn erfreute sich besonderer Unterstützung des Kommerzienrates Johann Gottfried Brügelmann. Seinem 1793 erschienenen Gedichtband gibt er die Widmung: „Dem wohlgeborenen Herrn Commerzienrat Brügelmann, meinem verehrungswürdigen Gönner und Freunde". Mohn verließ Ratingen 1802, im gleichen Jahr, in dem auch Johann Gottfried Brügelmann starb.

Apotheker, Fabrikanten und Gelehrte fanden sich bei der Apothekerfamilie Korte ein. Es ist nicht zu klären, ob es Friedrich Mohn oder die Familie Korte war, welche die Beziehungen zu Wilhelm von Humboldt schuf, dessen Briefe an die Familie Korte im letzten Krieg verlorengegangen sind. Die über großen Grundbesitz verfügende Familie Degreck war der Sammelpunkt höherer Beamter. Wilhelm Josef Degreck war 1814 Oberbürgermeister von Düsseldorf, ein Bruder Direktor der Niederrheinischen Schiffahrtsgesellschaft. Die Familie Degreck, mit der sich auch ein heimatlicher Roman befaßt, der in der ersten Hälfte des 19. Jahrhunderts spielt, ist um 1850 in Ratingen ausgestorben.

Das Großherzogtum Berg

Kurfürst Karl Theodor, der seit 1742, 57 Jahre lang regiert hatte, war am 16. Februar 1799 gestorben und Maximilian Josef Landesherr geworden, der das Herzogtum Berg durch einen Vertrag am 30. November 1803 seinem Vetter, Herzog Wilhelm in Bayern, gegen ein Jahrgeld überließ. Düsseldorf wurde Residenz, allerdings mit französischem Einschlag und nur kurze Zeit, denn Kurfürst Maximilian Josef trat das Herzogtum durch den Vertrag zu Schönbrunn vom 15. Dezember 1805 an Napoleon ab, der seit dem Dezember 1804 Kaiser der Franzosen geworden war, und erhielt dafür den Titel König von Bayern. Das Abtretungspatent vom 15. März 1806 wurde den Ratingern am 25. März übermittelt. In diesem hieß es, daß die bergischen Untertanen und die gesamte Dienerschaft aus ihren Verpflichtungen gegen den bisherigen Landesherrn entlassen seien und Kaiser Napoleon am gleichen Tage die Regierung dem Prinzen Joachim von Murat, dem Schwager Napoleons und Großadmiral von Frankreich übertragen habe, der dann mit

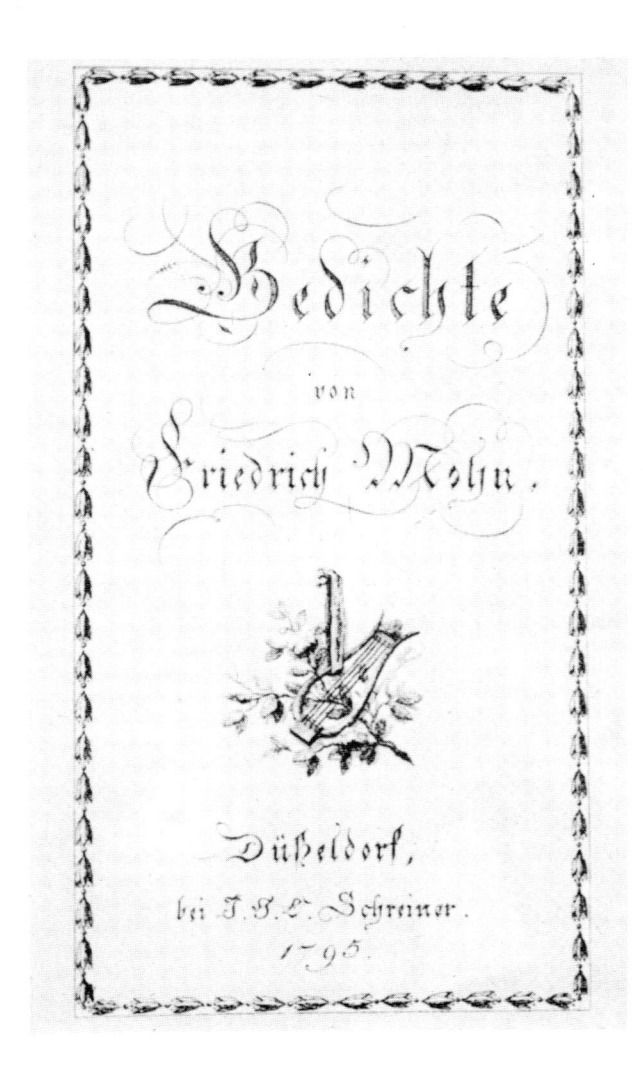

88 Titel und Titelbild aus einem Gedichtband von Friedrich Mohn. 1795

Verordnung vom 21. März 1806 seinen Regierungsantritt mitteilt. Am 15. März wurde das königlich-bayrische Zeichen am Bürgerhaus abgenommen und 48 Kanonenschüsse verkündeten den Beginn der französischen Herrschaft.

Als am 12. Juni 1806 der Rheinbund gegründet wurde und das deutsche Reich sich auflöste, erhob Napoleon das Land Berg zum Großherzogtum. Am 20. Juni 1806 rückte eine französische Garnison ein, welche die bisherige königlich-bayrische ablöste.

Beim Aufmarsch der Franzosen gegen Preußen am 9. Oktober 1806, fünf Tage vor der Doppelschlacht bei Jena und Auerstädt, zogen 24 000 Soldaten unter der Fahne Frankreichs durch die Stadt und im November fand eine Musterung aller Dienstfähigen für die französische Armee statt.

Besonderen Wert legten die Franzosen auf einen guten Zustand der Straßen. Der Kies wurde aus einer Grube vor der jetzigen Eisenbahnüberführung Düsseldorfer Straße/Bodelschwinghstraße genommen, die deshalb im Volksmund lange Napoleonskuhle hieß. 1818 wurde hier der erste Turnplatz angelegt und 1848 exerzierte dort die Bürgerwehr. Am 11. Juli 1807 mußte der Sieg Napoleons über die Preußen gebührend gefeiert werden.

Am 11. Februar 1808 trat in der Verwaltung der Stadt eine wichtige Änderung ein. Die alte landständische Verfassung wurde aufgehoben und durch die am Oktober 1807 eingeführte französische Munizipalverfassung ersetzt. Künftighin erfolgte die Verwaltung durch einen Direktor, zwei Beigeordnete, einen Sekretär und 15 Munizipalräte. Erster Stadtdirektor war Johann Gottfried Brügelmann der Jüngere. Bei der Neueinteilung des Landes, die ebenfalls nach französischem Muster erfolgte, wurde Ratingen Hauptort des gleichnamigen Kantons. Den Kanton Ratingen bildeten die fünf Mairien Ratingen, Eckamp, Mintard, Kaiserswerth und Angermund. Der Kanton Ratingen gehörte zum Arondissement Düsseldorf und zum Department Rhein. Als der Großherzog Murat 1808 zum König von Neapel ernannt wurde, regierte

Napoleon das Großherzogtum selbst und am 3. August dieses Jahres schwören die Ratinger Munizipalräte und Stadtdiener den Eid auf Napoleon. Am 3. März 1809 schenkte Napoleon das Großherzogtum seinem vierjährigen Neffen Napoleon-Ludwig, behielt sich aber bis zu dessen Volljährigkeit Regierung und Verwaltung vor und nannte sich auch Großherzog von Berg. Die Stadt zählte 1810 2875 Einwohner und 325 Häuser; die Mairie Eckamp 3398 Einwohner und 446 Häuser.

Wirtschaftlich brachte die Errichtung des Großherzogtums dem Lande keine Verbesserung. Die bergische Industrie suchte vergeblich die Aufnahme in das Zollsystem Frankreichs zu erreichen. Der bergische Handel brach zusammen, viele Bürger wurden brotlos. In der Stadt standen Häuser leer, „die größten zu einem Drittel oder sogar zur Hälfte". Aus den Notizen über die vaterländische Geographie von 1810 ergibt sich, daß die Brügelmannschen Fabriken nur noch 300 Menschen beschäftigen.

Aushebungen für die bergischen Regimenter der „Grande Armée" fanden jahrelang mit großer Schärfe statt. Viele Ratinger mußten mit Napoleon nach Rußland ziehen. Von zehn Ratingern ist bekannt, daß sie 1812/13 in Rußland geblieben sind, von einem, daß er als Soldat Napoleons in Spanien starb.

Große Lieferungen mußten 1813 erfolgen, als die Franzosen in der Völkerschlacht bei Leipzig geschlagen waren und am 1. und 2. November 1813 über den Rhein flohen. Die letzte französische Einquartierung gab es am 7. November 1813 mit 481 Infanteristen und 22 Kavalleristen. Am 10. November 1813 abends 18 Uhr rückten die ersten Kosaken in Ratingen ein.

Das Generalgouvernement Berg

Am 15. November 1813 verkündete der russische Generalleutnant Graf von St. Priest das Ende der französischen Herrschaft und am 27. November 1813 wurde dem Maire (Bürgermeister) „die Bildung des Generalgouvernements mitgeteilt, wonach der Staatsrat Sr. Majestät des Kaisers aller Reußen, Herr Justus Gruner, als provisorischer General-Gouverneur" ernannt sei. Am 29. November 1813 erging der Aufruf an die deutschen Jünglinge und Männer von 18 bis 60 Jahren zum Kampf gegen die Franzosen, für Deutschlands Freiheit. Ratingen stellte etwa 110 Freiwillige. Vor Weihnachten erfolgte bereits die Einziehung von Ausgehobenen. Es standen zu dieser Zeit auch noch Ratinger in der Armee Napoleons.

Größere Einquartierungen für den Aufmarsch gegen Frankreich kamen und ständige Durchmärsche von preußischen, russischen, schwedischen und dänischen Soldaten. Der Winter 1813/14 blieb als sogenannter Kosakenwinter in der Erinnerung der alten Ratinger, von denen man noch gegen Ende des Jahrhunderts erzählte. Die Kosaken waren vorwiegend in Tiefenbroich einquartiert.

Weihnachten 1813 wurde nach dem Gottesdienst in den drei Kirchen auf dem Marktplatz für die Aufstellung des Landsturms geworben. Am 1. Januar 1814 kam „als würdiges Neujahrsangebinde" die Aufhebung einiger französischer Gesetze.

Am 10. Januar begann der große Aufmarsch der Alliierten für den Übergang über den Rhein bei Kaiserswerth, zu dem in Ratingen in der Nacht vom 12. zum 13. Januar gegen 23 Uhr das erste Signal geblasen wurde. Bis zum 17. März hatte die Stadt 60 000 bis 70 000 Mann, „zu einem Tag gerechnet", in Quartier gehabt.

Justus Gruner hatte die französischen Bezeichnungen und Einrichtungen in der Verwaltung abgeschafft. Am 27. Januar erfolgte eine neue verwaltungsmäßige Gliederung, die Einteilung in Kreise. An der Spitze des Kreises stand der Landesdirektor.

Die Grenze der Stadt war durch eigensüchtige und widerstrebende Interessen unglücklich festgelegt worden. Der Landesdirektor, Graf Spee, wies in einem Schreiben an den Generalgouverneur hierauf hin und betonte am 22. März 1814 „die Notwendigkeit, aus Ratingen und Eckamp eine Gemeinde zu bilden, da Eckamp die Gemeinde Ratingen als den Mittelpunkt ganz umzingele" und sogar das Büro der Gemeinde Eckamp in Ratingen etabliert sei. Der Generalgouverneur genehmigte den Vorschlag am 29. März 1814, so daß Ratingen und Eckamp eine Gesamtgemeinde Ratingen bildeten. Es gelang Eckamp bereits am 1. 10. 1816 wieder eine Trennung mit eigenartiger Grenzziehung. Die Verwaltung von Ratingen-Eckamp, Bracht, Hösel und Rath erfolgte vom 1. Juli 1814 an in Personalunion.

89 Kreuzabnahme Christi. Nach A. van Dyck

Während der Französischen Revolution brachten Flüchtlinge aus dem Kloster Herkenrode in Belgien das Bild um 1793 nach Ratingen. Unbeachtet befand es sich zunächst in einem Privathaus, kam dann durch Schenkung in das Eigentum der Kirche und war jahrelang als Rückwand am Hochaltar angebracht. Seit 1903, als es von dem Maler Aschenbroich restauriert worden war, hing das Bild im südlichen Kirchenschiff, bis es dann in die Sakristei kam.

Das Bild aus der Mitte des 17. Jahrhunderts ist eine Wiederholung des Originals in den Staatlichen Museen zu Berlin, allerdings mit einiger Variation.

Daß die Flüchtlinge das Bild mitführten, spricht für eine hohe Wertschätzung in damaliger Zeit in Belgien.

Die ersten Jahrzehnte der preußischen Zeit

Nach dem Sieg über Frankreich wurde am 30. April 1815 am Bürgerhaus der preußische Adler angeschlagen. Damit war offiziell die Besitzergreifung durch Preußen erfolgt. Seit dem 5. April 1815 waren die Rheinlande preußisch geworden. An diesem Tage erschienen das Patent König Friedrich Wilhelms III. „wegen Besitznahme der Herzogtümer Cleve, Berg und die Proklamation an die Einwohner der mit der preußischen Monarchie vereinigten Rheinländer". Die Rheinländer hatten einen selbständigen rheinischen Staat im Verbande des deutschen Bundes erhofft und waren enttäuscht. Sie bezeichneten sich als „Mußpreußen". Am 10. August 1815 erfolgte die Bekanntgabe der neuen Einteilung und die Organisation der Verwaltung für die Rheinlande, wonach die beiden preußischen Provinzen Cleve-Berg und Großherzogtum Niederrhein gebildet wurden; erstere mit den Regierungen in Düsseldorf und Kleve, letztere in Köln und Koblenz. Beide Provinzen wurden 1822 mit der Provinz-Hauptstadt Koblenz zur Rheinprovnz vereinigt. Ratingen kam zum Kreis Düsseldorf, dem damals auch noch die Stadt Düsseldorf angehörte. Am 22. April 1816 entstand der Regierungsbezirk Düsseldorf.

Den Bürgern gefielen die neuen Verhältnisse vorerst nicht. Sie waren gewohnt, ihre Stadt selbst zu verwalten und manche fortschrittliche Einrichtung aus der französischen Zeit hatte schon feste Wurzeln geschlagen. Man warf den Preußen vor, die einheimischen Beamten zu verdrängen, obwohl sie zunächst nur gegen die Vetternwirtschaft ankämpften. Es behagte den Ratingern nicht, daß jetzt alles „von oben herab" bestimmt wurde. Die Ständeordnung des Freiherrn vom Stein wurde im Rheinland auf Wunsch der rheinischen Provinzialvertretung nicht eingeführt, da wenig Neigung bestand, die von Napoleon geschaffene bewährte Munizipalordnung aufzugeben.

Durch die Einführung der neuen Verwaltungsgliederung wurde dem gesellschaftlichen und wirtschaftlichen Leben Ratingens ein schwerer Schlag versetzt. Nahezu alle ehemals bergischen Beamten und Offiziere, die in Ratingen wohnten, verließen die Stadt, da sie von der preußischen Regierung nicht übernommen wurden. So verzogen etwa 20 bis 25 angesehene Familien. Von den 15 Hofkammerräten, Prokuratoren, Offizieren usw. kamen nur drei in preußische Dienste.

Am Oktober 1816 fand eine Volkszählung statt. Es wurden 3193 Einwohner gezählt; davon waren 2689 katholischen, 338 reformierten, 125 lutherischen und 41 jüdischen Glaubens.

Vorhanden waren fünf kirchliche und drei öffentliche Gebäude, 333 Häuser, 265 Scheunen, Schuppen und Ställe sowie zwei Fabrikmühlen. Von den 608 Gebäuden waren nur 56 massiv, 57 waren aus Fachwerk und teilweise massiv, 495 ganz aus Holz. Sechs Gebäude waren noch mit Stroh gedeckt. Zwei Schulen und drei Lehrer waren vorhanden. 127 Knaben und 90 Mädchen besuchten die Schule. 1816 tauchte zum erstenmal der Gedanke auf, das Minoritenkloster für alle Schulen in Vorschlag zu bringen und dort auch eine Mittelschule zu errichten. Im Jahre 1817 erfolgte der Neubau einer Synagoge an der Bechemer Straße, nachdem schon seit etwa 1750 ein Betraum bestanden haben soll. Die Synagoge wurde 1931 aufgegeben, 1936 von der Stadt angekauft, dann 1939 auf Abbruch verkauft und am 12. November 1940 abgerissen.

Die Unzufriedenheit mit der neuen Verwaltung, die der Bürgerschaft zu wenig Selbständigkeit ließ, wurde geschürt durch die Mißernten der Jahre 1815 und 1816, die eine Hungersnot bis zur Ernte 1817 und eine Teuerung bis 1822 brachten. Nach den Aufzeichnunge eines Ratingers kostete 1822 ein Malter (= Doppelzentner) Roggen 26 bis 28 Reichstaler statt früher drei bis vier Reichstaler, ein Malter Kartoffeln acht bis neun Reichstaler statt ein Reichstaler.

König Friedrich Wilhelm III. hatte in dem Besitzergreifungspatent vom 5. April 1815 die Bildung einer Repräsentation in Aussicht gestellt und am 22. Mai versprochen, die alten und die neuen Provinzen durch eine Verfassung mit Reichsständen zu verbinden. Als der König 1817 seine neuen Länder am Rhein besuchte, wurde ihm die Bitte um baldige Einführung der Reichsstände überbracht. Der König erklärte, ihn daran zu erinnern sei frevelhafter Zweifel. Pflicht der Untertanen sei es abzuwarten. Seit dieser Zeit wuchs in den Rheinlanden wie allgemein in Deutschland die Unterdrückung freihheitlicher Strömungen. Als Folge davon zeigte sich die Bevölkerung dem öffentlichen Leben gegenüber desinteressiert und gleichgültig. Die erhoffte politische Entspannung brachte auch nicht die Thronbesteigung Friedrich Wilhelms IV. im Jahre 1840.

Bis 1845 war ein gewisser wirtschaftlicher Aufschwung zu verzeichnen. Die Zahl der Einwohner stieg von 3642 im Jahre 1825 auf 4060. Während die Arbeit in der Spinnerei Cromford von 1818 bis 1823 ruhte, waren 1825 wieder genügend Aufträge vorhanden, und 1836 liefen bei etwa 300 Beschäftigten 4784 Spindeln. Im Jahre 1840 errichtete die Spinnweberei Brügelmann eine Fabrikschule. Die Beschäftigung von Kindern

90 Erste Karte über die preußische Gebietseinteilung. 1817

vom vollendeten 9. bis 16. Lebensjahr war mit täglich 10 Stunden gestattet. Nach Arbeitsschluß wurden die Kinder in der Fabrikschule unterrichtet, die bis April 1854 bestanden hat.

Im Jahre 1846 stellte Moritz Brügelmann, ein Enkel des Gründers, in der Baumwollspinnerei eine Dampfmaschine auf und erweiterte den Betrieb durch die Errichtung einer großen mechanischen Weberei mit 165 Stühlen, in der er nur Nessel verweben ließ, um Modeschwankungen nicht ausgesetzt zu sein, da er anscheinend den sich anbahnenden Modewechsel schon erkannte. Aus der Spinnerei wurde nun auch eine Weberei. 1849 beschäftigte die zum Großbetrieb gewordene Fabrik 350 Arbeiter, davon 134 in der Spinnerei und 216 in der Weberei. Moritz Brügelmann wurde der zweite Gründer Cromfords.

Seit etwa 1750 hatte sich in Ratingen die Dachziegelfabrikation, allgemein Pfannenbäckerei genannt, entwickelt. Von den alten Pfannenbäckern Scholl, Hugh, Strater, Lithen, Wolff, Ohligschläger, Hein, Eigen, Fowinkel, Bröcker und Linden hielten sich nicht alle bis nach 1830. 1840 blühte die Dachziegelfabrikation jedoch erneut auf und ebenso die Kalkbrennerei sowie die Gewinnung von Marmor und Steinen. Die Familie des Gutsbesitzers Stephan Linden entwickelte sich seit 1860 mit der Dachziegelfabrikation, den Kalköfen, dem Marmorbruch, einem Steinbruch und der Gründung der Ratinger Tonindustrie, später Tonwerk, zu einer bedeutenden Unternehmerfamilie. Die Familie Linden wohnte auf dem Görsenkothen,

91 Die frühere Synagoge an der Bechemer Straße

92 Inneres der früheren Synagoge

später Scheemannshof genannt und besaß neben ihren Betrieben über 400 Morgen Land. Gustav Linden errichtete Kalköfen am Voisweg und an der Sandstraße, Johann Linden errichtete einen Kalkofen in Lintorf und Peter Linden in Wülfrath.

Bedeutung hatte bereits die Papierfabrikation. Zwei Papierfabriken nutzten die Wasserkraft der Anger, von denen nur noch eine besteht.

Die Revolutionsjahre 1848/49, Bürgerwehr und Demokratischer Verein

Die preußische Regierung hatte in den ersten Jahrzehnten ihrer Herrschaft nicht die Verbindung zum Volk gefunden. Die Bevölkerung glaubte sich in ihren Rechten eingeschränkt und sah in Preußen den Hemmschuh für eine demokratische Entwicklung und für die Schaffung eines deutschen Einheitsstaates. Man wundert sich, wie stark der deutsche Einheitsgedanke im Volke damals war. Neue Hoffnung hegte die Bevölkerung, als König Friedrich Wilhelm IV. 1840 den Thron bestieg, der u. a. die Pressezensur milderte. Doch bald wurde erkennbar, daß auch er „von einer Volksvertretung im niederen Sinne" nichts wissen wollte. Groß war die Enttäuschung, als der König die Rechte des am 3. Februar 1847 von ihm einberufenen Landtages nicht erweiterte.

Wirtschaftlich war seit 1846 ein leichter, aber ständiger Rückgang zu verzeichnen, und die Ernte fiel schlecht aus. 1847 sprechen die Ratinger Ratsprotokolle von „großer Not und großer Teurung". „Da die Not in hiesiger Gemeinde sehr groß und die Mittel zu deren Linderung sehr beschränkt sind und trotz aller gebrachten Opfer dieser Not nicht ganz abgeholfen werden konnte", beantragte die Stadt am 19. April 1847 staatliche finanzielle Hilfe. Die Unzufriedenheit wuchs auch aus der Not, dem Mangel an Arbeit und vor allem infolge der hohen Brotpreise. Die preußische Regierung beschaffte Roggen und stellte Geld „zur Förderung des Anpflanzens von Kartoffeln bei der ärmeren Bevölkerung zur Disposition". Zur Beschaffung von Arbeit stellte die Regierung Straßenbauprogramme auf.

Als der Landrat den Bürgermeister anwies, mit der Bürgermeistereiversammlung über die Bildung eines Sicherheitsvereins zu beraten, verneinte diese die Notwendigkeit hierzu noch am 23. März 1848. Doch acht Tage später, am 1. April 1848, teilte der Bürgermeister der Bürgermeistereiversammlung mit, „daß der größte Teil der hiesigen Bürger zusammengetreten sei und sich als Bürgergarde constituiert, auch bereits Führer gewählt habe, weil sie geglaubt, daß die Bildung einer Bürgergarde jetzt, besonders wegen der Nähe der Cromforder Fabrik, nötig sei".

Ende März 1848 hatten bereits die Arbeiter der Cromforder Fabrik als Sicherheitsverein ein „Sensencorps" gebildet, so genannt, weil die Bewaffnung in einer Art Sense bestand. 50 Gewehre wurden der Spezialgemeinde Eckamp, zu der Cromford gehörte, erst am 8. August zugeteilt, welche das „Sensencorps" aber nicht erhielt. Die Bekleidung des Corps war ein blauer Kittel. An die Spitze war Wilhelm Brügelmann getreten; der Leiter der Fabrik, Moritz Brügelmann, unterstützte es.

Wenn Cromford einen Sicherheitsverein hatte, konnte die Stadt nicht abseits stehen. Am 11. April werden der Stadt schon 40 Gewehre und am 19. Juni weitere 40 Gewehre zugewiesen. Am 5. August beantragt der Chef der Bürgergarde einen Zuschuß von 30 Talern zur Bestreitung der nötigsten Bedürfnisse, doch bewilligt ihm die Bürgermeisterversammlung nur 20 Taler.

Nähere Unterlagen über die Gründung der Bürgerwehr fehlen. Der Notariatskandidat Jakob Schlippert war ihr Chef, der Arzt Dr. Küpper sein Stellvertreter, der Weber Johann Buschmann ihr Tambour. In der alten Napoleonskaule am Großen Rahm wurde eifrig exerziert und das Schießen geübt. Im Junkernbusch fanden Felddienstübungen statt. Die heute noch vorhandene Fahne schwarz-rot-gold, von Ratinger Frauen und Mädchen unter der Leitung der Handarbeitslehrerin Matheisen gestickt und gewidmet, trägt die Aufschrift: „Die Ratinger Bürgerwehr 1848". Sie ist 1850 von dem 1846 gegründeten Männergesangverein bei einem Wettstreit in Düsseldorf benutzt worden. Die Aufschrift war hierzu mit einem Streifen übernäht, der die Inschrift trug: „Ratinger Männergesangverein." Angesehene Bürger finden wir in den Reihen der Bürgerwehr. Ihr Chef, Jakob Schlippert, war als Abgeordneter der preußischen Nationalversammlung von Anfang Oktober bis Ende November 1848 in Berlin. Er war gleichzeitig meist auch der Vorsitzende des Demokratischen Vereins, Mitglied der Einquartierungskommission und von 1849 bis 1855 Mitglied der Bürgermeistereiversammlung.

Die Ratinger Bürgerwehr trug als Uniform grüne Kittel mit schwarz-rot-goldener Litze, einem Gürtel und die alte steife Landwehrmütze mit der breiten deutschen Kokarde. Zwischen der nach dem Dreiklassen-Wahlrecht gewählten Bürgermeistereiversammlung und der Bürgerwehr bestand anfangs ein gutes Einvernehmen. Am 25. August 1848 erklärte die Bürgermeistereiversammlung, der stellvertretende Chef, Dr. Küpper sei „stillschweigend Mitglied der zur Bekämpfung der asiatischen Cholera gewählten Sanitätskommission". Anfang September war von dem Chef der Bürgerwehr Ferdinand Lassalle eingeladen worden, der dann in einer Bürgerversammlung, vermutlich am 6. September 1848 in Ratingen sprach. Von einer Bank des Schulsaales, des späteren Sitzungssaales der Stadt, rief er die Ratinger zum Kampf für die demokratischen Rechte auf und begann seine Rede mit dem Satz: „Könnte ich Feuerflammen auf Euren Häuptern sammeln".

Kurz nach dem Auftreten Lassalles gründete sich in einer Bürgerversammlung am 13. September 1848 der Ratinger Demokratische Verein, dem gleich 120 Bürger und später rund 300 Bürger beitraten. Vorsitzender wurde der Chef der Bürgerwehr, Jakob Schlippert, Stellvertreter der stellvertretende Chef der Bürgerwehr, Dr. Küpper. Für das in der Gründungsversammlung beschlossene Statut diente das des Düsseldorfer Vereins für demokratische Monarchie als Vorbild. Im § 1, der nicht geändert werden konnte, ist als Zweck genannt, „über den Grundsatz der Volksherrschaft mit einem Fürsten an der Spitze nach innen und außen zu belehren und denselben zu verbreiten".

Diesem Verein gehörten angesehene Bürger aus allen Schichten der Bevölkerung an, Kaufleute, Handwerker und Arbeiter, die eifrig für den demokratischen Gedanken eintraten. Der Verein nahm u. a. Stellung für die Düsseldorfer Demokraten Cantador, Spohr, Clasen und Groote. Er forderte – allerdings vergebens – die Öffentlichkeit der Bürgermeistereiversammlung und geriet hierdurch in Gegensatz zu diesen Bürgervertretern. Düsseldorfer und Elberfelder Demokraten sah er bei seinen Sitzungen als Gäste.

Die Erregung in der Bevölkerung nahm während des Jahres 1848 ständig zu. Die Düsseldorfer hatten den preußischen König, als dieser vom Dombaufest in Köln am 15. August nach Düsseldorf kam, auf der Kastanienallee, der heutigen Königsallee, mit Pferdedreck beworfen. Die Hohenzollern waren seither auf die Düsseldorfer nie gut zu sprechen. Am 19. November fand in Düsseldorf eine große Demonstrationsparade der Bürgerwehr statt, an der 2800 Bürgerwehrmänner, auch die Bürgerwehrmänner von Ratingen, teilnahmen. Die Folge war die Auflösung der Düsseldorfer Bürgerwehr am 22. November und die Verhängung des Belagerungszustandes über Düsseldorf.

Da der Arzt Dr. Küpper, stellvertretender Chef der Bürgerwehr, am 21. November 1848 zur Steuerverweigerung aufgerufen hatte und die Bürgerwehr am 19. November 1848 dem Aufruf Cantadors, des Chefs der Düsseldorfer Bürgerwehr, zur Teilnahme an der großen Demonstrationsparade auf dem Düsseldorfer Marktplatz „unter ihren Waffen" gefolgt war, also Ratingen mit Waffen verlassen und dort den Eid geleistet hatte, auf den Aufruf der Nationalversammlung zum Kampf erscheinen zu wollen, wurde die Ratinger Bürgerwehr am 13. Dezember 1848 vom preußischen König aufgelöst. Die 80 Gewehre mußten wieder abgeliefert werden.

Als der Prozeß gegen Lassalle in Düsseldorf begann, kam es in der Nacht vom 9. zum 10. Mai 1849 dort zum offenen Aufstand gegen das Militär, um Lassalle zu befreien. Auch in Ratingen wurde in der Nacht Sturm geläutet und „einige zwanzig Ratinger" marschierten in Richtung Düsseldorf, wurden jedoch schon an der Schwarzbachbrücke durch Militärpatrouillen (Ulanen) aufgegriffen und entwaffnet. Nur dem Barbier Josef Rosendahl gelang es, sich mit Waffen nach Düsseldorf durchzuschlagen und dort am Kampf teilzunehmen, dessen Opfer „17 Tote und die doppelte Anzahl Verwundete" waren. Rosendahl wurde unter Anklage gestellt und bestraft. Nach diesem Aufstand wurde über Düsseldorf erneut und nach dem 22. Mai auch über Ratingen der Belagerungszustand für kurze Zeit verhängt.

Der demokratische Verein trat anscheinend nach dem Aufruhr in Düsseldorf in der Nacht vom 9. zum 10. Mai 1849 nicht mehr offiziell zusammen. Eifrig war in diesem Verein wie in der Bürgerwehr der Lehrer Herlitschka tätig, der Ende Januar 1849 eine Zeitlang durch die Regierung von seinem Amt suspendiert wurde. Die Mitglieder des Vereins setzten sich beim Generalprokurator in Köln für eine Abkürzung des Vorarrestes von Cantador, Lassalle und Weyers ein. Am 6. Mai 1849 hielt der Verein seine 32. und letzte Sitzung.

Der Rendant der Ratinger Bürgerwehr legte am 4. Mai 1850 der Bürgermeistereiversammlung die Abrechnung vor und übergab den Kassenbestand. Wir hören bei dieser Gelegenheit zum letzten Male von der Bürgerwehr.

Der Geist des Demokratischen Vereins und auch der Bürgerwehr lebte in Ratingen aber noch Jahre. Der im Jahre 1850 erschienene „Ratinger Anzeiger" wurde wahrscheinlich von früheren Mitgliedern des Demokratischen Vereins gegründet.

93 Fahne der Ratinger Bürgerwehr

Alte Rechte werden abgelöst

Nördlich der Stadt lag die Ratinger Mark, die vorwiegend den rund 967 Morgen großen Oberbusch ausmachte. Nach der Besiedlung des Landes war der Wald planmäßig wirtschaftlich erschlossen worden, indem sich die Siedler zu Markgenossenschaften zusammenschlossen, welche die Nutzungsrechte am Wald regelten. Gebiete der Markgenossenschaften wurden als Mark gegeneinander abgegrenzt. „Die Ratinger Mark war ein Teil des großen Königsforstes, den im Westen der Rhein, im Norden die Ruhr, im Süden die Düssel und im Osten die von der Ruhrbrücke bei Werden zur unteren Düssel führende Kölner Straße begrenzte". In der Mark hatten die alteingesessenen Bürger als Markgenossen gewisse Nutzungsrechte. Die Markgenossen zerfielen in die „vollberechtigten Erben" (Sohlstätten) und in die minderberechtigten „Kötter". Die gemeinsamen Rechte aller bestanden in der Holznutzung, der Eichelmast und Viehtrift. Die Erben hatten das Recht, nach einem bestimmten Plan Bau- und Brennholz zu schlagen. Die Kötter durften im Wald nur Brennholz holen und auch nur Reiserholz, Baumstümpfe sowie Laub. Während die Eichelmast (= Schweinemast) und Viehtrift den Erben ohne Abgabe gestattet war, hatten die Kötter für die Eichelmast eine Entschädigung zu zahlen. Den Erben oblagen als Pflicht gewisse Buschdienste, wie die Aufforstung und Pflege des Waldes sowie die Leistung einer Brotspende an die Armen am Hagelfeiertag (26. Juni), wo je Holzgewalt ein siebenpfündiges Brot zu geben war.

Die Teilung der Mark wurde auf Antrag der Interessenten am 26. November 1816 verfügt. Nur das alte Kötterrecht, das 19 Köttern in Tiefenbroich und 14 Köttern außerhalb der Stadt in Tiefenbroich und am Oberbusch zustand, blieb noch bis zum 1. Mai 1866 bestehen, wie ebenfalls ein beschränktes Nutzungsrecht für die berechtigten Bürger der Stadt (103 Sohlstätten), bestehend in dem Weid- und Schneidgang für das Vieh, dem Stock- und Sprocksammeln sowie der Benutzung der Erdstöcke und Wurzeln, die 1/2 Fuß über der Erde abgehauen werden mußten, dem Laub- und Streuholen, dem Genuß des Reiserholzes, dem Holen von Sand, Lehm und Klei zum eigenen Bedarf. Den Wert dieser Rechte gab die Stadt für jeden Bürger mit 30 Talern an. Mit der Ablösung dieser Rechte befaßte sich die Bürgermeistereiversammlung seit 1845 und auch der Demokratische Verein.

94 Königliche Order über die Auflösung der Ratinger Bürgerwehr vom 13. Dezember 1848 mit eigenhändiger Unterschrift König Friedrich Wilhelms IV.

Die Verhandlungen beendete ein Rezeß mit dem Grafen von Spee am 8. Oktober 1850, der aber erst am 1. Mai 1868 in Kraft trat. Die Rechte wurden mit dem 20fachen Betrag des Jahreswertes der Nutzung in Land abgegolten. Den berechtigten Bürgern zahlte die Stadt noch bis 1948 ein kleines Servitutgeld.

Die Ablösung der staatlichen Unterhaltungspflicht für die Kirche St. Peter und Paul, entstanden u. a. durch die Aufhebung des Zehntrechtes, erfolgte für das Kirchenschiff im Jahre 1844, für den Kirchturm 1873 und für die Turmuhr erst im Jahre 1906.

Seit 1848 verschwanden auch die alten Nachbarschaften, welche die gemeinschaftlichen Brunnen und Pumpen unterhielten und gemeinsam Feste veranstalteten, vor allem bis vor 1800 die jährliche Bürgermeisterwahl feierten.

Die Nachbarschaften erhielten am Tage der Bürgermeisterwahl seitens der Stadt das sogenannte Holzfahrtsbier und einen Zuschuß für die Unterhaltung der Brunnen, noch 1848 Huldigungsfahrt genannt; so erhielt z.B. die Nachbarschaft „Unter dem Stern" damals noch jährlich 16 Silbergroschen und 7 Pfennige. Bei der Anlage einer neuen Pumpe löste diese Nachbarschaft ihr altes Recht im Jahre 1849 für 25 Taler ab. Nach und nach folgten die anderen Nachbarschaften; 1849 die Nachbarschaft „Zum Adler", 1850 „Unter den Linden", 1860 die „Lintorfer Straße", 1878 die „Hochstraße", bis am 8. April 1880 alle Nachbarbrunnen seitens der Stadt übernommen und 1894 auch die städtischen Straßenpumpen entfernt wurden. Die Zahl der Nachbarschaften betrug meistens zwölf. Bis in die neueste Zeit erinnerte an sie der Nachbarschaftskaffee am Fastnachtsdienstag.

95 Der alte Marmorbruch an der Neanderstraße, das sogenannte „Schwarze Loch"

Das „Schwarze Loch" ist weniger bekannt als das „Blaue Loch" (Blauer See). Es liegt versteckt an der Neanderstraße und ist nur von den es umgebenden herrlichen, in Privatbesitz stehenden Parkanlagen aus zugänglich. Seinen Namen verdankt es dem blauschwarzen Marmor, einem gemaserten Kalkstein, der bald vier Jahrhunderte lang – bis 1880 – hier und in dem Gebiet um den See gebrochen worden ist. Der Name „schwatte Look" ist schon um 1500 nachzuweisen.

Die Ufer des Sees sind von Bäumen und Sträuchern bestanden, so daß sich, wie beim Blauen Loch (Blauer See), ein Bild von malerischer Schönheit bietet. Die Abgeschlossenheit des Gebietes ließ es zu einem Vogelparadies werden.

Das Treppenhaus in Schloß Hugenpoet gehört mit zu den repräsentativsten Werken aus Ratinger Marmor.

Köln-Mindener Eisenbahn.
Tägliche Abfahrten bis zum 15. Oktober 1846.

Von Deutz nach Düsseldorf:	Von Düsseldorf nach Deutz:
* Morg. 6 Uhr 45 Min.	Morg. 6 Uhr 53 Min.
„ 10 „ 45 „	„ 8 „ 45 „
* Mitt. 12 „ — „	Mittags 2 „ — „
Nachm. 4 „ — „	Nachm. 4 „ 6 „
* Abends 7 „ 30 „	Abends 6 „ 30 „

*) Dieser Zug geht bis Duisburg durch.

Von Düsseldorf nach Duisburg:	Von Duisburg nach Deutz:
Morg. 7 Uhr 48 Min.	Morg. 5 Uhr 50 Min.
Mittags 4 „ 32 „	Nachm. 3 „ — „
Abends 9 „ 3 „	Nachm. 5 „ 25 „

Preise der Plätze. I. Cl. II. Cl. III. Cl. IV. Cl.

Von Deutz nach Düsseldorf	30 Sgr.,	24 Sgr.,	15 Sgr.,	8 Sgr.
Von Düsseldorf nach Duisburg	20 „	15 „	10 „	5 „
Von Deutz nach Duisburg	50 „	38 „	25 „	12 „

☞ Von und nach den Hauptstationen Deutz, Düsseldorf und Duisburg werden Personalkarten für die Hin- und Herfahrt, jedoch nur für den Tag der Ausgabe gültig, zum anderthalbfachen Preise der Einzelreise ausgegeben.

Sämmtliche Züge halten an den Zwischenstationen Mülheim, Küppersteg, Langenfeld, Benrath und Calcum, ausserdem auch versuchsweise in Grossenbaum.

96 Fahrplan der Köln-Mindener Eisenbahn. 1846

97 Fahrmarke der Pferdepost der Firma E. Laser, um 1850 (vergrößert)

98 Passagier-Billet der Personen-Post von Ratingen nach Düsseldorf. 1858

99 Die Wallstraße zwischen Düsseldorf und Bechemer Straße bis 1911 mit der Stadtmauer und den Resten von Türmen

100 Altes Haus an der Bechemer Straße. Abgerissen 1960

101 Der Villersturm in der Wallstraße und Rest der Stadtmauer. Vor 1911.
Nach einem Gemälde von Hubert Tack

102 Das alte Fachwerkhaus Oberstraße 23. Ein Wahrzeichen der alten Stadt

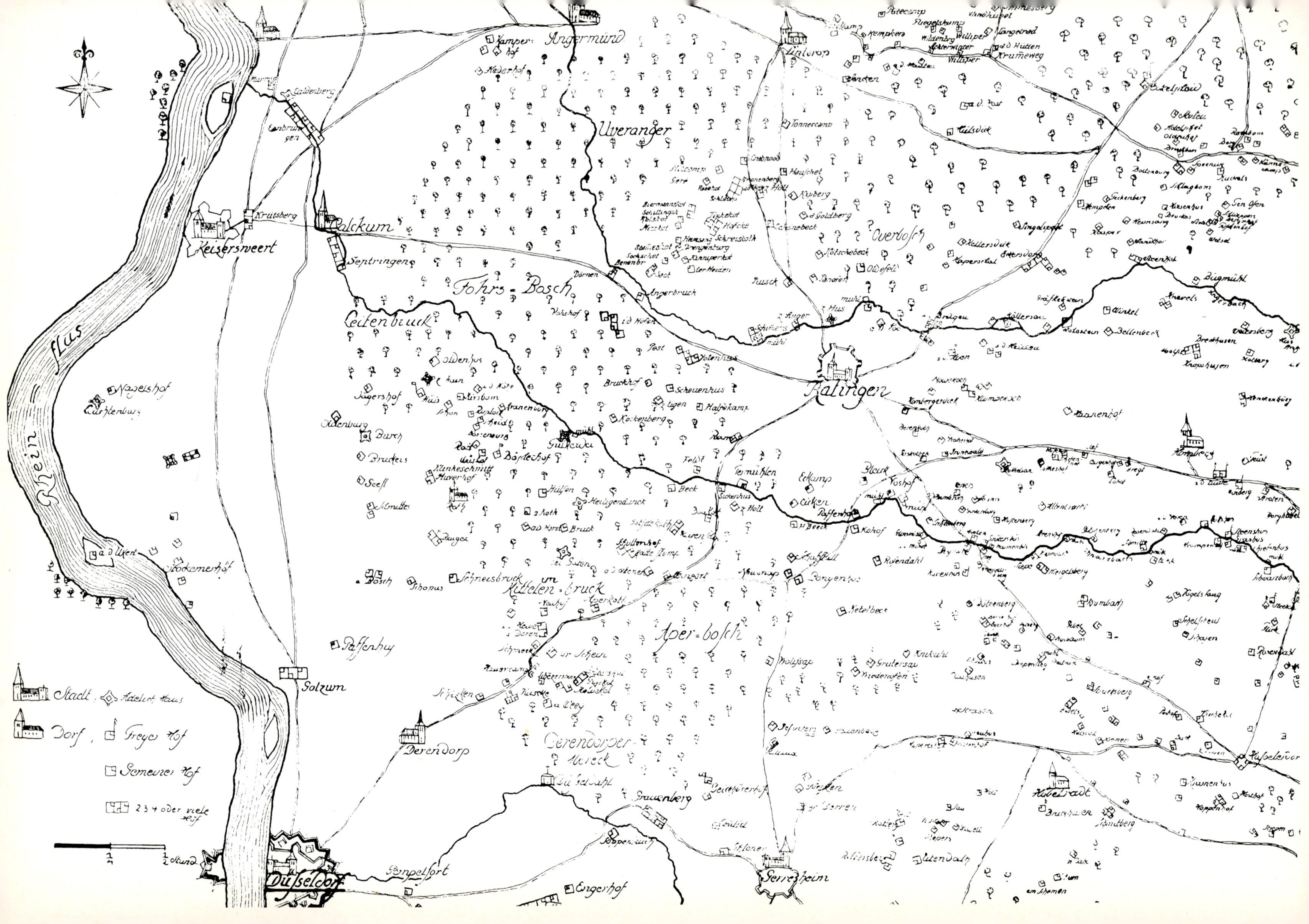

Die beginnende zweite Industrialisierung

Um 1850 war Ratingen noch ein verträumtes Städtchen und blieb es auch bis 1885. Der Schweinehirt blies täglich in sein Horn und trieb die Schweine über die Viehstraße, die jetzige Mülheimer Straße, in den Oberbusch. Es standen noch das Lintorfer Tor und fünf Mauertürme.

Die Bürgermeistereiversammlung bezeichnete am 5. April 1852 die Dachziegeleien als den Hauptnahrungszweig, deren Zahl 1861 mit neun genannt wird. Zeitweise waren es sogar zwölf (Linden, Eigen, Liethen, Wolff, Bröcker, Schlösser, Klöckner, Meyer, Höltgen, Schorn und Schaafhausen). Sie beschäftigten zusammen 144 Arbeiter und produzierten jährich 4,2 Millionen Dachziegel. Heute ist davon keine einzige mehr vorhanden. Weiter bestanden fünf Töpfereien (Schlösser, Holländer, Höltgen, Baumeister-Clasen, Samann-Murmann), von denen heute nur noch die Töpferei Felix Gorris (1857 Ferdinand Höltgen) besteht.

Die Kalkbrennerei entwickelte sich ebenfalls gut. Zehn Kalköfen waren um 1850 vorhanden, welche jährlich 600 000 Ztr. Kalk lieferten. Genannt werden die Kalköfen des Grafen von Spee, der drei Öfen am Blauen See hatte, und des Gustav Linden, der 1839 sieben Öfen am Voishof besaß und später noch einen Ofen an der Sandstraße (Jetzt Keramag). Der Marmorbruch am Voisweg wurde ausgebeutet wie mehrere Steinbrüche und Kiesgruben.

Durch die Stadt ging 1857 von den Kalk-, Stein- und Marmorbrüchen an der jetzigen Neanderstraße und am Voishof eine Pferdebahn über die heutige Zieglerstraße und Plättchesheide zum Kreuzerkamm (Ecke Sandstraße und Düsseldorfer Straße) und von dort bis zur jetzigen Firma Keramag zu dem dort vorhandenen Kalkofen und von hier zum Bahnhof Kalkum. Diese Pferdebahn wurde von Gustav Linden sowie der von ihm gegründeten Firma Ratinger Kalk- und Marmorindustrie begonnen und dann von der Firma Karl Remy ausgebaut.

Die Kalk- und Marmorindustrie lieferte auf dieser Pferde- oder Schleppbahn täglich 16 Waggons Kalksteine. 1863 beschäftigte sie 55 Arbeiter.

Was sonst noch in Ratingen erwähnt wird, sind „viele gute Brauereien", von denen mehrere auch „bayerisch" brauten, also ein leichtes Bier herstellten. 1861 sind es noch drei und 1900 ist es nur noch eine. Viele Gaststätten trugen zur Geselligkeit bei. Ratingen war ein gemütliches Städtchen, das viel und gern, vor allem von den Düsseldorfern besucht wurde. Reitende und fahrende Posten schufen die Verbindung zur Umgebung. Viermal ging die reitende Post Nr. 6 von Düsseldorf nach Osnabrück durch die Stadt, die fahrende Post Nr. 5 über Kettwig nach Essen zweimal wöchentlich, die Nr. 8 über Mülheim nach Münster ebenfalls zweimal wöchentlich. Die Personen- und Schnellpost Nr. 6 von Düsseldorf nach Mülheim/Ruhr ging täglich, die Nr. 7 über Mülheim nach Münster zweimal wöchentlich. Zum Bahnhof Kalkum, später bis Kaiserswerth, fuhr seit 1846, dem Bau der Eisenbahn Düsseldorf/Duisburg, täglich eine Personenpost und 1857 wünschten die Ratinger, daß sie zweimal täglich fahren sollte. Die Postfahrten waren nicht billig. Das „Personengeld" für die Fahrt von Düsseldorf nach Ratingen betrug 15 1/2 Silbergroschen, wobei bis zu 20 Pfund Gepäck frei waren, und ein Trinkgeld für den Postillon mit zwei oder drei Pferden von fünf Silbergroschen, bei vier Pferden von 1 1/2 Silbergroschen. Das war für eine Fahrt von Ratingen nach Düsseldorf mehr als ein Tagelohn. Am Steinernen Kreuz in der Mülheimer Straße war die Posthalterei der Königlichen Post. „Mädchen aus Düsseldorf, hat uns was mitgebracht...", sangen die Ratinger nach der Melodie, die der Postillon bei seiner Ankunft auf seinem Horn blies.

Mit der Einführung der Dampfmaschine kam allmählich der Umbruch zu einer neuen Zeit. Im Jahre 1848 hatte Hermann Geldmacher die Schimmers Frucht- und Ölmühle gekauft und baute die Ölmühle zu einer Büttenpapierfabrik um. Er stellte dabei eine Dampfmaschine auf. Diese Fabrik wurde 1885 von dem Grafen von Spee erworben. 1850 beschaffte auch die Gräflich von Speesche Papierfabrik an dem Hauser Ring eine Dampfmaschine. 1855 erwarb der Kaufmann August Bagel die Papiermühle bei Ratingen, Auf der Aue und baute sich aus. Die Papierindustrie entwickelte sich zum bedeutenden Industriezweig. 1855 errichtete der Sattler Jakob Keusen eine Gerberei mit Dampfkessel hinter der Stadtmauer. Die Dampfmaschine fand auch Verwendung in den Dachziegeleien, am Oberbuscher Kalkofen zum Abpumpen des Wassers aus dem Kalksteinbruch (heute Blauer See) sowie in zwei neu gegründeten Wattefabriken und Spinnereien, bei Carl Holland 1856 und Franz Wilmesmeyer 1859.

103 Die Umgebung Ratingens 1715. Zeichnung von E.P. Ploennies

Zu Spinnerei und Weberei, den Dachziegeleien, Kalköfen, Papier- und Wattefabriken kam im Jahre 1859 die erste eisenverarbeitende Fabrik von Wilhelm Nöckel an der Kaiserswerther Straße, der eine Maschinenfabrik und Eisengießerei errichtete. Im Jahre 1863 lebten von den 5200 Einwohnern etwa 3000, also mehr als 50 Prozent von der Industrie.

Im Jahre 1866 gründete Gustav Linden die Ratinger Tonindustrie, seit 1880 Tonwerk Ratingen. Die Familie Linden baute auch Straßen; u. a. die jetzige Industriestraße bis zu ihren Kalköfen und Steinbrüchen am Voishof auf ihre eigenen Kosten. Sie errichtete Arbeiterwohnungen und zeigte sich sehr sozial.

Die Ratinger Unternehmer Stephan Linden in der Ton-, Ziegel- und Kalksteinindustrie sowie Wilhelm Nöckel in der Eisenindustrie verdienen mit ihrem Wagemut besonders hervorgehoben zu werden. Beide setzten für die industrielle Entwicklung Ratingens ein großes Vermögen ein. Die Familie Linden verlor es größtenteils, ebenso wie die Familie Nöckel.

1865 entstand die Firma Ratinger Kalk- und Marmorindustrie, welche 1876 ihren Namen in Ratinger Kalk- und Kalksteinindustrie änderte und im Mai 1880, vermutlich durch den Wassereinbruch im Schwarzen Loch, liquidierte. Die Firma ging an den Holländer Jakob Cornelius den Tex aus Amsterdam über.

Wilhelm Julius Thomashoff gründete 1866 eine Maschinen-Pappenfabrik, deren Anlagen im Jahre 1922 an die Chemische Fabrik Schwarz übergingen. Um die gleiche Zeit entstand auf dem Bauernhof Biesgen, dem Gut am Rommelsberg, die Getreidemühle von Albert Groß-Selbeck zu Stinshoff, später Wilhelm Stinshoff, dann Deutsche Lastautomobil AG, heute Calor-Emag. Aus der kleinen Spinnerei Mayer an der Bahnstraße entstand die Ölmühle von W. Leysieffer. Weiter entstand die Getreidemühle von August Vedder.

1872 errichtete der Freiherr von Zwierlein aus Darmstadt eine Tonwarenfabrik, Ratinger Steinefabrik genannt, aus der 1882 die Fabrik für Gießereischwärze von Meyer & Co. entstand (heute Dürrwerke).

In dieses Bild aufstrebenden Gewerbefleißes gehört die Gründung der Städtischen Sparkasse am 6. September 1854. Am 1. Juni 1872 wurde die Ratinger Zeitung gegründet, nachdem dem Ratinger Anzeiger nur ein kurzes Dasein im Jahre 1850 beschieden gewesen war.

Soziale Regungen und politisches Leben nach 1870

Nach Einführung der Gewerbefreiheit in der französischen Zeit gab es den Schutz der Zünfte für den gewerblichen Arbeiter nicht mehr. Die preußische Gewerbeordnung vom 13. Januar 1845 enthielt ein besonderes Koalitionsverbot für Arbeitnehmer, das erst 1869 aufgehoben wurde. So waren die Arbeiter auf sich allein gestellt und unterlagen mit ihrer Arbeitskraft dem ungewissen Schicksal von Angebot und Nachfrage. Die Bürgermeistereiversammlung beschloß am 27. Oktober 1854 ein „Ortsstatut für die zu bildende Unterstützungskasse für Gesellen und Fabrikarbeiter". Moritz Brügelmann gründete für seinen Cromforder Betrieb am 27. November 1856 einen Arbeiter-Unterstützungsverein für den Fall der Erkrankung, Verletzung und Arbeitsunfähigkeit. 1861 bestanden neben diesen Unterstützungskassen die Kranken- und Sterbeladen der St. Sebastiani-Bruderschaft von 1433 und der Schützenbruderschaft von St. Peter und Paul.

Bei der Auseinandersetzung zwischen der preußischen Regierung und der katholischen Kirche (Kulturkampf) kommt es 1872 zu Katholikenversammlungen. Eine von etwa 700 bis 800 Personen besuchte Versammlung am 17. November 1872 löste besondere Aktionen des Staates aus, da sie als Werbung für den Mainzer Katholiken-Verein aufgefaßt wurde. Soziale Probleme werden in dem Katholischen Leseverein, gegründet 1855 und der Bürgergesellschaft, gegründet 1869, diskutiert. Im Leseverein wird ein katholischer Gesellenverein vermutet, da man dort das Kolpingblatt hält. Beide Vereine werden überwacht. 1874 kommt es anscheinend infolge der Behandlung sozialer und politischer Fragen zu einem Verfahren gegen den Ratinger Kaplan Horbach, den Fabrikbesitzer und Landtagsabgeordneten Gustav Linden und den Arbeiter Ludwig Fußbahn wegen „unbefugter Vereinstätigkeit".

Bei der Wahl zum Reichstag im Jahre 1877 wurden für das Zentrum 558, für die Deutschnationalen 234 und für die Sozialdemokraten 16 Stimmen gezählt. Als die sozialdemokratischen Stimmen 1878 von 16 auf 26 stiegen, forderte der Landrat „diskrete Recherchen in Betreff der sozialdemokratischen Agitation". Der Bürgermeister erklärte, die Zunahme sei wohl vorübergehend und wahrscheinlich durch Arbeiter der Maschinenschlosserei Nöckel erfolgt. Im übrigen seien es von 617 Arbeitern nur 26. Die Lage der Arbeiter sei allerdings schlecht; sie hätten Nahrungssorgen, da man die Löhne erheblich herabgesetzt habe.

104 Karte aus der Zeit um 1875 mit der Pferdebahn

Größere Industriegründungen nach 1883

Der Bau von zwei Eisenbahnlinien begünstigte die Ansiedlung größerer Industriebetriebe. Am 11. November 1871 wird die Eisenbahnlinie Düsseldorf – Ratingen/Ost – Essen, die sogenannte Bergisch-Märkische-Bahn, polizeilich abgenommen. Am 19. November 1873 wird die Strecke Troisdorf – Ratingen/West – Mülheim – Speldorf, die Rheinische Bahn, dem Verkehr übergeben. Die Angertalbahn Wülfrath – Ratingen/West, als Kalkbahn die ertragreichste Strecke Deutschlands, wurde am 28. Mai 1903 mit dem ersten Zug befahren.

Um 1880 unkten die Bürger „Ratingen wird nächstens auf Abbruch verkauft", da sie glaubten, die Stadt verpasse den Anschluß an die industrielle Entwicklung. Man wies darauf hin, Ratingen habe „ausgebreitete Lager von Kalkstein und Ton sowie Holz". Hier müsse eine Zukunft liegen. „Ratinger Kalk. Nessel, Papier und Mehl sind nicht von der schlechtesten Seite her bekannt" heißt es.

Am 1. April 1883 berichtete der Bürgermeister, daß im letzten Quartal die Firma Dürr & Co. eine Röhren-Dampfkessel-Fabrik in einem Gebäude der Schwärzefabrik Meyer & Co. am Bergisch-Märkischen Bahnhof hierselbst errichtet habe, in welcher ca. 20 Arbeiter beschäftigt seien. Das Werk beschäftigte 1890 bereits 270 Arbeiter. Im gleichen Jahr verließ schon der 500. Kessel die Dürrwerke.

Am 24. März 1891 erfolgte der erste Glasguß auf der Rheinischen Spiegelglasfabrik, die mit ihren Fabrikanlagen allerdings auf Eckamper Gebiet lag. Als vierte Dampfmühle wurde am 15. Dezember 1891 die Mühle von Stinshoff & Finmann in Betrieb gesetzt. 1881, 1883, 1884 und 1887 erweiterte Graf von Spee die Kalköfen im Oberbusch (Blauer See) und legte hier 1890 einen Ringofen zum Brennen von 600 Zentnern Kalk täglich an. 1905 erweiterte er auf eine Kapazität von täglich 420 t Kalk.

1890 wurde aus der Firma Wilhelm Nöckel am Bahnhof Ratingen-West die Firma Nöckel und Wellenstein, später Koch und Wellenstein. Sie erhielt „einen leistungsfähigen Teilhaber" und erweiterte das Werk. 1893 wurde die Maschinenfabrik Hentschel & Co., heute Ratinger Maschinenfabrik und Eisengießerei gegründet, 1896 die Metall- und Phosphorbronzegießerei C. und A. Memmler, heute Metallwerk Siebeck, 1896 die Glasschleiferei Julius Römer, später Steenebrügge an der Bleichstraße. Die Holzdrechslerei Omar Zilles an der Sandstraße erweiterte ihren Betrieb und beschäftigte 1899 80 Arbeiter. 1898 erwirbt die Nietenfabrik Leurs & Hempelmann Land an der Kaiserswerther Straße zur Errichtung einer Nietenfabrik, heute die Anlage der Fahrzeugfabrik Franz Tapper. 1900 erwirbt die Düsseldorfer Eisenhüttengesellschaft Land zur Verlegung ihres Betriebes von Düsseldorf nach Ratingen, die 1903 für den Fabrikationsbetrieb und 1905 für die Verwaltung erfolgte. Im Jahre 1973 ist diese Firma stillgelegt worden. 1902 erfindet der Ingenieur Knox aus Ratingen eine Eismaschine. Das Patent kauft die Firma Koch & Wellenstein ein, die damit am 26. April 1902 zum erstenmal Eis produziert.

Am 21. März 1903 heißt es in den Akten der Stadt: „ein Engländer (Thomas William Twyford aus Hanley) läßt in der Nähe des Bahnhofs Ratingen-West eine Tonwarenfabrik errichten, die sofort 280 Arbeiter beschäftigen soll". Der Betrieb wird am 23. Oktober 1903 eröffnet und 1911 erweitert. Die Firma nennt sich seit 1911 Keramag, Keramische Werke AG.

1907 verlegt Peter Adolphs die Düsseldorfer Geldschrankfabrik Adolphs & Co. nach Ratingen und am 12. November 1910 wurde die Deutsche Lastautomobil-Gesellschaft AG (DAAG) in der Stinshoffschen Mehlmühle an der Bahnstraße gegründet. Unter den Gründern der Firma ist der Ratinger Bauunternehmer August Wermeister. 1910 wird auch die Rheinische Spiegelglasfabrik erweitert und die Spezialfabrik für Ziegeleimaschinen GmbH., seit 1937 die Maschinenfabrik Besta, errichtet. 1912 heißt es, daß alle Werke vollauf beschäftigt sind.

Die Entwicklung der Industrie bis 1914 war nicht ohne Schwankungen und zeigt nicht nur eine Aufwärtskurve. Lohnkämpfe begannen schon nach 1880. 1897 wird die Arbeitszeit auf 10 Stunden festgesetzt. 1901 stehen Streikposten vor einer Holzfabrik. Arbeitgeber und Arbeitnehmer klagen über geringen Verdienst. 1905 gibt es bei der Anlage der städtischen Kanalisation einen Streik, weil man die italienischen Arbeiter nicht 12 Stunden arbeiten läßt.

105 Die obere Papierfabrik des Grafen Spee um 1880 (am Hauserring). Zeichnung von L. Rausch

106 Die Dürrwerke, Dampfkesselfabrik, im Jahre 1883

107 Die Düsseldorfer Eisenhüttengesellschaft um 1900/1903 nach der Übersiedlung von Düsseldorf nach Ratingen. Zeichnung

108 Eines der bekanntesten Ratinger Unternehmen, die Keramag, stellt keramische Artikel aller Art her

109 Die Geldschrankfabrik Adolphs GmbH. Seit 1907 in Ratingen

110 Die Firma Siebeck-Metallwerk GmbH, früher C. und A. Memmler, gegründet 1896

111 Maschinenfabrik Besta (früher Spezialfabrik für Ziegeleimaschinen). Gegründet 1910

112 Die Firma Balcke-Dürr am Ostbahnhof, die vor allem Kesselanlagen baut

Deutsche Last-Automobilfabrik Akt.-Ges.

113 Briefbogen der früheren Deutschen Lastautomobilfabrik A.G. Gegründet 1910. Betrieb eingestellt 1929

Wachsen der Stadt als Folge der Industrialisierung

Durch die Gründung einer Vielzahl von Industriebetrieben stieg die Einwohnerzahl von 5261 im Jahre 1880 auf 7860 im Jahre 1895 und auf 10 594 im Jahre 1900. Während die Komplexe des Grundbesitzes von 1440 bis 1880 auch bei Erbschaft oder Kauf meist unverändert von Hand zu Hand gingen, treten seit 1880 große Veränderungen ein. Es begann die Aufspaltung des Grundbesitzes in der Stadt in eine Vielzahl von Parzellen und Eigentümern.

Durch die Verdoppelung der Bevölkerungszahl stieg die Zahl der Häuser von 616 auf 902. Die Zahl der Wohnungen betrug 2104. Der Bedarf an Wohnungen war aber bis zum Jahre 1905 gedeckt, indem von leerstehenden Wohnungen die Rede ist. Mit dem weiteren Wachsen der Bevölkerung hielt der Wohnungsbau dann aber nicht mehr Schritt. 1908 wird „über die Arbeiter-Wohnungsfrage in Ratingen und wie den Schwierigkeiten dieser Frage abgeholfen werden kann" von den Gewerkschaften diskutiert. Die Wohnungsverhältnisse waren zum Teil schlecht. Am 27. September 1908 wird der Ratinger Spar- und Bauverein (jetzt Gemeinnützige Wohnungsgenossenschaft eGmbH.) gegründet, um vor allem den Arbeiter-Wohnungsbau zu fördern. 1909 kaufte der Verein einige Häuser an der Feldstraße, mußte aber erfahren, daß diese „den damaligen Mindestansprüchen nicht genügten"; darum kaufte man nicht mehr, sondern baute selbst. 1910 an der Bleichstraße, 1911 an der Düsseldorfer Straße. Neue Stadtteile entstanden und viele neue Straßen. Im Jahre 1902 hatte die Stadt eine neue Numerierung der Häuser vorgenommen. Bisher war das Stadtgebiet in Sektionen eingeteilt.

Die markanteste Aufschließung eines neuen Stadtteils vor dem ersten Weltkrieg war die des sogenannten Frankenviertels, in dem u. a. das Städtische Gymnasium und die Post lagen und 1913 an der Ecke Spee- und Beethovenstraße auf einem dazu geschenkten Grundstück der Neubau des Rathauses geplant war, der durch den Ersten Weltkrieg vereitelt wurde. Von dem Plan, das Rathaus in dem Gebiet Kirchgasse, Turmstraße und Grütstraße zu errichten, wo schon Enteignungsverfahren schwebten, war man abgegangen.

Die Verwaltung der Stadt zog 1884 aus dem Bürgerhaus in das Minoritenkloster, in dem jedoch auch noch einige Schulklassen verblieben. Das alte Rathaus (Bürgerhaus) war nach einem Vertrag von 1822 Sitz des Friedensgerichtes und, nachdem Ratingen durch Kabinettsorder vom 26. Juli 1878 zum Sitz eines Amtsgerichtes bestimmt wurde, Sitz des Amtsgerichtes bis 1818. Im Jahre 1914 wurde das Amtsgerichtsgebäude an der Düsseldorfer Straße gebaut. 1887 wurde ein erster Stadtbebauungsplan aufgestellt, aber erst 1892 beschlossen. Am 15. Juli 1893 kam das Städtische Wasserwerk in Betrieb. 1894 gestattete die Stadt dem Generaldirektor Ritter die Errichtung eines Gaswerkes, das am 16. Dezember 1896 mit der Lieferung von Gas begann und am 1. April 1909 von der Stadt angekauft wurde. 1909 kam auch die erste elektrische Beleuchtung. 1897 ist die Straßenbahnlinie nach Düsseldorf in Betrieb genommen worden. Im Jahre 1902 wurde mit dem Bau der Kanalisation und der Kläranlage begonnen. Diese Kläranlage am Sandbach blieb mit geringfügigen Erweiterungen bis 1964 in Betrieb. Seit dem 1. Juli 1902 besteht die Badeanstalt an der Anger an der Burg Zum Haus. Als der Engländer Twyford 1903 seinen Betrieb eröffnete, waren in Ratingen 50 Fernsprechanschlüsse vorhanden. Die Post hat 1906 das Gebäude an der Speestraße bezogen.

114 Blick in die Oberstraße um 1900.
Rechts das Gasthaus zum hl. Geist, bereits 1362 erwähnt, und die wiederholt umgebaute Kapelle. Zerstört beim Bombenangriff am 22. März 1945

115 Blick auf die Stadt um 1900.
Von der Düsseldorfer Straße gesehen. Der Weg vorne rechts im Bild ist die heutige Hans-Böckler-Straße

Zu Schulzwecken hatte bis 1868 fast allein das Gebäude des früheren Minoritenklosters gedient; lediglich eine einklassige evangelische Volksschule war um 1810 im Anschluß an die evangelische Kirche in der Höhe des Chores gebaut worden. 1869 war der Bau einer neuen katholischen Volksschule mit vier Klassen im Anschluß an das Klostergebäude beschlossen worden, und im Jahre 1871 der Bau einer evangelischen Volksschule an der Mülheimer Straße. Beide Schulen wurden 1891 um vier bzw. zwei Klassen erweitert. 1897 entstand die zweite katholische Volksschule an der Graf-Adolf-Straße, an der Stelle eines „Pannschoppens". 1898 erfolgte die Gründung einer privaten Mittelschule für Mädchen durch Fräulein Minette Vilter, die spätere Luisenschule, der schon eine 1853 von der Gattin des Pfarrers Gillhausen gegründete höhere Töchterschule vorausging. 1900 errichtete Fräulein Rick eine paritätische höhere Mädchenschule, die am April 1910 als Lyzeum von den Schwestern Unserer Lieben Frau vom Mutterhaus in Mülhausen bei Kempen übernommen wurde. Nachdem schon eine private höhere Knabenschule vor 1861 bestanden hatte und eine höhere Bürgerschule in den Jahren 1861 bis 1864, die von dem Ratinger Industriellen Gustav Linden sehr gefördert und finanziell unterstützt wurde, erfolgte 1900 die Errichtung eines Städtischen Progymnasiums. 1904 erhält diese Schule ein eigenes Gebäude an der Speestraße. Am 18. Mai 1908 wurde in einem Privathaus an der Ecke Speestraße und Moltkestraße (jetzt Röntgenring) ein Staatliches Lehrerseminar eröffnet, welches Ostern 1914 eigene Gebäude an der Mülheimer Straße bezog. Am 31. März 1926 wurde es geschlossen. Das Gebäude kaufte 1937 die Stadt.

Von den Schulen in den Außenbezirken wurde die Volksschule in Tiefenbroich im Jahre 1874 mit einer Klasse gebaut. Bis 1903 wuchs die Schule auf drei Klassen. Am 16. Januar 1905 wurde ein Erweiterungsbau eingeweiht. Im Jahre 1911 folgte die von der Regierung der Gemeinde Eckamp nach der Umgemeindung auferlegte Errichtung der Volksschule Eckamp an der Volkardeyer Straße, die ursprünglich an der Plättchesheide geplant war. Die evangelische Kirche hatte schon 1856 einen Turm erhalten und dadurch eine Erweiterung erfahren. Dem Wachsen der Gemeinde steuerte man zunächst durch Abtrennung von Bezirken entgegen; so wurden 1853 Lintorf und 1876/79 Ludenberg abgetrennt sowie 1899 (offiziell 1903) Rath, wo 1900 eine eigene Kirche gebaut wurde. 1893 erfolgte eine Vergrößerung der evangelischen Kirche durch den Einbau von Emporen.

1888 ist erstmals eine Erweiterung der katholischen Kirche St. Peter und Paul im Gespräch. Man überlegte, ob die alte Kirche erweitert oder eine neue in einem neuen Stadtviertel gebaut werden sollte, einigte sich dann aber auf die Erweiterung, weil man die Kosten einer neuen Kirche angeblich nicht tragen konnte. Am 17. Juli 1892 wird der Grundstein für die Erweiterung der Kirche gelegt, die der Architekt Heinrich Wiethase beginnt und der spätere Dombaumeister Edmund Renard 1895 vollendet. Die Ausstattung der erweiterten Kirche und insbesondere die Beschaffung der neuen Orgel im Jahre 1901 erfolgten vorwiegend aus einer Stiftung der Eheleute Stephan Hüshoff aus dem Jahre 1898. 1903 diskutiert man den Bau einer zweiten katholischen Kirche, auch einer katholischen Kirche in Tiefenbroich, wo ein Kirchenbauverein gegründet wurde. Am April 1889 weihte die katholische Kirchengemeinde ihren Friedhof an der Hauser Allee ein und 1896 legte die evangelische Kirchengemeinde dort auch einen Friedhof an.

Die katholische Kirchengemeinde legte am 1. Juni 1892 den Grundstein für eine Erweiterung des Krankenhauses, das seither erst St. Marien-Krankenhaus genannt und vom 21. März 1854 bis 30. Oktober 1969 von den Armen Schwestern des hl. Franziskus betreut wurde. Die evangelische Gemeinde weihte am 31. Oktober 1897 das aus der Stiftung des Kaufmanns Friedrich Wilhelm Schlippert errichtete Krankenhaus ein. Das katholische Krankenhaus zählte 1910 221 Betten und das evangelische 64 Betten.

Im Jahre 1912 wurde das Mädchenfürsorgeheim an der Düsseldorfer Straße gebaut.

Politische und gesellschaftliche Verhältnisse bis zum 1. Weltkrieg

Mit der Entwicklung der Stadt zur Industriestadt bahnte sich auch eine gesellschaftliche Umformung an. 1856 war der Stadt die rheinische Städteordnung verliehen worden. § 12 der rheinischen Städteordnung sagte, daß die Bürger nach der von ihnen gezahlten direkten Staats- und Gemeindesteuer in der Art in drei Abteilungen zu teilen seien, daß auf jede Abteilung ein Drittel der Gesamtstimmen aller Wähler entfiel. Jede Abteilung wählte also ein Drittel der Stadtverordneten; um 1900 waren 45 Wähler in der 1., 157 in der 2. und 1046 in der 3. Abteilung. Dieses Dreiklassenwahlrecht blieb bis 1919. Von den politischen Parteien erlangten in Ratingen drei Bedeutung, es waren die Sozialdemokraten, die Nationalliberalen und das Zentrum. Um die Gunst der durch die Arbeiter stark zunehmenden 3. Wählerklasse rangen Zentrum und Sozialdemokraten. Das Wahlinteresse war infolge des Dreiklassenwahlrechtes nur gering. 1879 wählten bei

116 Das Haus „Zu den vier Winden",
1798 umgebaut. Gemälde von Bell

117 Die Burg Zum Haus.
Bleistiftzeichnung von Joh. Wilh. Schirmer (1807–1863)

118 Die Mädchen-Realschule an der Schwarzbachstraße

einer Ergänzungswahl zum Stadtrat z. B. von 300 Wahlberechtigten nur 146, 1889 von 340 nur 35. Bei der Reichstagswahl 1890 wählten 461 Bürger Zentrum und 348 Sozialdemokraten.

„Wegen der teuren Fleischpreise" wurde 1874 eine Genossenschaft gegründet. 1884 besteht ein Gewerksverein der deutschen Maschinen- und Metallarbeiter mit 42 Mitgliedern. Am 3. Januar 1887 findet die erste sozialdemokratische Versammlung statt, die von etwa 350 bis 400 Personen besucht war. Der Bürgermeister erklärte, daß die sozialdemokratischen Bestrebungen von Staatswegen überwacht wurden; die Besucher seien meist aus Düsseldorf gekommen. Die Behandlung sozialer und sozialpolitischer Fragen erfolgte in den „Kranken- und Sterbeladen für gewerbliche Arbeiter", deren es 1891 fünf gab, von denen nach Mitteilung des Bürgermeisters drei mit Sozialdemokraten besetzt waren.

Arbeiter der Dürrwerke gründeten 1888 mit Unterstützung des Werkes eine Konsumanstalt, die einige Jahre bestand. 1891 bildete sich ein Allgemeiner Metallarbeiterverein für Ratingen und Umgebung. 1893 besteht ein Werkmeisterverein und der Bund der Landwirte. 1900 gründete sich ein sozialdemokratischer Bildungsverein und die erste Maifeier findet statt. Am 3. Februar 1901 wird eine Zahlstelle des Verbandes christlicher Glas- und Metallarbeiter errichtet. heftige soziale Auseinandersetzungen sind um 1900 im Gange. 1903 besteht ein Gewerksverein Hirsch-Dunker und eine freie Gewerkschaft, 1906 ein katholischer und 1908 ein evangelischer Arbeiterverein.

Das Vereinsleben war um die Jahrhundertwende sehr rege. Es bestanden elf Gesang- und Musikvereine, sechs Turn- und Sportvereine, sieben Gesellschaften und einige Militärvereine, die 1899 auf dem Marktplatz ein Kriegerdenkmal errichteten, einige Rauch- und Kegelklubs. Das wichtigste Ereignis im Ablauf des Jahres war das Kaiser-Geburtstagsessen, an dem alles, was Rang und Namen hat, teilnahm, meist 150 bis 200 Personen.

Beschreibung des Wappens:
Geteilter Schild. Im oberen Feld in Silber ein nach rechts gewendeter, halber, wachsender, blaugekrönter, blaubekrallter und bewehrter roter Löwe. Im unteren Feld in Rot ein silbernes Rat mit fünf Speichen.

119 Das alte Stadtwappen mit dem handschriftlichen Genehmigungsvermerk Kaiser Wilhelms II. vom 24.12.1909

Die Twyfordwerke hatten Engländer nach Ratingen gebracht – 1910 wohnten in Ratingen 54 englische Staatsangehörige – und diese brachten den Fußballsport nach hier. 1904 wird die Ratinger Spielvereinigung als Fußballclub Victoria gegründet, in dessen 1. Mannschaft, die 1905/1906 Bezirksmeister wurde, nur ein deutscher Name zu finden war. Ein Turnverein bestand schon seit 1865; dieser spielte ebenfalls Fußball, wie mehrere andere Clubs in den einzelnen Stadtteilen, z. B. der Fußballclub Adler im Lörchen.

Auch das kulturelle Leben regte sich in der Stadt. Hans Müller-Schlösser, der Dichter des Schneider Wibbel, war durch Familienbande mit Ratingen verbunden und führte niederrheinische Abende durch. Um 1900 war Ratingen das Ziel von Düsseldorfer Malern. Schon Wilhelm Schirmer (1807–1863) hatte in Ratingen gemalt und sich hier gern aufgehalten. Andreas Achenbach (gestorben 1911) und Oswald Achenbach (gestorben 1905) malten in den Ratinger Wäldern. Paul Brandenburg lebte 1902 in Ratingen und der Genremaler M. Ulfers, Mitbegründer des Malkastens, starb hier in diesem Jahr. 1907 wirkte in Ratingen der Kunstmaler L.M. Roth . Hans Lassen (1857–1938) wohnte und wirkte Jahrzehnte hier.

Um Aufgaben der Denkmalpflege kümmerte man sich allerdings wenig. 1871 hatte der Bürgermeister dem Landrat „nach der genommenen Rücksprache mit den Geistlichen der beiden Kirchen gehorsamst berichtet, daß diesseits Baudenkmäler nicht vorhanden sind". Der Landrat schrieb zurück, die Kirche St.

120 Altes Haus Ecke Mülheimer und Hochstraße.
„Am Bonaparte" genannt, weil es dreispitzig war. Abgerissen 1900

121 Blick auf die Stadt um 1912

122 Evgl. Krankenhaus

Peter und Paul müsse berücksichtigt werden. 1901 hatten Ratinger Bürger den Abbruch des Dicken Turmes und des Trinsenturmes „wegen Gefährdung der Sittlichkeit" beantragt und 1911 begann man mit dem Abbruch der Bastionen in der Wallstraße.

Herbert Eulenberg schrieb 1910: „Ratingen bietet nicht viel Sehenswürdiges. Eine hübsche Kirche auf der Stadthöhe mit einem weithin sichtbaren Zwiebelturm, das hochgelegene Amtsgericht (im Bürgerhaus) mit der gegenüberliegenden, von Düsseldorfer Referendaren noch mehr als das Amtsgebäude selbst geschätzten alten Weinkneipe von Eigen. Das ist alles". Das Jahr 1910 bringt der Stadt ein neues Stadtwappen.

Im Jahre 1910 erfolgte eine größere Umgemeindung, die schon seit 1852 in der Diskussion war, aber nicht in der seit 1814 angestrebten Form kam; u. a. kamen Teile der Gemeinden Eckamp und Schwarzbach zu Ratingen. Dafür ging aber Tiefenbroich, das schon bei der Stadtgründung zu Ratingen gehörte, verloren und wurde zu dem Amt Eckamp genommen, dem es bis 1930 angehörte. Das Stadtgebiet verringerte sich von 1002 ha auf 707 ha, die Einwohnerzahl um 241 Personen. Die Umgemeindung war ein Schlag gegen die Stadt; sie wurde nicht geschickt geführt.

Die Jahre von 1910 bis 1914 zeigen in der Stadt eine eifrige Aufbauarbeit und reges Leben. Die Stadtverwaltung bemüht sich um den Ausbau von neuen Straßen, die Erweiterung der Kanalisation und der Versorgungseinrichtungen. 1910 erhalten u. a. erst Hauser- und Cromforder Allee, Goethe-, Schiller-, Ziegler-, Gerhard-, Süd- und Bleichstraße einen Namen. Viele Straßen, wie Grüt-, Turm-, Anger-, Wall- und Friedhofstraße sind noch enge Gassen und werden 1912 verbreitert. Aus Anlaß des Regierungsjubiläums des Kaisers wird in diesem Jahr die Turnhalle an der Wilhelmstraße gebaut. Die Gründung eines Heimatmuseums wird vorbereitet. Der Rat beschließt, hierfür eine ansehnliche Summe bereitzustellen und erklärt sich auch bereit, die Druckkosten einer Stadtgeschichte zu übernehmen. Der Ausbau des Progymnasiums zur Vollanstalt wird 1913 beschlossen und für das geplante Rathaus im Dezember 1913 ein Wettbewerb ausgeschrieben. 1914 wird beschlossen, mit den Arbeiten für das Rathaus zu beginnen. Der Ausbruch des 1. Weltkrieges zerstörte dann alle Pläne.

Vom 1. zum 2. Weltkrieg

Am 1. August 1914 verkündeten Plakate an der Vorderfront des Rathauses den Bürgern die Mobilmachung und den Kriegszustand. „2. August, 1. Mobilmachungstag", wurde ausgerufen. Vom kommandierenden General des VII. Armeekorps in Münster, zu dem Ratingen gehörte, war für den ganzen Regierungsbezirk sogar der verschärfte Kriegszustand erklärt worden. Der Aufmarsch gegen Westen begann mit tagelangen Durchmärschen. Die Betriebe wurden auf Kriegswirtschaft umgestellt, die Bewirtschaftung der Waren begann, Höchstpreise wurden festgesetzt. Im September 1914 kamen in Ratingen die ersten Verwundeten an, die beiden Krankenhäuser und das Lyzeum wurden als Reservelazarette eingerichtet. Die Bevölkerung zeichnete fleißig Kriegsanleihen. Im März 1915 waren in Ratingen bereits 1 000 000 Mark gezeichnet. Im Februar 1915 wurde Ratingen Garnison des 2. Ersatz-Bataillons des Füselierregiments 39 und am 22. Mai 1915 rückten die ersten 800 Soldaten der Ratinger Garnison an die Front. Französische und russische Kriegsgefangene arbeiteten in Ratinger Betrieben. 1916 wurden Volksküchen und Soldatenheime eingerichtet. In der Goethestraße entstand ein Offiziersheim. Die Deutsche Lastautomobil A.G. erweiterte ihren Betrieb. Die St. Sebastiani-Bruderschaft verkaufte ihr den neben dem Betriebsgelände gelegenen Schützenplatz. Die Stadt errichtete eigene Lebensmittellager ein. Die Knappheit machte sich immer mehr bemerkbar. Die Zuteilung von Steckrüben begann im Jahre 1916. Die Ablieferung von Metall wurde vorgeschrieben. 1917 mußten einige Glocken der beiden Kirchen abgeliefert werden. Ende August 1918 auch die Bronzeteile des 1899 errichteten Kriegerdenkmales. 284 Söhne der Stadt opferten in diesem Krieg ihr Leben.

Beim Waffenstillstand am 11. November 1918 bildete sich ein Arbeiter- und Soldatenrat, dem Bürgermeister und Verwaltung sich am 22. November unterstellten. Im November und Dezember stand die Stadt ganz im Zeichen des Rückmarsches der V. Armee. Zur Begrüßung der heimkehrenden Krieger hatte die Bevölkerung bis Anfang Dezember geflaggt. Der Bürgermeister kündigte die Errichtung einer Bürger- und Sicherheitswehr an, da Ratingen in der neutralen Zone liege. Schon am 5. Dezember 1918 war das linksrheinische Gebiet von den Alliierten besetzt und abgeschnitten.

Am 8. Januar 1919 kam es in Düsseldorf zu politischen Unruhen und bald zu blutigen Zusammenstößen. Der Ratinger Arbeiter- und Soldatenrat entwaffnete darauf die örtliche Polizei für einige Tage. Die Ermordung

Rosa Luxemburgs und Karl Liebknechts lösten in Ratingen im Januar 1919 einen allgemeinen Streik aus, der bis zum 22. März andauerte. Bewaffnete spartakistische Truppen, die mit „einigen Hundert" angegeben werden, beherrschen die Stadt und sammelten sich hier Mitte Februar zum Angriff auf Bottrop. Kraftwagen wurden am 23. Februar requiriert und mit Munition sowie Maschinengewehren nach Duisburg-Wedau und von dort nach Bottrop geschafft. Nach dem fehlgeschlagenen Angriff fluteten die Gruppen nach Ratingen zurück. Seit Ende Februar befürchteten die Spartakisten einen Angriff der Regierungstruppen. Posten waren aufgestellt, die Glocken sollten bei der Annäherung „weißer Truppen" läuten und alle Fabriken Sirenensignale geben. In der Nacht zum 28. Februar 1919 rückte das Freikorps Lichtschlag im Auftrage der Reichsregierung unbemerkt in die Stadt und überrumpelte die Wache der Spartakisten im Bürgerhaus. Der Vormarsch auf Ratingen vollzog sich „ohne jedes Blutvergießen".

„Die Besetzung hat sich ohne irgendwelche Zwischenfälle und ohne daß ein Schuß gefallen ist, vollzogen", heißt es. Die spartakistischen Truppen zogen sich zurück. Teile des Freikorps rückten weiter und besetzten am Morgen des 28. Februar die Stadt Düsseldorf. Ratingen blieb eine Zeitlang von Einheiten des Freikorps besetzt. Der Kommandeur des Freikorps drohte, „er könne weitere Beschimpfungen der Truppe nicht mehr ruhig hinnehmen", als sie von Einwohnern wiederholt beschimpft wurde.

Am 2. März 1919 fanden die ersten gleichen und geheimen Wahlen zum Stadtrat statt. Das Ergebnis war: 18 Sitze für das Zentrum und die Nationale Vereinigung, zehn für die U.S.P.D. und zwei für die Angestellten-Vereinigung. Am März 1919 wird der Polizeibeamte Johann Zöller auf der Polizeiwache erschossen. Ein anderer Polizeibeamter wurde durch einen Schuß in die Hand verletzt. Beide Anschläge gingen auf Spartakisten zurück. Die Wahlen zum Arbeiterrat am 31. März 1919 bringen 1475 Stimmen für die Unabhängigen und Sozialisten und 1184 Stimmen für die Bürgerlichen.

Am 5. April rückte das Freikorps wieder ab, eine Sicherheitswehr sorgte jetzt für Ordnung. Aber Not und Arbeitslosigkeit herrschten in der Stadt. Anfang Januar 1920 kommt es zum Streik und vom 15. März bis zum 20. März zu einem weiteren Streik aus Anlaß des Kapp-Putsches. Ein Vollzugs- und Arbeiterrat wurde gebildet. Am 21. März schickte man „etwa 150 Bewaffnete" mit Lastautos und Munition nach Duisburg. Die Errichtung einer Ortswehr und die Unterstützung der Familien, deren Ernährer bei der aufgebotenen Arbeiter-Armee waren, beschloß die Stadtverordnetenversammlung am 6. April 1920. In einer Großveranstaltung der vereinigten Betriebsräte am 1. Juli 1920 protestierten 3500 Arbeiter und Angestellte gegen die hohen Lebensmittelpreise. Die Stadtverordnetenversammlung ließ u. a. als Notstandsarbeit zur Beschäftigung von Arbeitslosen an der Talstraße einen städtischen Sportplatz anlegen.

Zur Linderung der schlimmsten Wohnungsnot begann die Stadt neben dem Spar- und Bauverein (jetzt Gemeinnützige Wohnungsgenossenschaft eGmbH) mit dem Bau von Wohnungen und gründete 1921 eine eigene Baugesellschaft, die 1937 wieder aufgelöst wurde.

Am 31. März 1921 beschloß die Stadtverordnetenversammlung, dem seit 1876 in Ratingen tätigen Rektor a. D. Adam Josef Cüppers, geboren am 14. Juni 1850 zu Doveren Kreis Erkelenz, wegen seiner Verdienste „um das Wohl der Stadt, insbesondere auf dem Gebiet der Schul- und Jugendpflege" das Ehrenbürgerrecht zu verleihen. Adam Josef Cüppers ist bisher der einzige Ehrenbürger der Stadt geblieben. Er starb am 20. Juni 1936.

Vom 9. bis zum 15. Januar 1923 begann der Durchmarsch französischer Truppen zur Besetzung des Ruhrgebietes. In dem damit beginnenden „passiven Widerstand" legten die Eisenbahner die Arbeit nieder und 33 Eisenbahnerfamilien wurden ausgewiesen. Die separatistische Bewegung, welche Düsseldorf am 30. September 1923 einen Blutsonntag brachte, hat in Ratingen kaum Bedeutung gehabt.

Mit dem Ruhrkampf kam auch eine große Geldentwertung. Am 15. August 1923 gab die Stadt wie viele andere Städte eigene Notgeldscheine aus. Die Geldentwertung zerstörte das Gefüge der deutschen Wirtschaft und hatte eine große Arbeitslosigkeit im Gefolge. Am 25. Oktober 1923 wurde nach einer großen Erwerbslosenversammlung auf dem Markt auf mehreren Höfen in der Umgebung geplündert. Dafür stellte man 15 Ratinger vor Gericht. Im November 1923 war die Währungsreform. Am 7. Dezember 1923 endete die Bewirtschaftung der Lebensmittel mit dem Ablauf der letzten Brotkarte. 1924 gab es in Ratingen 34 Personenkraftwagen und 25 Motorräder.

Trotz der unruhigen Zeit war das kulturelle Leben nicht erloschen. Im Dezember 1919 schenkte der Bergisch-Märkische Verein für Gemeinwohl, Ortsgruppe Ratingen, seine Bibliothek der Stadt. Sie bildete den Grundstock zur Städtischen Volksbücherei. Volkshochschulkurse wurden eingerichtet.

123 Mobilmachung am 2. August 1914. Bürger lesen die Bekanntmachung an der Vorderfront des Rathauses

124 800 Soldaten der Ratinger Garnison rücken am 22. Mai 1915 aus zur Front im Osten

Die Stadtverordnetenversammlung beschloß am 23. März 1922 die Errichtung eines städtischen Heimatmuseums und bewilligte dafür 35 000 Mark.

Im Jahre 1926 feierte die Stadt mit Unterstützung des 1925 gegründeten Vereins für Heimatkunde und Heimatpflege und großem Programm das 650jährige Stadtjubiläum. Im Rahmen der Feierlichkeiten wurde ein Kriegerdenkmal geweiht, das im Jahre 1945 durch Bomben beschädigt und 1962 durch ein neues ersetzt wurde. Eine „Jubiläumssiedlung" am Schützenbruch wurde errichtet und am 5. September 1926 das Stadion an der Jahnstraße eingeweiht. Am 14. September 1926 wurde das Heimatmuseum eröffnet. Ein großer historischer Festzug und ein Fackelzug mit Illuminierung der Stadt beschlossen die Feierlichkeiten, die in der Bürgerschaft in guter Erinnerung geblieben sind. Zum Stadtjubiläum erschien auch eine Stadtgeschichte von den Anfängen bis zum Jahre 1815 auf Grund der Vorarbeiten der Brüder Heinrich und Peter Eschbach von Otto R. Redlich, Arnold Dresen und Johann Petry, die bis zum heutigen Tage das grundlegende Werk geblieben ist.

Trotz der wirtschaftlichen Depression seit Kriegsende im Jahre 1918 wagten einige Unternehmer die Neugründung von Firmen; 1920 die Firmen Gruben- und Hüttenbedarf, jetzt Adolf Jungfleisch. 1925 erwarb die Chemische Fabrik Eugen Schwarz die Fabrikanlagen der Maschinen-Pappenfabrik Rhenania von Wilhelm Julius Thomashoff, 1926 erfolgte die Gründung der Firma R. Schäfer & Urbach. Im Jahre 1928 erwarben die Ruwa-Fleischwerke aus Duisburg die Hallen der stillgelegten Firma Eschweiler-Ratinger Metallwerke, verlegten aber 1939 ihren Betrieb wieder, und die Messerschmitt-Flugzeugwerke zogen hier ein, die am 22. März 1945 größtenteils zerstört wurden.

Die Entwicklung erforderte die am 29. September 1919 erfolgte Bildung des Pfarr-Rektorates Tiefenbroich. In dem Stadtteil Eckamp wurde am 18. März 1928 die katholische Filialkirche St. Joseph eingeweiht. 1929 ist die Herz-Jesu-Kirche errichtet worden, deren Entwurf von dem Architekten Hans Herkommer aus Stuttgart stammte, einem der Bahnbrecher des modernen Kirchenbaues. Im Jahre 1967 wurde diese Kirche wegen Baufälligkeit abgerissen und durch einen 1970 vollendeten Neubau ersetzt. 1928 bzw. 1929 wurden die beiden Krankenhäuser erweitert.

Der 15. Mai 1930 brachte Ratingen, nachdem die Stadt 1929 in einem von Bürgermeister Scheiff geschickt geführten Abwehrkampf der von Düsseldorf mit allen Mitteln angestrebten Eingemeindung entgangen war, eine Vergrößerung des Stadtgebietes durch die Eingemeindung der Gemeinde Eckamp und der Honschaft Tiefenbroich sowie kleinerer Teile der Gemeinden Eggerscheidt, Homberg und Schwarzbach. Seit dem Jahre 1914 war die Einwohnerzahl bis 1925 nur auf 15 511 gestiegen und bis 1930 auf 15 120 gesunken. Durch die Eingemeindung stieg sie auf 18 917 Einwohner. Das Stadtgebiet vergrößerte sich von 707 ha auf 1952 ha, wurde also nahezu verdreifacht. Zwar gingen die seit 1814 schon erhobenen Ratinger Wünsche wiederum nicht alle in Erfüllung, auch berechtigte nicht. Aber man freute sich besonders, der Düsseldorfer Eingemeindungsforderung entgangen zu sein. Ratingen war bis zu diesen Eingemeindungen im Jahre 1930 eine eingeengte Industriestadt. Das neue Stadtgebiet bildete eine glückliche Mischung von Industrie und Landwirtschaft.

Die zunehmende Arbeitslosigkeit lastete auf einer Industriestadt besonders schwer. Die wirtschaftliche Krise führte seit 1929 zur Stillegung fast sämtlicher Werke. Die Deutsche Lastautomobil AG. (DAAG) ging in Liquidation und auch die Nietenfabrik von Gahlen. Weitere Werke standen vor dem Ruin. Aber auch jetzt gab es noch einige wagemutige Unternehmer. Anlagen der stillgelegten Eisenwerke Ratingen erwarb 1932 die Firma Rheinische Eisengießerei Wilhelm Pulch.

Die Zahl der Arbeitslosen betrug am 1. Januar 1933 2453, der vom Sozialamt unterstützten Personen 4968 bei 18 674 Einwohnern. Das war nahezu ein Drittel der gesamten Bevölkerung. Die städtischen Haushaltspläne wiesen große Fehlbeträge auf; so z.B. 1932 ohne Staatszuschüsse 416 000 Mark. Der Sozialaufwand der Stadt betrug 1 124 000 Mark bei einem Etatvolumen von 2 862 000 Mark.

Am 30. Januar 1933 okkupierte Adolf Hitler die Macht im Deutschen Reich. Er erhielt allerdings in Ratingen keine Mehrheit. Die Reichstagswahl am 6. November 1932 brachte folgendes Ergebnis: Zentrum 3162 Stimmen, KPD 2755, Nationalsozialisten 1869, SPD 988, Deutsch-Nationale Volkspartei 550, Deutsche Volkspartei 257. Insgesamt hatten 21 Parteien Kandidaten gestellt. In der Stadtverordnetenversammlung waren die Parteien mit folgenden Sitzen vertreten: Zentrum acht, Ordnungsblock sechs, SPD sechs, KPD fünf, NSDAP zwei, Christlich-Soziale ein Sitz, zusammen 28 Sitze.

In der Folgezeit wurden politisch Andersdenkende und politische und religiöse Gemeinschaften sowie rassische Minderheiten auch in Ratingen grausam unterdrückt.

125 Bericht in den Düsseldorfer Nachrichten über die Besetzung der Stadt in der Nacht zum 28. Februar 1919

Staatsaufträge sollten die Wirtschaft ankurbeln. Dazu gehörte die Autobahn, die in unserem Gebiet 1936 gebaut wurde. Die Angertalbrücke war im Juli 1936 fertiggestellt. Die Calor-Emag, Elektrizitäts AG erwarb 1936 die Gebäulichkeiten der 1929 in Liquidation gegangenen Deutschen Lastautomobil AG (DAAG) und siedelte mit 500 Arbeitern von Duisburg nach Ratingen über. Im gleichen Jahr kam auch die Firma Franz Tapper, welche die Anlage der 1929 stillgelegten Nietenfabrik E. von Gahlen & Co. erwarb und die Firma Hermaflei, eine Feinkostfabrik.

Die Stadtverwaltung veranstaltete im Mai 1936 eine Ausstellung für Industrie und Gewerbe mit dem Titel: „Tausend Hände schaffen Arbeit". Sie legte 1936 den Stadtgraben in der Grabenstraße und 1938 in der Turmstraße frei. 1936 pachtete die Stadt das Gelände des Blauen Lochs und nannte es jetzt Blauer See. Sie baute das Gelände mit Treppen und Wegen aus und führte es die Öffentlichkeit zu. 1937 wurde der Dicke Turm ausgebaut und 1940 der Kornsturm mit der sogenannten Goldenen Kull aus Privathand erworben.

Im gleichen Jahr wurde der städtische Waldfriedhof an der Homberger Straße angelegt und am 14. Dezember 1941 im Trinsenturm das Stadtarchiv eingerichtet, in dem es bis 1973 untergebracht war.

126 Notgeld der Stadt aus dem Jahre 1923

Vom schulischen Sektor sei angeführt, daß der Ausbau des Städtischen Gymnasiums (Realgymnasium) zur Vollanstalt der Hauptform und die befristete Aufnahme von Mädchen durch Erlaß des Oberpräsidenten der Rheinprovinz ab Ostern 1937 genehmigt wurde. Die privaten höheren Mädchenschulen wurden auf staatliche Weisung hin aufgelöst; so die Luisenschule 1939 und das Lyzeum der Schwestern Unserer Lieben Frau 1940.

Am 20. August 1939 wurde an der Bruchstraße mit dem Bau von Militärbaracken begonnen. Hier sollte eine Kaserne errichtet werden, die Unterbringung der Soldaten aber zunächst in diesen Baracken erfolgen. Die Bevölkerung sprach von Krieg, zumal vom 21. bis 23. August eine große Verdunklungsübung stattfand. Im September-Oktober 1938 wurde Ratingen Sitz des Luftverteidigungskommandos IV. 1939 kamen auch die ersten Einquartierungen. Es waren Angehörige des Luftverteidigungskommandos IV, der Stab der 4. Flakdivision. In der Talstraße bezog eine Funkstation Stellung und in der Zieglerstraße eine Scheinwerferabteilung. Der 2. Weltkrieg war da. Die Einwohnerzahl betrug am 1. April 1939 20 746.

127 Luftaufnahme aus dem Jahre 1925

128 Porzellan des in Lintorf geborenen Johann Peter Melchior (1747–1825) „Schäferin im Turm"

Porzellane des Johann Peter Melchior

129 „Junge mit Eiern"

130 „Die Flöten"

Schätze im Heimatmuseum

Die Abbildungen 128 bis 132 zeigen Schätze aus dem Heimatmuseum, ebenso die Abbildungen 3, 4, 5, 9, 12, 29, 60, 61, 75, 81, 82, 90, 93, 96, 97 und 98. Die aus dem Museum stammenden Fotos kommen noch hinzu.

Die Anfänge des Heimatmuseums gehen in das Jahr 1911. Am 7. Mai 1911 wandte sich der Seminaroberlehrer P.J. Kreuzberg mit einem Aufruf an die Bürgerschaft, die „Gründung einer Altertumssammlung" durch die Bereitstellungen alten Kulturgutes zu unterstützen. Der Aufruf fand einen unerwartet großen Widerhall. Aus allen Kreisen der Bürgerschaft brachte man wertvolles Material. Die Stadt stellte ihrerseits 1912 einen ansehnlichen Betrag für Ankäufe zur Verfügung. Die Sammlung wurde vorläufig in Schulräumen untergebracht. Nach dem 1. Weltkrieg übernahm Rektor W.E. Winternheim die Betreuung. Die Eröffnung des Heimatmuseums konnte beim 650jährigen Stadtjubiläum im Jahre 1926 stattfinden, nachdem das Bürgerhaus für die Unterbringung zur Verfügung stand.

Das Heimatmuseum umfaßt die verschiedensten Sammelgebiete. Die vorgeschichtliche Sammlung enthält Zeugen frühester Anwesenheit von Menschen im Gebiet der Stadt; u.a. Horn- und Steingeräte sowie Urnen aus Brandgräbern (siehe Abbildung 4 und 5). Der heimische Boden gab sogar römische Altertümer heraus, obschon die Römer niemals die rechtsrheinische Gegend erobert haben (siehe Abbildung 8 und Erläuterung hierzu). Steingutgefäße sowie eine Anzahl Münzen, darunter wertvolle Turnosen und Sterlinge aus der Ratinger Münzstätte, erinnern an das Mittelalter und die anbrechende Neuzeit. An die mittelalterliche Festung erinnern Modelle des Bechemer und des Lintorfer Tores. Fahnen und Schützensilber vertreten das Schützenwesen, religiöse Plastiken aus St. Peter und Paul die kirchliche Kunst. Erwähnt zu werden verdienen auch alte Landkarten des Bergischen Landes (siehe Abbildung 3) sowie die ununterbrochene Reihe von Porträts der bergischen Herrscher in Gemälden und Kupferstichen. Weitere Gruppen führen in bemerkenswerte Abschnitte unserer Heimatgeschichte.

131 Bergischer Kleiderschrank vom Ende des 19. Jahrhunderts

132 Münzen aus 6 Jahrhunderten

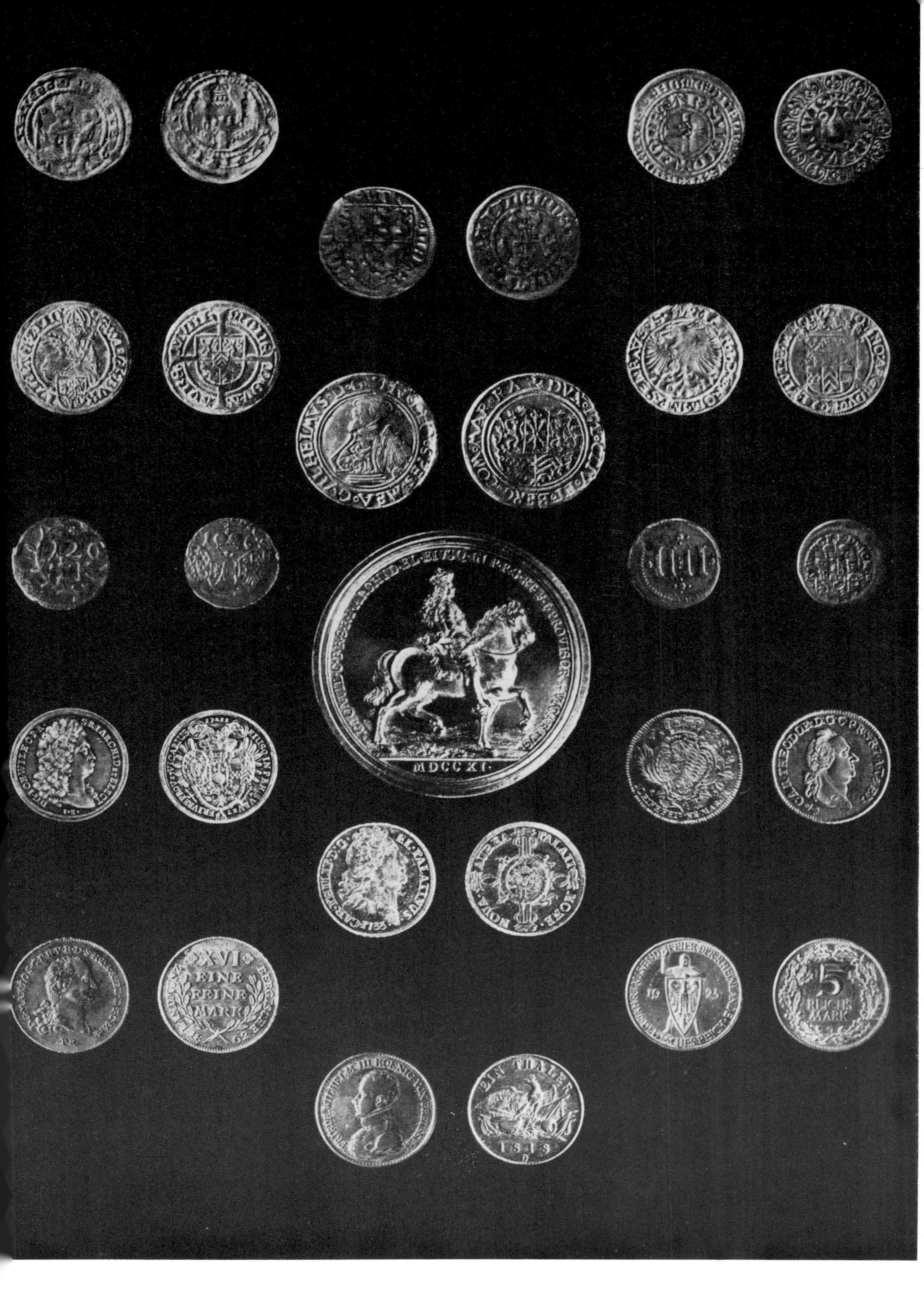
MDCCXI
XVI
EINE
FEINE
MARK
5
REICHS
MARK
EIN THALER
1813

Der 2. Weltkrieg

Im Gegensatz zum 1. Weltkrieg spürte die Bevölkerung den Kriegszustand bereits in den ersten Wochen. Vor Beginn des Krieges waren schon die Lebensmittelkarten verteilt und mit Beginn erfolgte schlagartig die Bewirtschaftung aller Waren. Am 1. September wurde der Luftschutz aufgerufen und am 5. September gab es den ersten, aber harmlosen Fliegeralarm. Im Oktober kamen große Durchmärsche und vom 20. bis 31. Oktober große Truppenverschiebungen zum Westen über den Zubringer. Am 16. März 1940 waren die ersten feindlichen Flieger über der Stadt. Sie warfen allerdings nur Flugblätter ab. Am 3. April 1940 wurde Ratingen Garnison einer Luftnachrichtenabteilung, welche die Baracken an der Bruchstraße bezog. Am 21. Mai wurde mit der Ausgabe der Volksgasmasken begonnen, und am 23. Juli fielen außerhalb der Stadt in der Umgebung des Broichhofes und in Eckamp die ersten Bomben, welche allerdings nur Flurschaden anrichteten. Bis Ende 1940 gab es 143 mal Alarm und am 24. März 1944 den 1000. Fliegeralarm; im November 1944 waren 202, im Dezember 1944 148, im Januar 1945 171, im Februar 203 und im März 167, im ganzen Krieg 2822 Luftalarme zu verzeichnen. Die Fliegerangriffe wurden von Jahr zu Jahr heftiger. Im Jahre 1943 gab es im Luftkrieg am 21. Januar die ersten vier Toten. Am 8. April waren es u. a. in der Industriestraße 17, am 23. September 1944 in der Schützenstraße 9 und am 6. Januar 1945 in der Hochstraße 25 Tote.

Seit September 1944 war der Krieg in die Nähe gerückt, der Kanonendonner vor der Westfront deutlich zu hören. Am 8. März 1945 begann der Artilleriebeschuß, der bis zum 17. April andauerte und für die Bevölkerung harte Wochen brachte. Er forderte schon am ersten Tage an der Ecke Spee- und Röntgenstraße vier Tote, u.a. zwei spielende Kinder, und in der Nacht zum 10. März im katholischen Krankenhaus 47 Tote, als ein Artilleriegeschoß in einem Schutzraum krepierte.

Am 22. März 1945 erfolgte ein Flieger-Großangriff auf Ratingen, der vorwiegend den Westteil der Stadt traf und 97 Tote forderte; 36 Männer, 47 Frauen und 14 Kinder, dazu mehrere hundert Verletzte. Der Angriff dauerte von 12.10 Uhr bis 12.28 Uhr. In dieser Zeit fielen nach amtlichen Angaben etwa 650 Spreng- und ca. 14 000 Brandbomben. Rund 1/3 der Stadt war zerstört oder schwer beschädigt. Rund 3000 Menschen waren obdachlos geworden. Getroffen wurden u. a. auch das Rathaus, die Burg Zum Haus, mehrere Fabriken und acht Schulen. 228 Großbrände zählte man. Die Freiwillige Feuerwehr, deren unermüdlicher Einsatz in Ratingen und in Großstädten der Umgebung in den Kriegsjahren ganz besondere Erwähnung verdient, blieb mit anderen Wehren drei Tage ununterbrochen im Einsatz. Die Löscharbeiten waren durch den Ausfall der Wasserleitung sehr erschwert. Der Sender Luxemburg meldete einen Großangriff auf den Düsseldorfer Vorort Gerresheim.

Seit dem 10. April 1945 war Ratingen von der Umwelt vollkommen abgeschnitten. In Hassel hatte Generalfeldmarschall Model sein Hauptquartier aufgeschlagen, der Ratingen am 17. April verließ und sich in dem Wald der Umgebung am 29. April den Tod gab. Amerikanische Truppen standen vor Erkrath, in Kettwig an der Ruhr und in Langenberg. Am 17. April wurde im Einvernehmen mit der Wehrmacht auf einer von einem Postbeamten nach Erkrath geschalteten Fernsprechleitung von dem Schreiber dieser Zeilen die kampflose Übergabe der Stadt angeboten. Der amerikanische Brigadegeneral B. Augur ließ um 12.20 mitteilen, das Übergabeangebot sei in seinen Händen, er habe das Angebot angenommen. Von den beiden Kirchtürmen wehten seit 11.55 weiße Fahnen. Der amerikanische Kampfkommandant ließ dann mitteilen, die Stadt werde gegen 18 Uhr besetzt. Einige Stunden vorher sollte Düsseldorf übergeben werden. Um 20.40 Uhr erschien der amerikanische Befehlspanzer vor dem Lyzeum, wo die Übergabe durch zwei Beamte der Stadt in Gegenwart von zwei Dolmetschern vollzogen wurde. Um 20.55 Uhr gab der amerikanische Panzerkommandant von hier aus den Befehl, das Feuer auf Ratingen einzustellen, da die Stadt noch von amerikanischen Geschützen beschossen wurde. In der Nacht zum 18. April erfolgte noch ein Feuerüberfall durch deutsche Artillerie. Am Morgen des 18. April rückten starke amerikanische Panzerverbände in die Stadt.

Der amerikanische Major W. Ashley Gray, Kommandeur des Kampfkommandos A der 13. amerikanischen Panzerdivison, 46. Panzer-Bataillon, war der Eroberer der Stadt. Von ihm selbst liegt hierüber ein Bericht vor. Er hat die Stadt am 16. März 1957 auf Einladung hin besucht und wurde dabei vom Bürgermeister der Stadt empfangen.

Nach der Besetzung wurden im Kalkumer Wald Leichen von elf erschossenen Fremdarbeitern gefunden, die am 13. Mai 1945 vor der katholischen Kirche St. Peter und Paul beigesetzt werden mußten, im Juli 1948 aber zum Waldfriedhof umgebettet wurden.

Die Verluste der Stadt durch den Krieg waren groß. 1280 Gebäude mit 2223 Wohnungen und 7868 Wohnräumen waren beschädigt, davon 141 Gebäude mit 264 Wohnungen und 1060 Wohnräumen zu mehr als 60 %; sie galten als total zerstört. Zwei Schulen waren ganz und sechs teilweise zerstört. Die Zahl der Toten im Luftkrieg und durch Artilleriebeschuß wird mit 192 angegeben, die der Verletzten mit 450. Die Zahl der Gefallenen und vermißt gebliebenen Soldaten ist mit 578 genannt, dürfte aber erheblich höher liegen und auf etwa 800 zu schätzen sein.

Die Bilanz des Dritten Reiches waren also über 1000 Tote und Vermißte. Zu Ende ging der Krieg mit der Kapitulation am 8. Mai 1945 und einem vollständigen Zusammenbruch, der auch das Ende des Nationalsozialismus war.

133 Aufbahrung der Opfer des Fliegerangriffes vom 8. April 1943 auf dem Marktplatz

134 Zerstörungen in der Oberstraße

135 Zerstörungen in der Schützenstraße

136 Zerstörungen an St. Peter und Paul

137 Zerstörungen in der Oberstraße

V. Die Wohnstadt (seit 1945)

von Alfred Dahlmann

Die erste Nachkriegszeit

Die Stadtverwaltung war nach dem Bombenangriff vom 22. März 1945 in das Gymnasium übergesiedelt. Am 1. Oktober konnte die Verwaltung in das notdürftig instandgesetzte Rathaus umziehen.

Ende 1945 arbeitete die Stadtverwaltung wieder geordnet. Schon am 16. Januar 1946 wurde auf Grund der Richtlinien der Militärregierung von einer ernannten Stadtvertretung (Beirat) eine Satzung (Hauptsatzung) für die Stadt beschlossen.

Die Belieferung der Bevölkerung mit Lebensmitteln blieb in den Jahren 1946 und 1947 katastrophal. Die Zuteilung der Lebensmittel wurde nach Kalorien bemessen, die bis auf täglich 1000 sanken. Wie im 1. Weltkrieg die Steckrüben, waren nach dem 2. Weltkrieg Maisbrot und Maismehl die Hungernahrung.

Die erste Zeit nach dem Krieg galt zunächst dem Wiederaufbau. Dieser Wiederaufbau war jedoch nicht unproblematisch. Für die Gestaltung der Innenstadt lag keinerlei Konzept vor. Die damals wiederaufgebauten oder reparierten Häuser passen z.T. nur sehr schlecht in das Gepräge einer Altstadt. Man möge nicht entgegenhalten, daß für solche Überlegungen damals keine Zeit war. Als Gegenbeispiel sind zu nennen Hannover für eine moderne Gestaltung und Münster für einen Wiederaufbau in historischen Dimensionen. Heute wird versucht, Fehler beim Wiederaufbau durch farbliche Gestaltung zu kaschieren. Dadurch werden aber noch nicht die richtigen baulichen Proportionen gewonnen, z. B. im Verhältnis zur Stadtbefestigung, zur Kirche St. Peter und Paul und zu den historischen Gebäuden.

Auf dem Weg zur Mittelstadt

Nach dem Wiederaufbau dehnte sich die Stadt nach Süden und Osten sowie im Bereich von Tiefenbroich aus. Diese Bebauung ist durchweg ansprechend und prägte weitgehend das neue Bild Ratingens als bevorzugte Wohnlage im Düsseldorfer Raum. Durch diese Neubebauung änderte sich jedoch die Bevölkerungsstruktur. Es zogen zumeist Familien hinzu, die im *tertiären* Bereich beschäftigt waren. Hierfür gab es keine Arbeitsplätze in unserer Stadt. So entsand das Pendlerproblem. Bedienstete des tertiären Gewerbes pendelten nach Düsseldorf aus, Arbeitnehmer aus Ratinger Werken pendelten z. T. nach Ratingen ein.

Dieses Pendlerproblem hätte abgefangen werden müssen durch eine zielstrebige Industrieansiedlung mit den richtigen Branchen, insbesondere wäre der *tertiäre* Bereich wichtig gewesen. Das wurde jedoch zunächst versäumt. Die einzige wesentliche neue Industrieansiedlung konzentrierte sich auf den Bereich Am Sandbach.

Diese Industrieansiedlung war aber sowohl von der Struktur her problematisch, als auch vom baulichen Bestand und der Lage innerhalb des Stadtgebietes. Der industrielle Ring, der sich entlang den Bahnlinien um das eigentliche Altstadtgebiet lagerte, wurde durch diese Ansiedlung Am Sandbach noch verstärkt und die Wohngebiete weiter eingeschnürt. Es blieb deshalb später nichts anderes übrig, als mit dem Wohnbaugebiet Ratingen WEST diesen industriellen Ring zu überspringen. Die Problematik dieser damaligen Industrieansiedlung ergibt sich allein daraus, daß man heute bereits diesen Bereich als Sanierungsbereich ansieht und der Rat der Stadt entsprechende Beschlüsse im Rahmen der Städtebauförderungsgesetzes gefaßt hat.

Die Tendenzwende bei der Industrieansiedlung wurde erreicht durch die Ausweisung von Industriegewerbeflächen in Ratingen-Tiefenbroich. Es handelte sich um eine große Fläche mit großzügig geplanten Erschließungsanlagen. Auf diesem Gebäude wurden in der Folgezeit Betriebe des *tertiären* Bereichs angesiedelt. Erinnert sei hier an die RATIO, das Verwaltungsgebäude der READYMIX, das Verwaltungsgebäude der ALLGEM.ROHRLEITUNGSGESELLSCHAFT. Durch den Umzug dieser Firmen nach Ratingen wurden zwar nicht sofort alle Pendlerprobleme gelöst. Die alten Arbeitnehmer dieser Firmen kamen zunächst weiter von Düsseldorf oder Essen und belasteten weiter die Verkehrswege – allerdings in Gegenrichtung zu den Hauptverkehrsströmen. Es läßt sich jedoch heute schon eine Umstrukturierung der

138 Weiträumige Grünanlagen durchziehen den neuen Stadtteil Ratingen West

139 Ratingen West, ein Stadtteil aus einem Guß, heute Heimat für 20000 Menschen

140 Neue Wohnformen im „Grachten-Viertel"

141 Das moderne Verwaltungsgebäude der Mineralölbau GmbH

142 Beispiel für die mustergültige Restaurierung einer historischen Altstadt ist der Ratinger Marktplatz

143 Alte Häuser erhalten wieder ein unverkennbares „Gesicht", wie hier das Fachwerkhaus am Markt

Belegschaften dieser Firmen feststellen. Die Prozentzahl der in Ratingen wohnenden Belegschaftsmitglieder nimmt weiter zu. Diese Industrieansiedlung bedeutet für Ratingen auch einen finanziellen Kraftakt. Die Kosten der Erschließung beliefen sich allein auf 8,5 Millionen DM.

Diese Ansiedlungspolitik der Stadt wird fortzusetzen sein im Gewerbegebiet in Ratingen WEST in der Nachbarschaft des Großbroichhofes und jetzt in Lintorf. Hier sei erinnert an den Umzug der Hauptverwaltung der Mannesmann-Röhrenwerke von Düsseldorf nach Ratingen-Lintorf.

In Zukunft wird die Wohnungsbaupolitik auch in Ratingen andere Wege zu gehen haben. Als letztes geschlossenes neues Wohngebiet entstand in unserer Stadt Ratingen WEST. Hier wurde in Ratingen erstmalig der Weg beschritten, daß ein Stadtteil in einem Guß gebildet wurde. Gegen die bauliche Konzeption, nämlich bauliche Verdichtung mit großen Grünzügen durch das Wohngebiet und um das Wohngebiet herum, richtete sich heftige Kritik. Heute läßt sich feststellen, daß sich die Mehrzahl der Bürger in Ratingen WEST wohlfühlt – bei allen Mängeln, die auch heute noch zu verzeichnen sind. Mängel sind insbesondere, daß z. T. die hochgeschossigen Gebäude zu dicht aneinander gebaut sind, daß noch zu wenig Gastwirtschaften vorhanden sind, daß ein großer Saal für Versammlungen und geselliges Beisammensein fehlt. Andere Mängel aus den Anfangsjahren, nämlich zuwenig Bäume an den Straßen, keine Ärzte, keine ausreichende Versorgung mit Einzelhandelsgeschäften, zuwenig Kindergärten, zuwenig Sportstätten, keine Jugendheime und keine Altentagesstätte, sind mittlerweile abgestellt. Die Infrastruktur läßt sich durchaus mit den anderen Stadtteilen in Ratingen vergleichen, wenn sie nicht sogar z. T. wesentlich besser ist. Durch den Bau der Einfamilienhäuser in gelockerter Form wird sich das allgemeine Bild dieses neuen Stadtteils weiter verbessern. Erst recht wird das geplante und bald auszubauende Erholungsgebiet Ratingen WEST zwischen Volkardeyer Straße und Stadtgrenze Düsseldorf für einen hohen Freizeitwert auch dieses Gebiet unserer Stadt sorgen.

Stadtsanierung

Nachdem die Neubautätigkeit merklich zurückgeht – bis auf den Eigenheimbau – wird der Schwerpunkt der zukünftigen Stadtentwicklung in der Sanierung liegen. Einmal ist der Industriering an den Bahnlinien in Ratingen OST und Ratingen WEST durch eine Sanierung zu sprengen. Das Eisenhüttengelände ist bereits abgeräumt. Hier wird einmal ein modernes Neubaugebiet mit einem kleinen Einkaufszentrum entstehen. Der Antrag auf Sanierung des Gebietes Am Sandbach ist bereits mit der Bitte um einen Landeszuschuß bei der Bezirksregierung gestellt, so daß Ratingen MITTE durch eine Grünzone mit Ratingen WEST über die neue Fußgängerbrücke verbunden sein wird. Die Innenstadtsanierung ist ebenfalls bereits eingeleitet. Hier entsteht ein attraktiver Kern einer modernen Mittelstadt mit annähernd 100.000 Einwohnern. In der äußeren Gestaltung werden wir hier versuchen, eine freundliche Altstadt zu schaffen, in der sich unsere Bürger wohlfühlen. Gedacht ist an eine farbliche Gestaltung, die durch einen Farbsachverständigen vorgeplant wird, an historisierende Hausformen, allerdings stilisiert und in moderner Form, an eine ansprechende Plattierung der Fußgängerzonen, an künstlerische Brunnen, an Fassadenrenovierungen, soweit dies die Bausubstanz verdient. Die Innenstadt soll weiterhin verkehrlich so gestaltet werden, daß eine Anlieferung über die Fußgängerzonen nicht mehr erforderlich ist, daß die Fußgängerzonen also nur den Fußgängern vorbehalten bleiben. An dem innersten Verkehrsring, gebildet durch Grabenstraße, Wallstraße und Angerstraße, liegen die Parkhäuser an der Turmstraße und der Minoritenstraße; ein weiteres Parkhaus an der Wallstraße ist geplant. So kommt das Blech von den Straßen. Die Bebauungspläne sollen dazu dienen, daß die Grundstücke zum Nutzen von Käufern und Eigentümern besser ausgenutzt werden können. Kaufhäuser am Ende der Fußgängerzonen sind eine Attraktion, die den Einzelhandelsgeschäften innerhalb des innerstädtischen Straßenkreuzes ebenfalls neue Käufer zuführen.

Entwicklung der Einwohnerzahlen

Die Einwohnersteigerung durch die Neubauten stellt sich in der Vergangenheit wie folgt dar:

1945: 23.000, 1954: 30.000, 1968: 40.000, 1973: 50.000, 1975 nach der Neugliederung: 85.000.

Es ist zu erwarten, daß durch die vorstehend beschriebenen Sanierungsmaßnahmen und durch Einfamilienhausbauten in den neuen Stadtteilen die Einwohnerzahl auf ca. 90–95.000 Einwohner ansteigen wird. Dann ist allerdings eine Stagnation zu erwarten. Die Grenze der Aufnahmefähigkeit liegt bei 100.000 Einwohnern.

144 Der „Dumeklemmer-Brunnen" auf der Oberstraße

145 Durch den Ausbau der Fußgängerzone ist die Innenstadt zum Einkaufsparadies geworden

146 Haus Salem, Altersruhesitz der Kaiserwerther Diakonissen

147 Zu den hervorragenden Sozialeinrichtungen der Stadt gehört auch der Mahlzeitendienst für ältere oder kranke Mitbürger

Ausbau der Grundversorgung

Für diese Steigerung der Einwohnerzahlen war es erforderlich, die Einrichtungen der Daseinsvorsorge in den letzten Jahren erheblich auszubauen. Bis zur Mitte der 60er Jahre wurde – wie erforderlich – zunächst ausschließlich etwas für die Grundversorgung mit Schulen, Turnhallen und Sportplätzen getan.

Im schulischen Bereich wurden 6 neue Grundschulen gebaut und 2 ältere Grundschulen generalüberholt. Die Realschule sowie die beiden Gymnasien in Ratingen Mitte bezogen Neubauten. An der Minoritenstraße entwickelte sich die Berufsschule mit modernsten hauswirtschaftlichen, kaufmännischen, naturwissenschaftlichen und gewerblichen Sonderräumen zu einem modernen Ausbildungszentrum. Hier sollen einmal die Oberstufen der Weiterführenden Schulen zur Sekundarstufe II zusammengefaßt werden. Die entsprechenden Schulzentren für die Sekundarstufe I liegen an der Talstraße mit den jetzigen Gymnasien, in Ratingen West und – nach der Neugliederung – in Ratingen-Lintorf.

Die Sonderschule an der Graf-Adolf-Straße wurde ebenfalls generalüberholt. Für geistig Behinderte entstand ein Zentrum mit Kindergarten, Schule und beschützender Werkstatt an der Straße Scheifenkamp in Ratingen West.

Der Unterricht in Jugendmusikschule und Volkshochschule wurde durch hauptamtliche Kräfte intensiviert. Die Volkshochschule erhielt im ehemaligen Minoritenkloster ein eigenes Gebäude mit modernen Unterrichtsräumen.

Die Stadtbücherei bezog mit ihrer Hauptstelle das umgebaute Bürgerhaus am Markt.

Kindergärten wurden zunächst gebaut von den Kirchen und der Arbeiterwohlfahrt. Drei städtische Kindergärten folgten in Ratingen West.

Turnhallen wurden errichtet in Zusammenhang mit den Schulneubauten. Dringend fehlt noch eine Turnhalle an der Gerhart-Tersteegen-Schule in Ratingen Tiefenbroich. Bei den Sportplätzen sind zu nennen das Stadion mit neuer Tribüne und Plätze in den Stadtteilen Ratingen Ost, Ratingen Süd, Ratingen Mitte (Kaiserswerther Straße), Ratingen-Tiefenbroich und Ratingen West.

In Planung sind zwei weitere Plätze an der Schwarzbachstraße und in Ratingen-Tiefenbroich.

Die Altenbetreuung oblag zunächst nur den Kirchen und der Arbeiterwohlfahrt. Es entstanden Altenheime, Altenstuben und ein Altenzentrum „Haus Salem" in Ratingen Ost. Dann baute die Stadt städtische Altentagesstätten in Ratingen Mitte und Ratingen West und mietete Räume für zwei weitere Altentagesstätten in Ratingen-Tiefenbroich und Ratingen Ost an. Vorgesehen sind Altentagesstätten auf je 15.000 Einwohner. Die Stadt gibt eine eigene Altenzeitschrift „Die Stadtlaterne" heraus und versorgt alte und gebrechliche Bürger mit einem Mahlzeitendienst.

Auch die Jugendheime wurden zunächst ausschließlich von den Kirchen geführt. Hervorzuheben ist hier das Jugendheim der Ganz Offenen Tür „St. Peter und Paul" an der Turmstraße. Ein städtisches Jugendheim der Ganz Offenen Tür entstand in Ratingen West. Daneben steht geschlossenen Gruppen ein städtisches Jugendhaus am Stadionring zu Verfügung.

Die Steigerung der Einwohnerzahlen machte auch erforderlich, die Geschäftsflächen in Ratingen zu erweitern. Zunächst galt es, das gewachsene Zentrum Ratingens, die Innen- und Altstadt, mit seinen mannigfaltigen Einkaufsmöglichkeiten zu stärken. Dem diente und dient die Innenstadtsanierung.

Daneben entwickelte sich ein eigenständiges, ergänzendes Geschäftsleben in den Stadtteilen, so z. B. in Ratingen West. Weiterhin bieten den Autokunden große Einkaufszentren am Stadtrand genügend Parkraum.

Ratingen wurde in den Nachkriegsjahren vorbildlich für den Autoverkehr erschlossen. Ein Autobahnring wird gebildet durch die Autobahnen Oberhausen-Köln, Düsseldorf-Essen sowie Düsseldorf-Bochum-Dortmund. Der Innerstädtische Verkehrsring mit Ausbaukosten von ca. 20 Mio DM sowie die Westtangente halten den Umgehungsverkehr von der Innenstadt fern. Ein innerster Ring legt sich sodann um die Altstadt. Radialstraßen führen zu allen Stadtteilen. Hier wird allerdings noch für die Zukunft erforderlich sein, die plangleichen Bahnübergänge durch Brückenbauwerke zu unter- bzw. überführen. Insbesondere die Brückenbauwerke an der Kaiserswerther Straße über die Westbahn und an der Homberger Straße über die Ostbahn sind für die Zukunft vordringlich. Alle diese Straßen wurden durch moderne Straßenlampen vorbildlich ausgeleuchtet.

148 Das Stadion am Stadionring, eine der schönsten Sportanlagen weit und breit

149 Mustergültige Einrichtungen für die Jugend sind vorhanden, hier das Jugendzentrum von St. Peter und Paul

150 Das schöne Hallenbad am Hauserring

151 Ein Modell des neuen Anger-Freibades, das acht Millionen Mark kostet

152 Kultureller Mittelpunkt der Stadt sind Theater (im Bild) und Stadthalle

153 Zahlreiche Tagungen finden jährlich in der neuen Stadthalle statt, aber auch große gesellschaftliche Veranstaltungen. Die Stadthalle steht aber auch den Ratinger Bürgern für Familienfeiern zur Verfügung.

Dem geplanten Ausbau der Grundversorgung in Zukunft liegen eingehende Planungen zugrunde. Diese Planungen werden einer breiten Öffentlichkeit in der Schriftenreihe der Stadt Ratingen, herausgegeben vom Stadtdirektor, vorgestellt. Die entsprechenden Hefte können von jedem Bürger in der Stadtbücherei ausgeliehen werden.

Mittelzentrale Einrichtungen in Ratingen

Diese Grundversorgung war für die wachsende Mittelstadt auf die Dauer aber nicht ausreichend. Sich auf die Grundversorgung zu beschränken, hätte bedeutet, daß Ratingen vollständig von Düsseldorf abhängig geworden wäre, in Ratingen auf Dauer jedes Eigenleben gestorben wäre und sich kein eigenes Selbstbewußtsein der Ratinger hätte entwickeln können.

Die Mitte der 60er Jahre kennzeichnet deshalb eine neue Richtung in den städtischen Investititionen. Ausdruck hierfür sind vier Großobjekte:

> das Stadttheater,
> die Sporthalle,
> das Hallenbad und
> das Rathaus.

Fortgesetzt wurden diese Investitionsmaßnahmen durch zwei weitere Großobjekte, nämlich

> Stadthalle und
> das neue, völlig umgestaltete Freibad an der Anger.

Diese Großobjekte werden das zukünftige Leben in der neuen Gesamtstadt im wirtschaftlichen, sportlichen und kulturellen Bereich erheblich beeinflussen.

Das neue Rathaus erleichterte die Arbeit des Rates und einer gut funktionierenden Verwaltung für die neue Stadt.

Seit Kriegsende führten im Rat den Vorsitz und repräsentierten die Stadt die Bürgermeister Dr. Franz Josef Gemmert, Josef Maahsen, Albert Tack, Ernst Baier, Dr. Walter Göbel, Albert Höver, Peter Kraft, Horst Becker (kommissarisch) und Ernst Dietrich. Die Stadtverwaltung leiteten die Stadtdirektoren Richard Erntges, Dr. Werner Hallauer und Josef Kortendick.

Die Stadthalle fördert das blühende Ratinger Vereinsleben.

Daneben wurde und wird der Ausbau der Grundversorgung nicht vernachlässig. Weitere Schulen, Altentagesstätten, Sportplätze, Kindergärten, Jugendheime, Spiel- und Bolzplätze und Grünanlagen wurden und werden gebaut. Eine Attraktion in den Grünanlagen sind insbesondere die Wasserflächen in Ratingen WEST und der neue Teich im Stadtpark an der Stadthalle.

Begleitet wurde der Ausbau der Daseinsvorsorge durch große Anstrengungen in der Denkmalspflege. Es wurden restauriert

> der Kornsturm,
> der Trinsenturm,
> der Dicke Turm,
> der Wehrgang an der Grabenstraße,
> das Bürgerhaus,
> die Suitbertusstuben,
> ein Fachwerkhaus und vier weitere denkmalwerte Häuser am Markt,
> das Haus zum Haus,
> das ehemalige Minoritenkloster als Volkshochschule und Kino.

Das Sorgenkind ist das Haus Obercromford am Blauen See.

154 Das Rathaus der Stadt

155 Eine Fußgängerbrücke verbindet den neuen Stadtteil Ratingen West mit der Altstadt

Ver- und Entsorgung

Seit den 60er Jahren wurden auch die Ver- und Entsorgung unserer Stadt erheblich verbessert.

Hauptsammler quer durch die Innenstadt verhindern das Überfluten der Keller, der Angersammler soll der Verschmutzung der Anger Einhalt bieten. Die Abwässer werden im biologischen Klärwerk des Rheinisch-Bergischen Wasserverbandes geklärt. Ein neues Wasserwerk wurde durch die Stadtwerke errichtet. Die Wasseraufbereitungsanlage mit einer Enthärtung des Wassers ist vorbildlich in der Bundesrepublik. Die Umstellung auf Erdgas ist bereits seit langem durchgeführt. Ratingen WEST wird einheitlich durch Fernwärme der Stadtwerke versorgt.

VI. Die Kommunale Neugliederung 1974

von Wolfgang Welling

Am 1. Januar 1975 – das alte Ratingen war gerade 698 Jahre alt geworden – schlug die Geburtsstunde einer neuen Stadt Ratingen. Der Landtag von Nordrhein-Westfalen hatte schon im Sommer 1974 beschlossen, daß die alte Stadt Ratingen mit Teilen des Amtes Angerland zusammengeschlossen wird, und zwar mit den Gemeinden Lintorf, Hösel, Breitscheid und Eggerscheidt, außerdem mit den Gemeinden Homberg-Meiersberg und Hasselbeck-Schwarzbach des Amtes Hubbelrath.

Damit war der Traum von der „Grünen Freiheit" des Amtes Angerland, der so leidenschaftlich von vielen Bürgern und Ratsmitgliedern vertreten worden war, ausgeträumt. Auch die alte Stadt Ratingen hatte sich immer wieder dafür eingesetzt, daß das Amt Angerland erhalten blieb.

Doch die Entscheidung des Landtages wurde respektiert, die Amtsverwaltungen Angerland und Hubbelrath aufgelöst. Ein großer Teil der Bediensteten beider Verwaltungen kam nach Ratingen. Dadurch war das soeben erst fertiggestellte neue Rathaus, ursprünglich konzipiert für eine Bevölkerungszahl von 80 000 Bürgern, schon wieder zu klein geworden, zumal zum Zeitpunkt des Zusammenschlusses der Ostflügel des Rathauses vermietet war. An einen Erweiterungsbau war wegen der schwierigen finanziellen Lage der neuen Stadt nicht zu denken, also mußten alle Bediensteten enger zusammenrücken.

Vielleicht lag es daran, daß die alte Stadt Ratingen und das Angerland schon vor Jahrhunderten einmal eine politische Einheit waren, auf jeden Fall aber seit Jahrhunderten eine kulturelle Einheit bildeten – die Zusammenarbeit zwischen der alten Stadt und den neuen Stadtteilen klappte vorzüglich. Als sich dann im Winter 1976 eine – wenn vielleicht auch nur theoretische – Chance bot, mit Hilfe des Verfassungsgerichtes den Neugliederungsbeschluß des Landtages anzufechten, da verzichteten die zuletzt gewählten Volksvertreter des Amtes Angerland einmütig darauf, den Weg der Verfassungsklage zu beschreiten, sie bekannten sich zur neuen, größeren Stadt Ratingen.

Bevor der Landtag im Sommer 1974 endlich mit dem Neugliederungsgesetz für den Raum Düsseldorf den Schlußpunkt setzte unter die jahrelangen Auseinandersetzungen und Spekulationen, hatte die alte Stadt schwere Zeiten zu durchstehen. Sie war Teil des Kreises Düsseldorf-Mettmann, dem bevölkerungsreichsten Kreis der Bundesrepublik, dessen Wirtschaftskraft in manchen Jahren sogar die Wirtschaftskraft der Stadt Essen überstiegen hatte. Zudem war der Kreis Düsseldorf-Mettmann wie kein anderer deutscher Kreis umgeben von einem Kranz potenter und landhungriger Großstädte, die im Landtag durch ihre Abgeordneten erheblichen Einfluß hatten. So war es kein Wunder, daß schon zu Beginn der Neugliederungsdebatte der damalige Regierungspräsident in Düsseldorf keinen Pfifferling mehr für den Fortbestand des Kreises geben wollte. Das hätte bedeutet, daß Ratingen zusammen mit einem Teil der Angerland-Gemeinden nach Düsseldorf eingemeindet worden wäre. Ratingen hätte dann das Schicksal anderer ehemals blühender Gemeinden geteilt, die 1929 zwangsweise eingemeindet worden waren und deren Entwicklung seitdem stagniert.

1929 ist Ratingen dem Schicksal der Eingemeindung nach Düsseldorf knapp entgangen. Die Sage berichtet auch, warum: die Vertreter der preussischen Regierung, die in Düsseldorf zu einer Besichtigung der Stadt Ratingen abgeholt wurden, sollen vom damaligen Bürgermeister Scheiff auf langen Umwegen über Zeppenheim, Kalkum, Angermund und Lintorf nach Ratingen gefahren worden sein. Die Vertreter der preußischen Regierung sollen sich dann gesagt haben: eine Stadt, die so weit entfernt von Düsseldorf liegt, muß nicht unbedingt eingemeindet werden. Ratingen blieb jedenfalls selbständig und bekam die Chance, sich weiterzuentwickeln zu seiner heutigen Bedeutung als Entwicklungsschwerpunkt 1. Ordnung.

Der Eingemeindung 1975 entging Ratingen, weil die führenden Landespolitiker die Bedeutung des Kreises Düsseldorf-Mettmann (nach der Neugliederung nur noch Kreis Mettmann) anerkannt haben. In diesem neuen Kreis Mettmann nimmt Ratingen seit dem Jahre 1975 als zweitgrößte Stadt eine bedeutende Stellung ein. Die Entwicklung, die die neue Stadt Ratingen seit ihrer Gründung am 1. Januar 1975 genommen hat, rechtfertigt sicher die Voraussage, daß eines Tages eine Einwohnerzahl von 100 000 erreicht wird.

VII. Die neuen Stadtteile Ratingens

von Eckhardt Mundt (für den Bereich des ehemaligen Amtes Hubbelrath)
und Theo Volmert (für den Bereich des ehemaligen Amtes Angerland)

Das Amt Hubbelrath

Durch die zweite große Kommunale Neugliederung in unserem Jahrhundert am 1. 1. 1975 wurden zum Teil alte, gewachsene Gemeinschaften auseinandergeteilt und mit anderen Städten vereint. Das Amt Hubbelrath, das fast 167 Jahre bestand, wurde von den Städten Düsseldorf, Heiligenhaus, Mettmann und Ratingen aufgenommen. Zur Stadt Ratingen kamen die Gemeinden Homberg-Meiersberg und Hasselbeck-Schwarzbach.

Das Amt Hubbelrath hatte seinen Namen vom Dorf Hubbelrath übernommen. Erstmals erscheint der Name Huppoldesroth – später Hubbelrath – in einer Urkunde vom 29. Mai 950, in der Erzbischof Wichfrid von Köln einen Ort namens Hupoldesroth zur Hälfte dem Kölner Ursula-Stift und zur anderen Hälfte der Kirche des hl. Hippolyt zu Gerresheim schenkte.

Der bis dahin freie Hof mit einer Holzkapelle wurde von seinem Besitzer Hupoldesroth an den Erzbischof Wichfrid von Köln verkauft, der ihn dann weitergab. Hof und auch Kapelle bestanden aber schon vorher.

Das Gebiet des Amtes gehörte in der Zeit der fränkischen Könige und Kaiser zum waldreichen Keldachgau, in dem die Jagd eifrig gepflegt wurde. Damit sie nicht gestört wurde, belegten die Herrschenden das ganze Gebiet mit Bann und Frieden.

Im Jahre 1065 wurden die Grafen von Berg Landesherren. Die Herren und Fürsten des Bergischen Landes, und damit auch Hubbelraths, wechselten im Laufe der Jahrhunderte immer wieder. Ihre Herrschaft dauerte unter wechselnder Erbfolge bis in die napoleonische Zeit. Am 21. 3. 1806 fiel das Herzogtum Berg an Kaiser Napoleon.

Das gesamte Gemeindewesen und Recht wurde nun nach französischem Vorbild umgestaltet. Hubbelrath wurde zu einer Mairie – später Bürgermeisterei –, in der große Landgebiete zu einer Verwaltungseinheit zusammengefaßt wurden. Am 10. 7. 1808 bestätigte ein ministerieller Erlaß die Bildung der Munizipalität Hubbelrath, zu der die Gemeinden Crumbach, Hasselbeck, Hubbelrath, Ludenberg, Metzkausen, Meiersberg und Schwarzbach gehörten. Von 1814–1851 erfolgte eine Zusammenlegung der Samtgemeinden Hubbelrath und Gerresheim. Danach wurden sie wieder selbständig.

Am Anfang unseres Jahrhunderts wuchs der Landhunger der umliegenden Großstädte, und sie wollten ihn in den angrenzenden Landgemeinden decken. Sie waren die treibenden Kräfte für die erste Kommunale Neugliederung, die am 29. 7. 1929 in Kraft trat. Dabei mußte Hubbelrath nach zähen Verhandlungen einen Teil der Gemeinde Ludenberg abgeben, erhielt aber die Gemeinde Homberg mit Bracht und Bellscheidt dazu.

Die Gemeinden des Amtsgebietes waren in ihrer Wirtschaftsform bis in unsere Zeit hinein landwirtschaftlich ausgerichtet.

Meiersberg

Die ersten Anzeichen für menschliches Leben gehen in Meiersberg bis in die Jungsteinzeit zurück. Ein Keil aus der Rössener Kultur wurde auf Gut Oben-Anger gefunden. Es handelt sich aber noch nicht um seßhafte Bauern, sondern wahrscheinlich um durchziehende Jagdgruppen aus dem mitteldeutschen Bereich.

Die Landgemeinde Meiersberg gehörte mit zu den Gemeinden, die 1808 zur Mairie Hubbelrath zusammengeschlossen wurden. Sie bestand zu diesem Zeitpunkt aus vielen Einzelhöfen, die inmitten ihres bewirtschafteten Landes zumeist in den Tälern der Bachläufe Schwarzbach und Anger lagen, und vereinzelten Höfen auf den angrezenden Höhen des innerniederbergischen Lößlehmgebietes. Ein kleiner

Ortskern mit einigen zumeist neben kleiner Landwirtschaft betriebenen Handwerkereien wie Bäckerei, Schmiede, Schusterei und Stellmacherei und einer Wirtsstube lag auf der Höhe an der Straße nach Wülfrath.

Bereits früh brachten Wanderlehrer das reformierte Glaubensbekenntnis in die Landgemeinde. Um 1715 ließen die Meiersberger Eltern ihre Kinder von einer Wanderlehrerin, die hier seßhaft wurde, unterrichten. Nach deren Tod bemühten sich die reformierten Eingesessenen 1736 um eine eigene Schule, weil sie den Wert einer guten Bildung für ihre Kinder erkannten. Nach langen Verhandlungen und unter zahlreichen erschwerenden Sonderbedingungen erhielten sie 1749 endlich die Genehmigung dazu. Diese Schule blieb bis zur Schulreform im Jahre 1968 in drei verschiedenen Gebäuden bestehen.

Im Jahre 1965 beschlossen die Gemeindevertreter von Meiersberg und Homberg, ihre beiden Gemeinden zusammenzuschließen. Die neue Gemeinde führte von 1966 an bis zur Neugliederung 1975 den Namen Homberg-Meiersberg.

Homberg

Homberg ist wie Hubbelrath eine sehr alte Gemeinde. Auch hier wurden, wie in Meiersberg, Spuren vorgeschichtlicher menschlicher Besiedlung – zwei Steinbeile – gefunden.

Die Christianisierung erfolgte bereits frühzeitig. Das älteste Zeugnis dafür ist die bestehende (sehr wahrscheinlich dritte) Kirche in Homberg, eine zweischiffige Basilika mit flachgedecktem Mittelschiff und einem vorgesetzten fünfgeschossigen Westturm. Bei Grabungen in den Jahren 1954–58 fand man innerhalb dieser Kirche die Fundamentreste einer früheren Anlage. 1971 wurden die Reste einer Kapelle entdeckt, die sicher in die zweite Hälfte des ersten Jahrtausends gehören.

Urkundlich erwähnt sind Kirche und Ort Homberg 1057 oder 1067, als Erzbischof Anno II. (1056–75) die Kirche zur Hälfte dem Stift St. Georg in Köln schenkte. Er wies ihm auch den großen Natural-Zehnten von Homberg zu.

Ostern 1565 kamen Ratinger Bürger nach Homberg, um die hl. Kommunion zu empfangen, da in Ratingen Glaubenswirren herrschten. 1639 war der größte Teil der Gemeinde reformiert.

Homberg war der östlichste Ort des mittelalterlichen Rheinamtes Angermund und besaß eine eigene Gerichtsbarkeit. Nördlich des Ortes steht auf der Höhe noch heute weithin sichtbar eine alte Eichengruppe. Dort war ein Gerichtsplatz, auf dem ein Hofgericht tagte – im Jahre 1555 hatte Homberg bereits ein Landgericht. Dieser Gerichtsplatz war durch vier Ecksteine abgegrenzt. Am Gerichtstag wurde ein Seil um die Steine geschlungen. Innerhalb dieses Seiles befand sich der Bannkreis des Gerichtes, in dem Recht gesprochen wurde und Frieden herrschte.

Homberg hat einen Ortskern mit zwei Kirchen, mit Kindergärten, Schulen eine Nebenstelle der Stadtbücherei und Handwerksbetrieben zum Teil aus der alten Zeit. Fachwerkhäuser mit reichgeschnitzten Türen und zahlreiche große Bauernhöfe inmitten ihrer Ländereien erinnern an den Reichtum früherer Jahrhunderte.

Nach dem Zweiten Weltkrieg wurde die alte Landgemeinde umstrukturiert. In den 50er Jahren entstanden Neubaugürtel, die sich um den alten Dorfkern zogen. Ein Sportplatz wurde gebaut. Zur gleichen Zeit wurde östlich des Ortes an der Durchgangsstraße ein Gewerbegebiet ausgewiesen.

Kleinere und mittlere nichtstörende Gewerbebetriebe und eine Reihe von Dienstleistungsbetrieben siedelten sich an. Um den landwirtschaftlichen Charakter der Gemeinde zu erhalten, wurden keine größeren Industrieansiedlungen zugelassen.

Landesplanerisch wurde Homberg zur weiteren Entwicklung in der Ballungsrandzone um die Landeshauptstadt Düsseldorf ausgewiesen. Dadurch entstand in Homberg-Süd ein weiteres großes Neubauwohngebiet, aus zum größten Teil Ein- und Zweifamilienhäusern, das in der Endausbauphase einmal 10.000 Menschen beherbergen soll. Eine Grundschule wurde neugebaut. Für die Zukunft sind eine Altentagesstätte und ein Jugendheim geplant.

156 Alte Fachwerkhäuser im Stadtteil Ratingen Homberg.

157 Der Turm der alten Pfarrkirche St. Jacobus Homberg

158 Der alte Herrensitz „Haus Anger" im Angertal

159 Noch heute stehen die alten Eichen, unter denen früher Recht gesprochen wurde, auf einer Anhöhe zwischen Homberg und Hösel

Hasselbeck – Schwarzbach

Hasselbeck-Schwarzbach, das 1975 zu Ratingen kam, hat reine landwirtschaftliche Nutzungsgebiete. Die sanftwelligen Flächen des Mettmanner Lößlehmgebietes neigen sich sanft nach Westen der Rheinebene zu. Durch die Erosionskraft der Bäche haben sich Taleinschnitte gebildet, die das Relief bestimmen. Inmitten großer Felder liegen Einzelhöfe, oft gegen den vorherrschenden Westwind durch Bäume oder Obstbaumgruppen geschützt.

An den Ufern des Schwarzbachs finden sich noch alte Höfe mit Mühlrädern. Dort wurde früher die Wasserkraft ausgenutzt, um nebenberuflich die Erzeugnisse der Landwirtschaft zu verarbeiten. Ein alter Backes – darin wurde früher auf den Höfen das Brot gebacken – steht noch heute auf Gut Doppenberg.

Viele Bauern haben sich spezialisiert, um in der harten Konkurrenz der EG bestehen zu können. Einige Landwirte betreiben die Bullen- oder Schweinemast im großen, andere haben die Hähnchenmast oder Eierproduktion vorgezogen. Die gesamte Wirtschaftsweise der Höfe ist auf die Spezialisierung abgestimmt.

Dem Zuge der Zeit folgend finden sich viele Reitplätze und Ställe im Gemeindegebiet, die den Freizeitbedürfnissen der Menschen aus den umliegenden Städten entgegenkommen.

Größere Siedlungsmaßnahmen gibt es in dem zu Ratingen gekommenen Teil der Gemeinde Hasselbeck-Schwarzbach nicht. Der Ortsteil Knittkuhl, der zu einer modernen Wohnsiedlung mit über 2.000 Menschen ausgebaut wurde, kam zu Düsseldorf. Die Landschaft der Gemeinde Hasselbeck-Schwarzbach hat sich ihren ursprünglichen ländlichen Charakter weitgehend bewahrt.

160 Wanderfreunde zieht es immer wieder in das idyllische Schwarzbachtal

Das Amt Angerland

Lintorf

Lintorpa, Dorf am Abhang, so hatte man den Namen Lintorf zu deuten versucht. Läßt man die Deutung gelten, weist der Name auf die Mittelterrassenlage hin (Lintorfer Sandterrasse), auf die Lage zwischen dem Rhein und dem Höhenzug des Bergischen Landes. So haben geologische Verhältnisse, Oberflächenform, Böden, klimatische und hydrologische Verhältnisse Lintorfs Entstehung, Entwicklung und Wandlung bedingt und weitgehend beeinflußt. Später, in historischer Zeit, im 12. und 13. Jahrhundert, begannen Kräfte anderer Art für Lintorf bedeutsam zu werden: die Nachbarschaft der Abtei Werden, des Stiftes Kaiserwerth, der Stadt Ratingen, wobei nie vergessen werden darf, daß auch die Honschaft oder das Dorf Lintorf in steigendem Maß politisch und wirtschaftlich dem Feudalsystem angehörte, wie es sich im bergischen Herzogtum entwickelt hatte.

Wenn man die eigentliche Geschichte Lintorfs mit der ersten uns bekannten urkundlichen Erwähnung im 11. Jahrhundert beginnen läßt, kann man ohne Übertreibung sagen, daß Lintorf fast neunhundert Jahre lang ein Dorf armer Kötter geblieben ist, ausgestattet mit allen Attributen kleinbäuerlicher Idylle und Misere. Die vereinzelten dramatischen Versuche im 18. und 19. Jahrhundert, das Bauerndorf zu industrialisieren, schlugen fehl. Erst nach dem 1. Weltkrieg, besonders jedoch nach dem 2. Weltkrieg, verlor Lintorf mehr und mehr das dörflich Eigenartige der alten Streusiedlung im Walde, und die strukturelle Veränderung, die Lintorf in den letzten 50 Jahren erlebte, veränderte nicht zuletzt die wirtschaftlichen Voraussetzungen, unter denen die meisten Dorfbewohner bis dahin ihren Existenzkampf zu bestehen hatten. Die nicht zu übersehende Cäsur in Lintorfs Geschichte schufen zweifellos die großen verkehrswichtigen Zubringerstraßen B 1 und B 288. Sie trennten Lintorf mehr von seinem Wald, als es Flüsse vermocht hätten. Wiesengrund, Getreide-, Klee- und Kartoffelfelder verschwanden, und die wenigen noch erhaltenen Bauten bäuerlicher Art und Kultur bestimmen heute nicht mehr den Anblick und die Atmosphäre des neuen Ratinger Stadtteiles. In einem überraschenden Tempo begann schließlich nach 1950 Lintorfs endgültige Verwandlung in eine weiträumig aufgeteilte moderne mittelstädtische Wohn- und Industriegemeinde.

Wir wissen nicht, wann Lintorf zuerst besiedelt wurde. Die Rodungen, die noch bis ins 17. Jahrhundert fortgesetzt wurden, begannen wohl schon zur Zeit Pippins und Karls des Großen. Vieles deutet darauf hin, daß die ersten ansehnlichen Siedlungen der Honschaft in unmittelbarer Nähe des Dickelsbaches lagen.

Die uns bekannten ältesten Dokumente sprechen oft nur von einer Lintorfer Gemark, die identisch war mit einem weit ausgedehnten Waldgebiet. Dieses Waldgebiet sollte ursprünglich einmal ein sogenannter Genossenwald (Markgenossenschaft) sein, dessen Nutzung den benachbarten freien Eigentümern zustand. Wie dem auch gewesen sein mag; genauere und zuverlässige und für die Lintorfer Waldmark aufschlußreiche Nachrichten erfahren wir aus einer Urkunde des Jahres 1193. Sie besagt u. a., daß Kaiser Heinrich VI. (1190–1197) dem Kaiserswerther Stift die Gefälle, Gerechtsame und Rechtsprechung des Waldgebietes überträgt. Eigentlich handelte es sich bei dieser Übertragung um eine Bestätigung uralter Kaiserswerther Rechte; denn, wie die Urkunde uns verrät, hatte bereits der fränkische König Pippin (751–668) Kaiserswerth diese Rechte zugesichert. Zwölf Waldgebiete, nach Ortschaften benannt, zählt die Urkunde auf. Der Lintorfer Wald, die Lintorfer Gemark, wird zuerst genannt. Tatsächlich war er der größte und wohl auch bedeutendste. Nach späteren Angaben war der Lintorfer Wald 4744 Morgen groß, ohne den landesherrlichen Hinkesforst (282 Morgen). Die Ratinger Gemark, die nördlich der Stadt jenseits der Anger lag, war nur 775 Morgen groß.

Nach diesem für unsere Heimatgeschichte so wichtigen Dokument aus dem Jahr 1193 besaß Kaiserswerth also Gerechtsame und Rechtsprechung auch in der Lintorfer Gemark. Doch über die Ausübung dieser Rechte durch Kaiserswerth erfahren wir nichts. Schon sehr früh haben die Grafen von Berg, seit 1380 Herzöge von Berg, mächtig geworden durch die Entwicklung ihres Territoriums, die Ansprüche des Stiftes Kaiserswerth ignoriert oder nicht anerkannt. 1597 verzichtete Kaiserswerth, freiwillig oder gezwungen, zugunsten des Herzogs Johann Wilhelm (1591–1609) auf seine Rechte in der Lintorfer Mark und, wie aus einem Ergänzungsbericht des Jahres 1605 hervorgeht, auf das Lintorfer Hofgeding, dessen Sitz der Beekerhof (Schelengut) am Dickelsbach war.

Bereits 1147 war Graf Adolf von Berg Vogt der Abtei Werden geworden, die bis zum Jahr 1803 lehnsherrliche Rechte auf Gut Termühlen und einen Kalkofen nebst anderen Privilegien in Lintorf besaß. In einer abteilichen Urkunde wird übrigens der Name Lintorf zum erstenmal erwähnt (zwischen 1031 und 1050).

161 Nur noch wenige der alten Lintorfer Fachwerkhäuser und Kotten sind erhalten

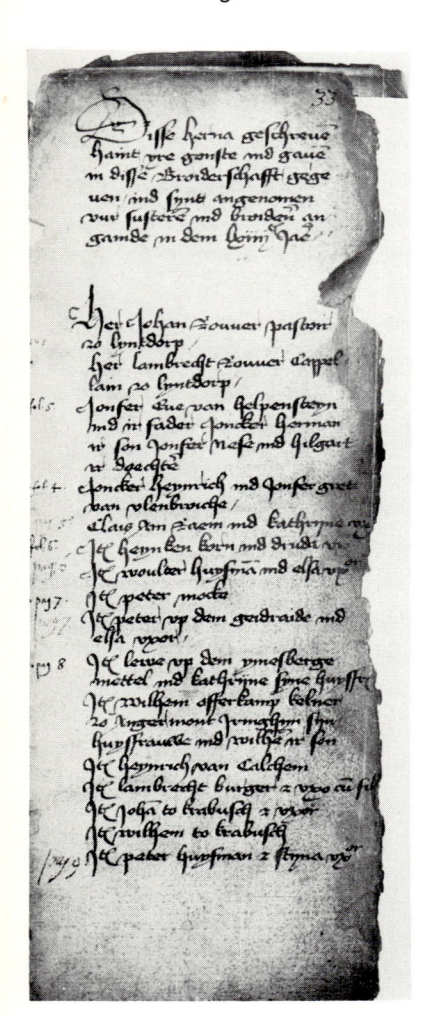

162 Eine Seite aus dem Bruderschaftsbuch der Lintorfer St. Sebastianer. Sie bezieht sich auf das Gründungsjahr der Bruderschaft:

Disse herna geschreven
haint yre gonzte ind gaven
ind disse Broiderschafft gege-
ven ind synt angenomen
vur susteren in broideren an-
gainde in dem L X IIII Jahre.

Die nachfolgend Aufgeschriebenen
haben ihre Gunst und Gaben
in die Bruderschaft gege-
ben und sind aufgenommen
als Schwestern und Brüder seit
dem Jahre 1464.

Nach dieser Eintragung werden die
ersten Mitglieder aufgezählt:

Her Johan Rover pastoir
zo Lyntdorp
Her Lambrecht Rovver Cappel-
lain zo Lyntdorp
Jonfer Eve van Helpensteyn
ind ir fader Joncker Herman
u.s.w.

Der Edelherr Franko und seine Gemahlin Werinhild schenken ihre Besitzungen in der Laupendahler und Lintorfer Gemarkung – ausser einer Hufe in Lintorf – dem Kloster des hl. Ludger in Werden

163 Eine Urkunde aus dem Jahre 1052

Dieses für die Geschichte Lintorfs so bemerkenswerte Dokument aus dem Jahr 1052, dem Baubeginn des Hildesheimer Domes, der Zeit des Sachsenkaisers Heinrich III. und des Normannenherzogs Robert Guiscard, gehört zu den ältesten Schriftstücken, in denen der Name Lintorf erwähnt wird: in lindthorpero marko, in linthorpe.

Die Schenkungsurkunde stammt aus der Zeit des Abtes Gero. Bernhard Roskamp nennt ihn in seinem Äbtekatalog einen vir zelosus in promovendo cultu divino – einen Mann, der eifrig um die Ausbreitung des Gottesdienstes bemüht war. Gero vollendete den Bau der Werdener Luziuskirche, die in seinem Todesjahr 1063 eingeweiht wurde.

Nicht viel später, gegen Ende des 11. Jahrhunderts, soll auch der Turm der alten romanischen Kirche erbaut worden sein.

Im 13. Jahrhundert ging der Wildbann in dem alten Reichsforst zwischen Rhein, Ruhr und Düssel, zu dem auch die 12 in der Urkunde des Jahres 1193 erwähnten Gemarkenwälder gehörten, an die Grafen von Berg über. Mit diesem Wildbann war u. a. das Recht auf den Rottzehnten verbunden. Von jedem gerodeten Land mußte nämlich der Rottzehnte entrichtet werden. In dem Maß freilich wie die landesherrliche Macht erstarkte und der Wald an wirtschaftlicher Bedeutung gewann, wurden die Rodungen eingeschränkt und auch die Nutzungsrechte der Anrainer, der ehemaligen Markgenossen, beschnitten und schließlich aufgehoben.

1363 wird die Grafschaft Berg in acht Ämter eingeteilt. Eins dieser Ämter war Angermund, dessen Schloß, die Kellnerei, bereits 1247 in den Besitz der Gräfin Irmagard von Berg gelangt war.

Die Einkünfte des Amtes, über die der Kellner Rechnung zu führen hatte, bestanden zuerst in Natural-, später auch in Geldabgaben. Ein Amtmann, der fast stets adeliger Herkunft war, verwaltete im Namen des Landesherrn das Amt. Als dritter wichtiger Beamter der Kellnerei fungierte der Richter.

Lintorf gehörte zum Amt Angermund, und die Beamten der Kellnerei sorgten dafür, daß die Rechtsordnung des bergischen Lehnstaates auch von den Lintorfer Bauern respektiert wurde.

Noch bis zum Beginn des 19. Jahrhunderts bestimmte das System des grundherrlichen Feudalismus die soziale Struktur der bäuerlichen Gesellschaft. Wie sehr die traditionelle Form mittelalterlicher Fronverfassung wirksam geblieben war, bewiesen die sogenannten Waldordnungen, die den privaten Besitzanspruch und die wirtschaftliche Nutznießung des ehemals genossenschaftlichen Waldes durch den Landesherrn sichern und legalisieren sollten. Doch geben uns die Waldordnungen nicht nur Auskunft über grundherrschaftliche Rechtsverhältnisse. Wir erfahren durch sie auch manche wissenswerte Einzelheit über die forstwirtschaftlichen und siedlungsgeschichtlichen Zustände unserer Heimat im 16., 17. und 18. Jahrhundert.

Als Beispiel sei die Waldordnung aus dem Jahr 1558, dem Todesjahr des Kaisers Karl V., genannt.

Diese Waldordnung wurde in Lintorf von den Vertretern des Landesherrn, der Ritterschaft und den Erben, eingehend beraten und „nach allerhand Bedenken" aufgestellt.

Insgesamt enthielt sie 60 Paragraphen. Herzog Wilhelm der Reiche (1539–1592) bestätigte sie im Jahre 1561.

Die Tatsache, daß die Waldordnung in Lintorf beraten und aufgestellt wurde, mag Beweis dafür sein, welche Bedeutung man gerade der ausgedehnten Lintorfer Gemark beimaß.

Die Waldordnung von 1558 läßt erkennen, wie weit bereits die Rechte der Lintorfer Kötter eingeengt und der Wald Privatbesitz des Landesherrn geworden war. Gerade die Lintorfer Waldgemark hatte seit altersher große Bedeutung durch den Eintrieb der Mastschweine, an dem der Landesherr durch seine Siele immer mehr bevorzugt beteiligt war. In steigendem Maß brachte aber auch die Holzwirtschaft lohnenden Gewinn. Hinzu kam, was besonders die Lintorfer Waldgemark anbetraf, daß die Wälder als Staatsdomäne für das herzogliche Gestüt und das feudale Vergnügen der Wildpferdjagden dienten. Kein Wunder, daß jede neue Waldordnung, durch die alte Gerechtsame beschnitten oder hinfällig gemacht wurden, Kötter und Beerbte veranlaßte, sich beim Herzog zu beschweren. So waren sie besonders darüber empört, daß eine Waldordnung, die Ende des 18. Jahrhunderts erlassen worden war, ihnen das Recht absprach, weiterhin dem Holzgeding beizuwohnen. Nach Erlaß der Waldordnung von 1558 erhoben Dechant und Kapitel von Kaiserswerth nachdrücklich noch einmal Einspruch, daß die Waldordnung ihnen altherkömmliche Privilegien nehme. Die Kaiserswerther beriefen sich noch einmal auf die Schenkungsurkunde aus dem Jahr 1193.

Wir können uns heute nur schwerlich eine Vorstellung machen von der sozialen Lage der Lintorfer Kleinbauern und Kötter des 16., 17. und 18. Jahrhunderts. Der Paragraph 51 der Waldordnung von 1558 gibt uns eine Bestätigung von der Armut der Kötter: „Da die Kötter und andere arme Leute beim Grasschneiden die jungen Heister verderben, so soll dieses Grasschneiden bis auf weiteres verboten sein." Kötter und andere arme Leute! Die Unbefangenheit, die dieses Verbot verrät, ist beachtenswert. Doch ohne den Wald wäre es den Köttern, deren Armut Wilhelm der Reiche bescheinigen konnte, noch schlechter ergangen. Der Wald gab ihnen Farnkraut für die nötige Viehstreu, wenn sie darum ersuchten, auch Bauholz für ihre Häuser, Ställe und Zäune und, wenn sie Glück hatten, Masteicheln für ihre Schweine und nicht zuletzt Stock und Sprock (dürres Holz) für Brennholz. Die Klagelitanei eines Dichters verrät uns, wie sehr der Winter verhaßt und gefürchtet war, auch von den Lintorfer Köttern:

> Uns hat der winter kalt
> Vil getân zu leide . . .
> Uns hat der winter geschadet über al . . .

Noch vor dem 1. Weltkrieg pflegten die Lintorfer, Abfallholz aus dem Wald zu holen, um besser durch den Winter zu kommen. Die akkurat aufgestapelten Holzschanzen vor dem Haus und im Hof waren ein gewohnter Anblick. Daß damals, im 17. und 18. Jahrhundert, Holzdiebstahl und Wilddieberei sehr häufig vorkamen, geht aus den Strafregistern der Holzgrafen hervor. Aber selbst hohe Strafen, besonders auf Wilddieberei, schreckten manche Lintorfer nicht ab, auf ihre Art zu jagen und sich mit dem nötigen Brandholz zu versorgen. Es gab schließlich nicht Föster genug, Wilddieberei und Holzdiebstahl gänzlich zu unterbinden. Die häufigen und langwährenden Kriegszeiten begünstigten dazu derartige Vergehen. Vergessen wir nicht, daß die Lintorfer oft mit Sack und Pack in ihren Wäldern verschwanden, um den Requisitionen durchziehender Truppen und den Gewalttätigkeiten beutegieriger Marodeure zu entgehen. Einmal, während des Dreißigjährigen Krieges, geschah es, daß Lintorf wie ausgestorben dalag. „Durch das unaufhörliche Executiren", schreibt der Chronist, „haben die Lintorfer das Dorf verlassen müssen."

Noch vor 200 Jahren waren die meisten Lintorfer „des Lesens und Schreibens unkundig". Sie haben uns keine Briefe, keine biographischen Aufzeichnungen hinterlassen, die uns von ihrem Kampf um das tägliche Brot berichten noch darüber, ob sie die Welt für ein Jammertal oder für die beste aller Welten hielten. Manche Hinweise jedoch erfahren wir aus den Armenbüchern und Rechnungen der Pfarrkirche St. Anna.

Erträglicher als den meisten Köttern gings wohl den Besitzern und Pächtern der kurmedigen Höfe. Das waren Zinsgüter, die u. a. jährlich einen Reichstaler an die Kellnerei in Angermund entrichten und beim Tod des Besitzers oder des Pächters das Besthaupt (ein Pferd oder eine Kuh) das sogenannte Quick, abliefern mußten. Die Hofscheffen suchten für die Kellnerei das Besthaupt aus. Später zahlte man für das Quick eine entsprechende Geldsumme. Zehn kurmedige Güter gehörten zum Lintorfer Hofgeding: Hof Hinüber, der Wedenhof, Kornsgut, das Gut zur Portzen, der Ritterskamp, der Rüping, Marzellin, der Beekershof und das Hemscheidt. Termühlen war kurmediges Gut der Werdener Abtei, der alte Wedenhof (Pfarrhof) ursprünglich zinsbar dem Damenstift Gerresheim. Zu Anfang des 16. Jahrhunderts gab es in Lintorf noch drei freiadelige Güter: Schelengut, der Ulenbroich und Gut Helfenstein, von dem wahrscheinlich der berühmteste Lintorfer des Mittelalters herkam: der Kleriker Heinrich von Lintorf (Henricus de Lyntorp), Stadtschreiber in Köln, Notar von kaiserlicher Autorität und geschworener Notar der Kurie und Verfasser der mittelhochdeutschen Reimchronik „Die Weberschlacht" (Ende des 14. Jahrhunderts), die in lebendiger Schilderung vom Kampf der Geschlechter gegen die Zünfte um die Stadtherrschaft berichtet.

Bereits zu Beginn des 13. Jahrhunderts wird in einer Urkunde des Stiftes Gerresheim ein Lintorfer Kleriker erwähnt: Heribert von Lintorf. Zu dieser Zeit besaß Lintorf bereits eine im 12. Jahrhundert erbaute romanische Kirche, die bedauerlicherweise 1876 niedergerissen wurde. Aber selbständige Pfarre wurde Lintorf erst viel später, in der zweiten Hälfte des 15. Jahrhunderts. Wie wir sehen, waren die Lintorfer Pfarrer nicht nur als Bewohner des kurmedigen Wedenhofes wirtschaftlich abhängig vom Landesherrn. Die Befugnisse des Herzogs erstreckten sich auch auf rein kirchliche Angelegenheiten. Besonders zeigte sich der landesherrliche Einfluß bei der Vergebung der Pfarrstellen. Der Herzog besaß in Lintorf das sogenannte Patronatsrecht. Dieses Recht läßt sich schon bald nach der Konsolidierung der herzoglichen Territorialherrschaft nachweisen. Trotz des Einspruchs der Kurie konnten die Herzöge ihren Einfluß auf den Klerus weiter verstärken. Schließlich ging in unserer bergischen Heimat die Bestallung eines neuen Pfarrers so vor sich, daß der Geistliche das Examen vor einer herzoglichen Prüfungskommission ablegen mußte. Er empfing dann von der herzoglichen Kanzlei zwei Anweisungen: eine war die Präsentation an die kirchliche Behörde zur Vornahme der Investitutr, die andere war der Befehl an den Amtmann, dem Pfarrer als Inhaber des Wedenhofs Güter und Einkünfte zu geben. Dieser wenig erfreuliche Einfluß der Landesherren auf die Vergebung der Pfarrstellen dauerte bis zur Auflösung des bergischen Herzogtums zu Beginn des 19. Jahrhunderts.

Vergleicht man die wirtschaftliche Lage der Lintorfer Pfarrer im 17. und 18. Jahrhundert mit derjenigen der Kötter und Kleinbauern, so war sie sicherlich nicht so bedrückend, doch keineswegs beneidenswert, wie aus zahlreichen uns bekannten Dokumenten hervorgeht.

Nach einem Verzeichnis aus dem Jahr 1761 hatte Lintorf zu dieser Zeit ungefähr 320 katholische Einwohner. Über die Zahl der evangelischen Bürger besitzen wir keine Angaben, sie wird aber erheblich kleiner gewesen sein.

In dem erwähnten Verzeichnis des Jahres 1761 werden von dem damaligen Pfarrer Andreas Esch 71 Häuser mit ihren Namen (Flurnamen) aufgezählt. Die Häuser, deren Namen übrigens mit den bis heute noch gebräuchlichen Flurnamen übereinstimmen, lagen verstreut in einem Raum, der nicht kleiner war als der des heutigen Lintorf. Im Verzeichnis des Pfarrers finden wir auch den Namen „Am Rieps". Das Haus lag an der Viehstraße, der heutigen Speestraße. Hier wohnte einmal die Familie Melcher, aus der der berühmte Porzellanplastiker Johann Peter Melchior stammte. Melchior wurde im Jahre 1747 geboren. Ein Jahr vorher hatte der Düsseldorfer Bankier und Industrielle Heinrich Kirschbaum in Lintorf ein Bleibergwerk erworben. 1753, ein denkwürdiges Jahr in der Geschichte der rheinischen Industrie und Technik, arbeitete in dem Lintorfer Bleibergwerk die erste einigermaßen brauchbare Dampfmaschine. Sie war von dem belgischen Ingenieur Jean Wasseige kontruiert worden, den Kirschbaum für sein Bergwerk verpflichtet hatte.

Versuche, in Lintorf Blei zu gewinnen, gehen bis ins 16. Jahrhundert zurück. Sie geschahen zuerst in primitiver Weise am „Bleiberg", den Pfarrer Esch auch in seinem Verzeichnis erwähnt. Nach Kirschbaums groß und kühn angelegtem Versuch hören wir Ende des 18. Jahrhunderts von einem Blei- und Vitriolbergwerk „Gute Hoffnung".

164 Eine Zeichnung der alten romanischen Kirche in Lintorf, die 1876 abgerissen worden ist

Weit älter als die Geschichte der Lintorfer Bleibergwerke ist die Geschichte der Lintorfer Kalköfen, die, wie wir aus den Heberegistern der Fronhöfe und Kalköfen der Abtei Werden erfahren, bis ins 13. Jahrhundert zurückgeht.

Im Jahre 1808 beseitigten die Franzosen die alte feudalistische bergische Amtsverfassung. Nicht weniger bedeutsam waren zwei weitere Ereignisse, die wir im engen Zusammenhang mit dem Ende des bergischen Herzogtums sehen. 1814 wurde das Wildpferdegestüt aufgelöst, und 1820 erfolgte die Teilung der Lintorfer Mark, deren Geschichte, wie wir sahen, mit der Schenkung des französischen Königs Pippin im 8. Jahrhundert begonnen hatte.

1816 zählte Lintorf 872 Einwohner: 644 Katholiken, 211 Reformierte und 17 Lutheraner. 1824 führte eine amtliche Katasterkommission zum erstenmal eine genaue Vermessung der Lintorfer Grundstücke und Fluren durch. Nach einem Güterverzeichnis, das mit der Katasterkarte in Übereinstimmung gebracht worden war, zählte Lintorf im Jahre 1826 ungefähr 150 Haus- und Grundbesitzer. Davon besaßen 10 Eigentümer ungefähr 440 Morgen Wiesen- und Ackerland bzw. Wald, die übrigen 140 insgesamt ungefähr 1000 Morgen.

Damals, als zum erstenmal Beamte des Katasteramtes in Lintorf auftauchten, hatte der Wald, der unser Dorf eng und dicht umgab wie ein grüner Wams, seine wirtschaftliche Bedeutung noch nicht verloren. Von 19 Lintorfer Bürgern, die ein Adressbuch des Jahres 1814 aufzählt, waren allein sechs Holzhändler und zwei Förster.

1840 hatte Lintorfs Bevölkerung die Zahl 1000 bereits überschritten, aber es war immer noch ein Dorf der Kleinbauern und Waldarbeiter, der Vieh- und Holzhändler, Winkeliere und Wirte. Man ging nach Ratingen zum Arzt und zum Apotheker zu Fuß oder sogar nach Düsseldorf oder Duisburg. Noch ließ die Eisenbahn auf sich warten. Das Lintorfer Blei jedoch war nicht in Vergessenheit geraten. Es lockte weiterhin nicht nur Lintorfer Schatzgräber an. 1841 gründen zwei Belgier unter dem Namen „Société civile des Mines de Lintorf, province de Düsseldorf" eine Firma, um trotz der tückischen Waser zu versuchen, kostbares Blei zutage zu fördern. Wir hören von einem Schacht „Auguste Catharine", auf dem 1841 eine Lokomotive von vier, später von 12 Pferdekräften zur „Wasserbewältigung" arbeitet. 1860 sind zwei holländische Aktiengesellschaften Eigentümer des Lintorfer Bleibergwerkes. Sie schließen sich 1874 zu der Gesellschaft „Anglo-Dutch Mining Company" zusammen mit dem Sitz in Amsterdam. Der Zusammenschluß der beiden Gesellschaften geschah nicht von ungefähr 1874; denn in diesem Jahr baute die Rheinische Eisenbahngesellschaft die Strecke Düsseldorf–Mülheim. Lintorf erhielt eine Eisenbahnstation, und seit diesem Jahr, darf man sagen, stellten nicht nur holländische Kaufleute und Industrielle Überlegungen an, wie vorteilhaft auf ihre Unternehmungen sich die außerordentlich günstige Lage Lintorfs zwischen den Großstädten Düsseldorf, Mülheim, Duisburg und Essen auswirken könnte.

Bis zum Jahrhundertende siedelten sich in Lintorf eine Reihe kleinerer und mittlerer Industriebetriebe an: das Lintorfer Walzwerk (1889), die Tonwerke Christinenburg und Adler (1898), das Kleineisenwerk

165 Eine Seite aus dem Armenbuch der Pfarre St. Anna

Meisinghaus um 1900. Das weitaus bedeutendste Unternehmen aber waren die Lintorfer Erzbergwerke, der letzte grandiose Versuch, in Lintorf Blei zu gewinnen.

Nach Gutachten international bekannter Experten über den Erzreichtum der Lintorfer Gruben und die Möglichkeit einer rationellen Lösung der Wasserfrage interessierten sich neben holländischen Unternehmern auch namhafte deutsche Industrielle für das Lintorfer Blei. Doch auch sie sollten scheitern wie Heinrich Kirschbaum 150 Jahre vor ihnen. Das Wasser triumphierte über die Technik und alle menschlichen Anstrengungen. 1903 stellten die Lintorfer Erzbergwerke endgültig ihren Betrieb ein.

Damit hatte die Geschichte des dreihundertjährigen, oft so dramatisch verlaufenen Lintorfer Bleibergbaues ihr Ende gefunden.

Nach dem Anschluß Lintorfs an die Eisenbahnstrecke Düsseldorf – Mülheim erhielt Lintorf zwei Jahre später seine erste Postagentur. Wiederum zwei Jahre später konnte die katholische Gemeinde die Einweihung ihrer neuen Pfarrkirche feiern.

Das 20. Jahrhundert begann für Lintorf nicht gerade verheißungsvoll. Die Erzbergwerke, die vielen Lintorfern Arbeit und Brot gegeben hatten, existierten nicht mehr. Am 15. Dezember 1905 zählte Lintorf

166 Johann Peter Melchior, ein Selbstbildnis des berühmten Lintorfer Künstlers

2275 Einwohner, blieb aber ein Dorf, dessen Charakter noch wesentlich von der kleinbäuerlichen Landwirtschaft bestimmt wurde. Noch vor Ausbruch des 1. Weltkrieges siedelten sich jedoch in Lintorf wieder einige Fabrikbetriebe an: 1906 das Holzsägewerk Kaiser, 1909 die Eisengießerei Karl Knapp und die „Tacksmaschinenfabrik" Gärtner und Wehrmann, die noch vor Kriegsbeginn von der Firma Körting übernommen wurde. Auch diese Firma stellte zuerst „Tacksmaschinen" her (engl. tack = Stift, Nagel), dann Kräne. Während des Krieges wurden in der Fabrik auch Granaten gedreht. Mit dem Fürstenberger Walzwerk Bredt und Co (gegründet 1890) gehörte Körting zu den wichtigsten Industriebetrieben unseres Dorfes. Körting beschäftigte damals ungefähr 80 Arbeiter und Angestellte.

Die Hungerjahre des Krieges zwangen die Lintorfer noch einmal wie in früheren Jahrhunderten, Schweine zur Mast in den Wald zu treiben. Als letzten Schweinehirten in ihrer Geschichte verpflichteten sie Peter Füsgen vom Soesfeld, der am 21. Mai 1915 seine Tätigkeit mit dem Eintrieb von 150 Schweinen in den Hinkesforst beginnen konnte.

Im April desselben Jahres war Lintorf Garnison geworden. Infanteristen des Regimentes Nr. 135 bezogen ihr Quartier in Lintorfs Sälen.

Im vierten Jahr des Krieges, 1917, konnte das Kloster der „Armen Dienstmägde Christi" eingeweiht werden. Fast 50 Jahre haben die Schwestern ihre Arbeit im Dienst der Kranken ausgeübt. Das Schwesternheim war in dem ehemals kurmedigen Gut „Ritterskamp" untergebracht und lag an dem schmalen und sandigen Weg, der früher Schulweg hieß. Seit 1917 heißt er Klosterweg und ist inzwischen zu einer breiten und ansehnlichen, städtisch gepflegten Straße geworden, die Alt-Lintorf, das Dorf der meist einstöckigen Fachwerkkothen, vergessen läßt. Hier, am Klosterweg, heute Krummenweger Straße, präsentiert sich nun die gefällige, schlicht elegante Architektur des ehemaligen Rathauses, der neuen Amtssparkasse, des katholischen Pfarrzentrums und des evangelischen Gemeindehauses.

Das Dorf hatte im Krieg 1870/71 keine Toten zu beklagen. Aus dem 1. Weltkrieg kehrten 80 Lintorfer nicht mehr in ihre Heimat zurück, und auch die Nachwirkungen des verlorenen Krieges verschonten Lintorf nicht: die Unruhen des rheinischen Spartakusaufstandes, die Inflation, der Einmarsch der Franzosen ins Ruhrgebiet. 1924, sechs Jahre nach Beendigung des Krieges, zählte Lintorf 2847 Einwohner. Zwei Jahre später erwarb die Gemeinde den Hof Hinüber am Dickelsbach mit einem geschlossenen Areal von über 50 Morgen und rund 100 Morgen „Streuland". Damit begann die systematische und heute noch nicht abgeschlossene Besiedlungspolitik der Gemeinde. Auch der Prozeß der allmählichen Industrialisierung,

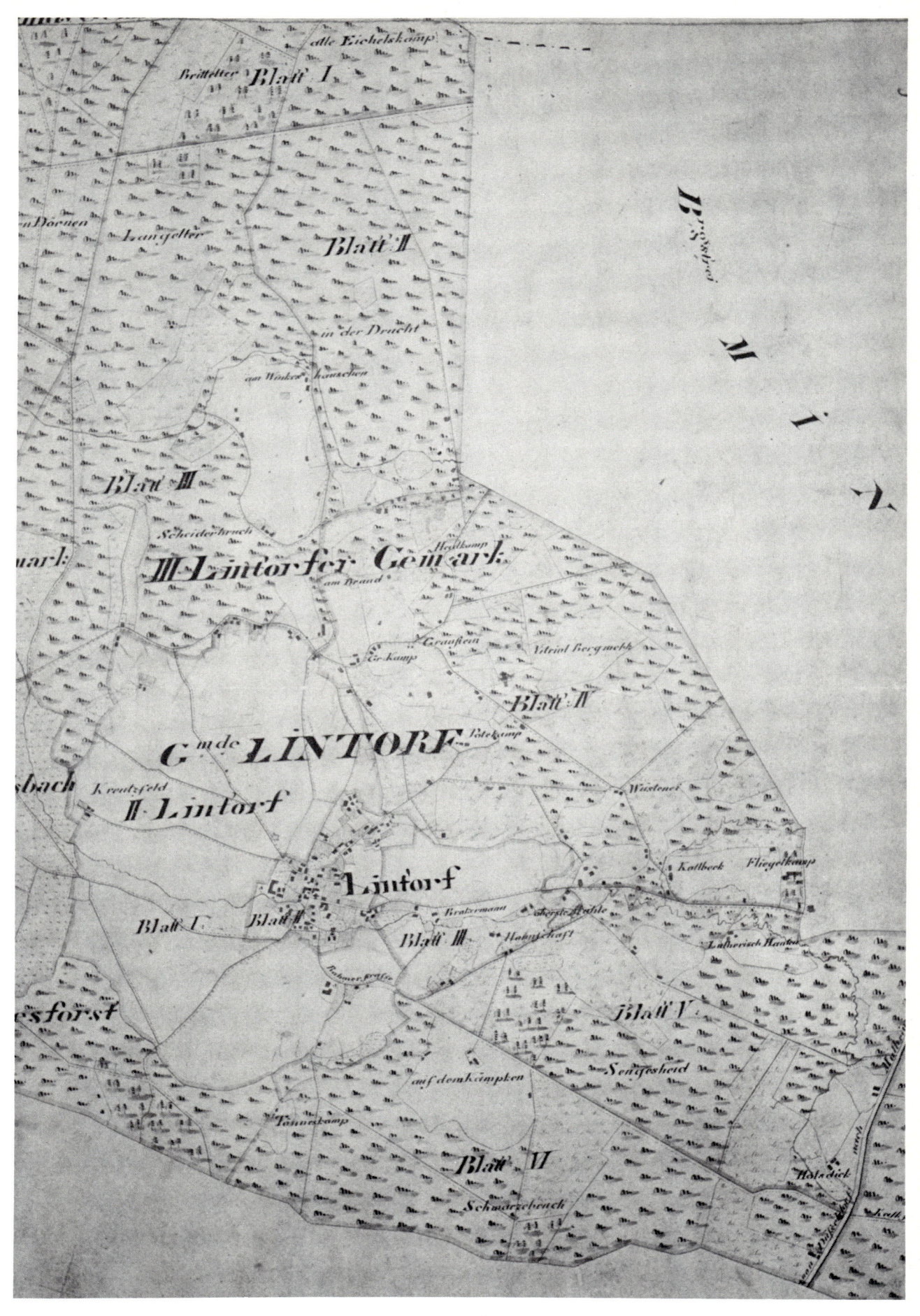

167 Lintorf im Jahre 1838

168 Das ehemalige Rathaus der Amtsverwaltung Angerland, heute Verwaltungsnebenstelle der Stadt Ratingen

unterbrochen durch den Krieg und die Turbulenz der Nachkriegszeit, nahm ihren Fortgang. So verlegte Karl Blumberg bereits 1925 als einer der ersten auswärtigen Unternehmer seinen Betrieb von Düsseldorf nach Lintorf. Aber Lintorfs Ansehen war trotz der Heilstätten Asyl, Bethesda und Siloah, denen, und damit Lintorf selbst, noch vor dem 1. Weltkrieg eine überlokale Bedeutung zukam, kaum über die Grenzen des Landkreises vorgedrungen. 1932 hatte der Große Brockhaus Lintorf gerade noch erwähnt. Außer dem Namen war nur die Einwohnerzahl vom Jahr 1925 genannt und auf die Eisenbahnstrecke Soest – Dortmund – Mülheim – Düsseldorf hingewiesen. Das war alles. Lintorfs Zukunft hatte 1932 nach dem Großen Brockhaus noch nicht begonnen.

Aber wie das Jahr 1874, als Lintorf Eisenbahnstation wurde, für die Entwicklung der Gemeinde von nicht zu übersehender Bedeutung sein sollte, so 1936/37 der Bau der ja bereits zur Zeit der Weimarer Republik geplanten Bundesautobahn und erst recht der Bau des Nördlichen Zubringers, der heutigen Autobahn Essen – Düsseldorf, in den Jahren von 1936 bis 1938.

Freilich, die Autobahn zerstörte die landschaftliche Einheit der ehemals bäuerlichen Siedlung beträchtlich. Nun trennten Beton und der Strom jagender und lärmender Autos Lintorf von einem großen Teil seiner Wälder, mit denen das Dorf seit seiner Entstehung verwachsen war. Ganz offensichtlich haben diese verkehrswichtigen Straßen Lintorfs Entwicklung zum bevorzugten Industrieort erheblich beschleunigt und entscheidend beeinflußt. War bis dahin die verkehrsgeographische Lage Lintorfs zwischen den Großstädten Düsseldorf, Duisburg, Mülheim und Essen bereits günstig, so mußte sie durch den Bau der B 288 (des sogenannten Krefelder Zubringers) im Jahr 1958 und schließlich durch die

169 Das Schulzentrum in Ratingen-Lintorf

Vollendung des Autobahnkreuzes Breitscheid 1967 und die grandiose Ruhrtalbrücke bei Mintard 1968 geradezu ideal genannt werden.

Während des 2. Weltkrieges erlebten die Lintorfer, wenn in der Nacht der Himmel über ihren Wäldern sich blutrot zu färben begann, die feurigen Polypenarme der Scheinwerfer die Flugzeuge zu fassen suchten und der Höllenlärm krepierender Flakgeschosse die Luft erzittern ließ, die Zerstörung der benachbarten Großstädte.

Das Schicksal von Ratingen blieb Lintorf erspart. Weit über 600 Bombenabwürfe zählte man während des Krieges. Sie hätten genügt, eine Kleinstadt völlig zu vernichten. Doch der angerichtete Schaden war gering dank der Weiträumigkeit des Ortes und der noch stark aufgelockerten Besiedlung. Auch als am Ende des Krieges, im März und April 1945, Lintorf in die Kampffront einbezogen und wochenlang von amerikanischen Geschützen jenseits des Rheines beschossen wurde, blieb das alte, seit Jahrhunderten geprägte Aussehen unseres Dorfes erhalten. Nur wenige Häuser wurden zerstört oder beschädigt, so daß Lintorf die Probleme eines Wiederaufbaues erspart blieben.

Lintorf, das 1939, zu Beginn des Krieges, über 3600 Einwohner zählte, besaß 1946, ein Jahr nach dem Krieg, über 4600 Einwohner, eine Zahl, die durch den Flüchtlingsstrom aus dem Osten und auch durch die „Ausgebombten" der Nachbarstädte zu erklären ist.

Man hat gesagt, daß Lintorf sich in den letzten 30 Jahren mehr verändert habe als in den vergangenen 300 Jahren seiner Geschichte. Tatsächlich, der tiefgreifende Prozeß, der das Dorf in eine moderne Wohn- und

170 Hallen- und Freibad in Ratingen-Lintorf ziehen jährlich Tausende von Besuchern auch aus den umliegenden Städten an

Industriesiedlung von über 10000 Einwohnern verwandeln sollte, vollzog sich in steigendem Maß nach 1950.

In diesem Jahr übrigens wurde der Verwaltungssitz des 1929 durch die große kommunalpolitische Umgestaltung geschaffenen Amtes Ratingen-Land (Angerland) nach Lintorf verlegt, als der zentral gelegenen, aber auch wirtschaftlich bedeutendsten Gemeinde des Amtes.

1950, die genaue Hälfte des 20. Jahrhunderts war zurückgelegt, besaß Lintorf 6263 Einwohner. Seit 1900 hatte sich die Einwohnerzahl verdreifacht. Die wirtschaftliche und industrielle Entwicklung der Dickelsbach-Gemeinde mag eine andere Vergleichszahl noch mehr veranschaulichen: 1958 waren in der Lintorfer Industrie rund 3000 Arbeiter und Angestellte tätig, das waren mehr Beschäftigte als Lintorf 1931 Einwohner besaß (2899). 1965 war die Zahl der Beschäftigten bereits auf rund 4000 angestiegen, wobei als eines der wichtigsten Daten in der Geschichte der Lintorfer Industrie und damit in der Geschichte unseres Ortes die Verlegung der Firma Hünnebeck GmbH von Düsseldorf nach Lintorf im Jahre 1954 nicht vergessen werden darf.

Am 31. Dezember 1974, dem letzten Tag der Selbständigkeit, besaß Lintorf 13958 Einwohner. Das ehemalige Queckendorf, das Optimisten bereits zur Stadt erhoben hatten, besaß zu dieser Zeit ein modernes Hallen- und Freibad, einen Sportplatz, mehrere Turnhallen, neun Tennisplätze, einen der schönsten Waldfriedhöfe des Kreises, ein Krankenhaus, drei Grundschulen, eine Hauptschule, eine Realschule, ein Gymnasium. Betrug der Gemeindeetat 1950 ungefähr 538 000 DM, so im letzten Jahr der noch selbständigen Gemeinde 14.000.000 DM. Geplant sind der Umbau des ehemaligen Rathauses zu einer städtischen Altentagesstätte, Nebenstellen der Stadtbücherei und des Gesundheitsamtes des Kreises sowie einer Nebenstelle der Stadtverwaltung. Weiter geplant ist der Bau eines Jugendheimes. Auch mehrere planglaiche Kreuzungen der Bundesbahn mit verschiedenen Straßen sollen beseitigt werden.

Die Gründe, die zu solcher Strukturverwandlung Lintorfs hindrängten, lagen nicht zuletzt in der günstigen verkehrsgeographischen Lage Lintorfs zwischen bedeutenden rheinischen Industriestädten. Berücksichtigt man, daß Lintorf sicherlich auch von dem wirtschaftlichen Aufstieg der Bundesrepublik nach dem 2. Weltkrieg profitierte, wird man schließlich nicht übersehen, daß der dynamische Prozeß, den wir in Lintorfs jüngster Geschichte beobachten, nicht ohne die weitsichtige Planung der Lintorfer selbst sich hätte vollziehen können.

Breitscheid

Die uns seit dem Beginn des 14. Jahrhunderts bekannten Dokumente besagen, daß Breitscheid mit der Honschaft und dem Kirchspiel Mintard verbunden war. Die Mintarder Kirche war 1302 vom Gerresheimer Stift inkorporiert worden. Daher gehörte auch der Hof Breitscheid zu den Zinsgütern des Stiftes Gerresheim. Vielleicht war dieser Hof ursprünglich ein freier Salhof, nach dem sich ein Edelgeschlecht benannte. 1304 schwört ein Otto von Breitscheid dem Grafen von Berg Urfehde. Auch im Lehnsregister des Abtes Adolph IV. von Werden finden wir einen Otto von Breitscheid (um 1400). Später wird dann noch ein Geyliken to Breydscheyde als Mintarder Gerichtsschöffe genannt. In den erwähnten Vertretern des Geschlechtes von Breitscheid dürfen wir wohl Nachkommen des ursprünglich auf dem freien Salhof wohnenden Geschlechts vermuten.

Der Name Breitscheid bedeutet vielleicht „breite Scheide" (Grenz- oder Wasserscheide), vielleicht auch Malstatt oder Gerichtsstätte. Wir finden Breitscheid 1400 als Breitscede, dann als Breydscheyde, 1555 als Breedscheide erwähnt. Wie der Name Breitscheid weisen auch andere, bis heute noch nicht eindeutig erklärbare Breitscheider Flur- und Hofnamen auf die Frühgeschichte der alten Streusiedlung hin: Hummelsbeek, Demelskammer, Freden, Esel, Maikammer, Teufelshorn, Am Stockt, Krummenweg, Södrath. Blaspill, Möltscheidt, Schmalt.

Seit Bestehen des Schlosses Landsberg war die volle Gerichtsbarkeit über das Mintarder Gericht auf diese Burg übergegangen und kam damit später samt dem Unteramt Landsberg an die Grafschaft Berg bzw. an das bergische Amt Angermund. Das Breitscheider Schloß Landsberg gehört mit der Angermunder Kellnerei, Haus Angerort, Heltorf, Kalkum, Hugenpoet, Linnep zu den bekanntesten Schlössern des alten bergischen Amtes Angermund. Ursprünglich einmal herzoglich bergisches Lehen, werden seine Besitzer oft als Amtmänner des gleichnamigen Amtes Landsberg erwähnt, aber auch des Amtes Angermund. 1291 nennt sich der Werdener Ritter Philipp auch Ritter von Landsberg. Noch deutlicher bekundet das ein Dokument drei Jahre später: Philippus miles de Werdena, castellanus in Landsberg venerabilis viri Domini comitis de Monte (Ritter Phlipp von Werden, Burghauptmann in Landsberg, seines ehrwürdigen Herrn, des Grafen von Berg). Der Heimatforscher Karl Heck vermutet, daß die Gründung der Breitscheider Burg im engen Zusammenhang steht mit der Verleihung der Stadtrechte an Ratingen durch Adolph V. von Berg im Jahr 1276. Landsberg diente als Grenzfestung gegen Essen und zur Verteidigung des wichtigen Ruhrüberganges bei Kettwig und der Straße nach Ratingen. Als Zeuge in der Ratinger Stadterhebungsurkunde finden wir auch den Ritter Werner von Werden.

1401 verpfändet Jungherzog Adolph das Schloß an Reynard von Landsberg. Das freiherrliche Geschlecht erlosch Anfang des 18. Jahrhunderts mit Arnold von Landsberg im Mannesstamm. Das Schloß kam in den Besitz der Freiherren von Beveren. 1825 verkaufte es die verwitwete Freifrau von Beveren an den Freiherrn Gerhard von Carnap, von dem es 1837 der Freiherr Franz Engelbrecht Alexander von Landsberg-Velen zu Steinfurth übernahm.

1903 erwarb der Mülheimer Industrielle August Thyssen Landsberg mit dem dazu gehörigen Waldbesitz. August Thyssen, der 1926 starb, fand seine letzte Ruhestätte auf Landsberg. Das Schloß dient heute als Kindererholungsheim.

171 Schloß Landsberg in Ratingen-Breitscheid ist heute ein Kinderheim

Neben Landsberg zählt das östlich der Straße, die von Ratingen nach Mülheim führt, nicht weit vom „Krummenweg" entfernt liegende Schloß Linnep zu den bemerkenswerten historischen Bauwerken Breitscheids. Die Bauart des alten Teiles des Edelsitzes weist auf das 12. Jahrhundert hin. Die Herren von Linnep, die es ursprünglich bewohnten, werden schon im 11. Jahrhundert genannt (1093 ein Wernerus de Linepe). 1462 kam das Haus durch Heirat an Friedrich von Neuenar, 1573 an den Grafen Arnold von Bentheim-Tecklenburg, der es 1573 dem Christoffel von Isselstein überließ. Die Isselsteiner, die sich zur „neue Lehre" bekannten, unterstützten ihre Glaubensbrüder in ihrem Kampf um freie Religionsausübung. Freiherr Vinzenz Schott von Isselstein ließ für die Reformierten aus Breitscheid, Mintard, Hösel und Lintorf in seinem Schloß Gottesdienst abhalten. Als das Schloßsälchen zu klein geworden war, schenkte der Freiherr der Gemeinde einen Bauplatz für eine Kapelle, die 1684 eingeweiht wurde. So entstand die evangelische Gemeinde Linnep-Breitscheid, von der sich in neuerer Zeit die Kirche in Hösel abzweigte. Nach dem Tod des Freiherrn Vinzenz von Isselstein (1705) wurde sein Linneper Besitz geteilt zwischen dem General Graf Wassenaer zu Obdam und dem Obersten Freiherrn von Hacke, auch Haack-Isselstein genannt. Haus Linnep wechselte noch oft seinen Besitzer. 1855 erwarb es Ferdinand Graf von Spee, ein Bruder des Heltorfer Grafen August Wilhelm von Spee. Nach ihm bewohnte Linnep Hubertus von Spee, der als Mitglied des preußischen Herrenhauses bekannt geworden war. Dessen Nachkommen bewirtschaften noch heute das Schloß.

Breitscheid wird einstmals ein geschlossenes Waldgebiet gewesen sein. Viele Flurnamen deuten darauf hin. Doch bereits im frühen Mittelalter scheinen größere Ackerflächen durch Rodungen freigelegt worden zu sein. Von der Größe des gerodeten Landes hing der Rottzehnte ab, der dem Landesherrn zu entrichten war, der wiederum den Rottzehnten verpachten konnte. Oft kam es wegen der Höhe der Abgabe zu einer Auseinandersetzung zwischen Lehnsherrn und Besitzer des Rottlandes wie 1574 der langwierige Streit zwischen Arno Scheelen, dem Besitzer des Beekerhofes in Lintorf, und dem Herzog. Die Breitscheider Höfe, die gerodetes Land besaßen und davon Rottzehnten bezahlen mußten, sind uns durch eine Untersuchung bekannt, die zur Zeit des Mintarder Pfarrers Carolo Loeven (1780–1796) auf Anordnung der kurfürstlichen Behörden durchgeführt wurde. Die Landmessung, sie nannte sich Geometrische Delineatio, war ein graphisches Meisterwerk des Landmessers Johann Kaspar Nosthofen und gibt uns eine genaue Auskunft über Lage, Größe und Abgabenhöhe des Rottlandes. Durch die Aufzählung zahlreicher, teils in Vergessenheit geratener Flurnamen ist diese Delineatio für die Breitscheider Ortsgeschichte ein Dokument ersten Ranges. Die meisten der dort genannten „gerotteten Stücke" waren dem Gerresheimer Stift zehntpflichtig („zehnbar") Erst 1803, durch den Deputationshauptschluß, verlor das Stift seine lehnsherrlichen Rechte, und das Kirchspiel Mintard, zu dem Breitscheid gehörte, wurde bis 1805 dem Herzog zinspflichtig. Während der Franzosenzeit bis 1815 bildete die Mairie Mintard mit Ratingen, Eckamp, Kaiserswerth und Angermund den Kanton Ratingen.

Auch im 19. Jahrhundert blieb Breitscheid eine vorwiegend von Bauern und Köttern bewohnte Landgemeinde ohne eigene Pfarrkirche, ohne Eisenbahnstation, ohne erwähnenswerte Industrie.

Erst nach dem 2. Weltkrieg verlor die Landwirtschaft für die Gemeinde mehr und mehr an Bedeutung. Folgende Zahlen veranschaulichen das:
Einwohnerzahl

1939:	1129	davon waren in der Land- und Forstwirtschaft tätig:	268 (29,9 v. H.)
1946:	2209		318 (22,6 v. H.)
1950:	3976		295 (16,2 v. H.)
			72 (2 v. H.)

Zu dieser Entwicklung trug die wesentliche Verbesserung der Breitscheider Verkehrslage bei. Sie begann 1936/37 mit dem Bau der ersten Bundesautobahn. Heute ist Breitscheid an folgende überörtliche Verkehrsbänder angeschlossen: Im SW durchschneidet die Autobahn Köln-Hannover das Gemeindegebiet. Von Düsseldorf kommt die Autobahn Düsseldorf-Essen, kreuzt die Autobahn Oberhausen-Köln und biegt in Höhe der alten Kölner Straße nach Norden in Richtung Mülheim ab. Am Krummenweg kreuzen sich die historischen Straßen Kaiserswerth-Angermund-Lintorf-Kettwig und Ratingen-Mülheim.

Für die Entwicklung nach dem 2. Weltkrieg war weiter entscheidend, daß die „ausgebombten" Flüchtlinge der benachbarten Großstädte, vor allem der Stadt Essen, untergebracht werden mußten. Fast 1500 Flüchtlinge hatten in den Baracken an der Höseler und Essener Straße ein zweites, aber unterentwickeltes Breitscheid entstehen lassen. Dieses schwierige Problem konnte nur mit Hilfe des Landes gelöst werden.

172 Das schöne Wasserschloß Linnep

GEOMETRISCHE DELJNEATIO

Über denen Ihro Churfürstlichen undt Landsberg Hoheyt zu BREITSCHIET gelegenen zur Jülich und Bergischen Hoffkammer gehörigen alten Rottzehnten

So in Beysein von Seyten der Churfürstl. Herren Kellneren Tit. Baasel Junior, und denen itzt Patentisirten bruder des Johan Peter Nosthoffen in beyseyn des Tit. Herren Kellneren zu Angermund, Herren Canonici Hoeven aus dem Stifft Gerresheim und Stiffts Secretarii Herren Vicarii Tillewein und Herren Pastoren von Mintard Tit. Hoeven nach vernehmung des Ingenieurs Herren Schneider Tit. Bierman alten alten rottzehnter mit ihren limiten Steinen limitirt, Inwendig durchzunehmen, berechnet, und gezeichnet, worbey sich verzehlen beyzulegender...

M·A·S·S·T·A·B
Von 40 Ruthen alten brandmärkh.

173 Die „Geometrische Delineatio", ein bemerkenswertes Dokument aus der Geschichte Breitscheids

So entstand die Siedlung am Ehrkamper Bruch. In den folgenden Jahren konnte dann das große Bauvorhaben des Ev. Hilfswerkes (der Gemeinnützlichen Siedlungsgesellschaft) in Breitscheid-Nord verwirklicht werden.

Weitere wichtige Daten der neueren Ortsgeschichte sind u. a. die Jahre 1956 und 1972 mit dem Bau der Grundschule,
1957, als die katholische Gemeinde unter dem Namen St. Christophorus selbständige Pfarre wurde,
1960 mit der Einrichtung der Blutspendezentrale,
1966 mit dem Bau des ev. Gemeindezentrums.
1967 wurde der Sportplatz angelegt und die Turnhalle errichtet.
1967 entstand weiter als Privatunternehmen die Miniaturstadt „Minidom" mit Nachbildungen berühmter Bauwerke und einem Autokino.

Vorhanden sind weiterhin Postamt, Sparkasse, Bank und Nebenstelle der Stadtverwaltung.

Geplant ist ein großes Erholungsgebiet, das im Landesentwicklungsplan III ausgewiesen ist, mit ausgedehnten Badeeinrichtungen. Auf der Wunschliste der Stadt stehen darüber hinaus der Bau einer Altentagesstätte und eines Jugendheimes.

Hösel

Die frühe Geschichte Hösels ist eng mit der des Stiftes Gerresheim verbunden, zu dem der Hof Hösel gehörte, dem auch die Ortschaft ihren Namen verdankt. Man darf sagen, daß die mittelalterliche Geschichte Hösels fast identisch war mit der Geschichte dieses Hofes.

Stift Gerresheim war noch vor dem Jahr 870 von Gerrich, einem fränkischen Adeligen, gegründet worden. Vom Reichtum und der Bedeutung des Stiftes, dem auch 1302 die Mintarder Pfarrkirche mit Breitscheid inkorporiert war, zeugt noch heute die wahrscheinlich 1236 zur Regierungszeit des Staufenkaisers Friedrich II. geweihte Gerresheimer Stiftskirche. Das Stift hatte mit der Zeit einen ausgedehnten Grundbesitz erworben, über dessen Größe, Eigenart und Verwaltung wir schon zu Beginn des 13. Jahrhunderts gut unterrichtet sind, da die Äbtissin Guda (1212-1242) in einem Heberegister den Stiftsbesitz mit den dazu gehörigen Einkünften sorgfältig aufzeichnen ließ. Das Heberegister wurde dann bis zur Mitte des 14. Jahrhunderts weitergeführt.

Die Großgrundherrschaft des Stiftes war bezeichnend für die feudalistische Wirtschaftsordnung des bergischen Herzogtums. So gehörten zum Gerresheimer Stift 12 Fron- oder Oberhöfe. Unter diesen Höfen wird im Heberegister der Äbtissin Guda auch Hoysele (Hösel) genannt. Damals bewirtschaftete im Auftrag des Kapitels ein Meier oder villicus den Fronhof, zu dem noch mehr oder weniger abhängige Höfe gehörten. Der Fronhofverwalter hatte an das Stift genau festgelegte Abgaben zu entrichten, die zu einem bestimmten Termin an den Haupthof des Stiftes, den Derner Hof bei Gerresheim, abgeliefert werden mußten. So hatte der Verwalter des Hofes Hösel zu Weihnachten, am Kirchweihtag, zu Ostern und am 13. August, dem Festtag des hl. Hippolyt, dem die Gerresheimer Kirche geweiht war, 15 Eier und 2 Maß Milch zu liefern und dazu noch 12 Solidi zu zahlen.

Im 13. Jahrhundert waren dem Oberhof in Hösel zinspflichtig 25 Hüfner und eine Mühle, die Geldbeträge zwischen 2 und 30 Solidi zu zahlen hatten, ferner empfing der Villicus 27 Solidi von Siedlern nördlich der Ruhr und den Zehnt für ein Dach der Mintarder Kirche, die seit dem Jahr 1302 dem Stift inkorporiert war.

Für das Recht, eine Hufe - das waren mindestens 30 Morgen - zu bewirtschaften, kamen oft noch andere Abgaben hinzu, so vor allem die als rigoros empfundene Verpflichtung, dem Grundherrn beim Tod des Pächters das beste Stück Vieh (Besthaupt oder Quick) auszuliefern. Ein Schöffe des Hofgerichtes wählte das Besthaupt aus: eine Kuh oder ein Pferd. Diese Abgabe an den Grundherrn, die Todesfallgebühr, war die Kurmut oder Kurmede (von kur, kür = wählen und dominus = Herr).

Die genaue Lage der Siedlungen, die zum Oberhof Hösel gehörten und dem Stift Gerresheim zinspflichtig waren, ist uns meist nicht bekannt. Die Höfe waren weit zerstreut: in Hösel selbst, nördlich der Ruhr, in Selbeck, Mintard, in Lintorf. So lag hier der am Dickelsbach gelegene alte Wedenhof, der dem Stift kurmedig war und jährlich am St. Agnestag dem Höseler Oberhof – er wird hier Maßhof genannt – ein Huhn, einen kölnischen Weißpfennig und drei Becher Hafer zu überbringen hatte. Ein andermal betrug die Abgabe vier Becher Hafer, ein Huhn und 18 Heller.

174 Die Pfarrkirche St. Bartholomäus in Ratingen-Hösel

Wie wir aus der Art der Abgaben ersehen, begann im 13. Jahrhundert die Geldwirtschaft schon die Naturalwirtschaft zu verdrängen. So war es im 17. und erst recht im 18. Jahrhundert üblich, die fällige Kurmede abzuschätzen und mit Geld bezahlen zu lassen.

Mit dem erwähnten "Maßhof" als Ablieferungsstelle für die Abgaben des Lintorfer Wedenhofs wird ein Maßhaus gemeint sein. Im Maßhaus wurde die für das Stift bestimmte Frucht in einem damals gebräuchlichen Maß, dem fat (Faß) gemessen. Nach mündlicher Überlieferung lag das Maßhaus am Brandweiher und diente später als ein zum Gützenhof gehörendes Stallgebäude. Der Oberhof Hösel lag ziemlich abseits von den übrigen Höfen. Zu dem Brandweiher, inmitten abgabepflichtiger Siedlungen gelegenen Maßhaus führten schließlich besser befahrbare Wege. Solche Höfe waren u.a.: Hinüber, Kückelshof, Broichhousen (Bruchhausen), Krausbergs Guet im Dorff, das später Granthguet hieß und in den Angermunder Kellnereibüchern als "verloren" (es brannte ab) geführt wurde.

Auch in anderen Dokumenten finden wir im Zusammenhang mit dem Fronhof Hösel die Bezeichnung Maßhof, so 1555, als der Landesherr im "Ampt Angermondt" die Gerichtsbarkeit feststellen ließ: Item der Maeßhoff in der hondtschaft Hoesel gehort der Abdissen (zu) Gerresheim". Aller Wahrscheinlichkeit nach handelt es sich um die Gleichsetzung des mittelalterlichen Fronhofs Hösel mit den später genannten Höfen Maßhof (Maeßhoff oder Moeskenhof) und dem Gützenhof.

Wie im Bereich anderer bergischer Großgrundherrschaften war der Fronhof meist Sitz des Hofgerichtes (Hofgedinges) für die von ihm abhängigen Höfe oder Kotten. In einem solchen Hofgericht (Hofgeding) saß der Grundherr zu Gericht und die Hofleute (die hofhörigen Bauern) bildeten den „Umstand". Für das Amt Angermund läßt sich ein derartiges Grundherrngeding erst im 11. Jahrhundert nachweisen. Aus der Tätigkeit solcher Hofgedinge entwickelte sich allmählich ein Hofrecht als Gewohnheitsrecht, das, zuerst nur mündlich überliefert, später in Hofgerichtsprotokollen oder Weistümern niedergeschrieben wurde.

175 Die Grundschule in Ratingen-Hösel

Der Fronhofverwalter, der nicht nur die Abgaben an den Grundherrn zu leisten und die Gefälle von den zinspflichtigen Höfen zu erheben hatte, entschied als Beauftragter des Grundherrn Fälle der niederen Gerichtsbarkeit: Streitigkeiten unter Hofgenossen, Zins- und Pachtversäumnisse, Flurfrevel, Zahlungstermine und andere Verstöße gegen die Fronhofordnung.

Aus einem Protokoll des Jahres 1715 geht hervor, daß in Gegenwart zweier Kanoniker des "Hochadlich-freyweltlichen Stifts Gerresheim" am St. Agnetis Tag, am 21. Januar 1715, auf dem Fronhof Hösel (Hösell) das Hofgeding abgehalten wurde. In diesem Protokoll werden 32 dem Stift zinspflichtige Höfe aufgezählt, deren Namen uns heute noch geläufig sind und die, wie der Gützenhof, zu den ältesten Frühsiedlungen gehören: Stoeshaus, Oberhösel, Spindeck, Steinkothen, Wetzel, Schlippen (Schlipperhaus), Schinnenburg, Kückelshof.

Im Angermunder Lagerbuch des Jahres 1634 werden zwei freie Höfe in der "Hondstafft Hoeßell" genannt: der Höseler Fronhof und der Hof zu Angeren. Mit diesem Hof zum Angeren ist Haus Anger gemeint, ein ehemaliger Rittersitz, der an einer der schönsten Stellen des romantischen Angerbachtales liegt. Wir kennen seine Geschichte seit dem Jahr 1148, als der Werdener Abt Lambertus beurkundete, daß er den Hof Anger für 40 Silbermark gekauft habe.

Die Abtei Werden, 796 vom hl. Ludger gegründet, gehört neben dem Stift Gerresheim zu den mächtigsten geistlichen Grundherrschaften am Niederrhein. Die Abtei hatte schon im 11. Jahrhundert in Lintorf Land erworben. Vieles spricht dafür, daß die Christianisierung der Höseler und Lintorfer in karolingischer Zeit durch Geistliche der Abtei Werden oder des Gerresheimer Stifts erfolgte.

Noch vor dem Ausbruch der französischen Revolution und dem Ende der feudalistischen Grundherrschaft mit ihrer Fronhofverfassung beschloß das Gerresheimer Kapitel, seine Zins- und Begnadigungsrechte an die Hofleute zu verkaufen (1780). Mit diesem Geschäft betraute das Stift den Kanonikus Loeven und den Stiftssekretär Tillewein, die fast zur selben Zeit bei der Vermessung der zinspflichtigen Grundstücke in Breitscheid mitgewirkt hatten. Mit insgesamt 2000 Reichstalern konnten die Höseler Hofleute sich von der Last der Kurmut und anderen Verpflichtungen loskaufen.

In dem Verkaufsprotokoll des Jahres 1780 finden wir folgende Schreibweise für Hösel: Unter-Hüßel, Ober-Hüßel.

Wir erinnern uns an das "Hoysele" der Urkunde aus der Zeit der Äbtissin Guda. Sicherlich hatten die gelehrten und lateinkundigen Abteischreiber gewisse Schwierigkeiten, mit der Höseler Mundart fertig zu werden. Daher die oft so verschiedenen Schreibweisen des Namens Hösel, um dessen Etymologie die Flurnamenforscher sich bemüht haben. So hat man „Hösel" auf die keltische Wortwurzel „hessel" oder "hösel", d.h. "großer Berg" bezogen. Eschbach führte den Namen auf das altsächsische "selida" (Wohnung oder Siedlung auf der Höhe) zurück. Überzeugender ist die Erklärung des Forschers Heinrich Dittmaier, Hösel sei ein Kompositum "ho-sel", bestehend aus dem altsächsischen "ho" = "hoch" und dem altdeutschen "sal" = "Haus oder "Wohnung". Hösel bedeutet soviel wie "hohes Haus" oder "hochgelegenes Haus".

Es ist auffallend, daß von allen sechs Gemeinden des aufgelösten Amtes Angerland nur Hösel mehr evangelische als katholische Bürger zählte. So besaß noch im Jahre 1950 Hösel von insgesamt 3010 Einwohnern 1848 Protestanten und 1038 Katholiken. Man vergleiche damit die Zahlen der Freiheit Angermund desselben Jahres: 415 Protestanten, 1524 Katholiken. Noch deutlicher weisen auf diesen Unterschied Statistiken hin, die vor 1945 gemacht worden sind, als die Aufnahme von Flüchtlingen und der starke Zustrom Neubürger benachbarter Großstädte u.a. die berufliche, soziale und auch konfessionelle Gliederung der Bevölkerung nicht beeinflußt hatte.

Im Jahre 1871 waren von den 727 Einwohnern Hösels 501 Protestanten, 226 Katholiken, in der Freiheit Angermund 21 Protestanten und 1403 Katholiken. Und wenn wir noch weiter zurückgehen, stellen wir fest, daß im 17. Jahrhundert (im Jahre 1624) in Angermund nicht ein einziger Protestant wohnte, während die ganze Honschaft Hösel sich anschickte, zum reformierten Bekenntnis überzutreten! Die Uhren der Freiheit Angermund schienen tatsächlich anders zu gehen als in der Honschaft Hösel, obschon sie beide im selben bergischen Amt lagen.

Der Vorgang, daß eine ganze Ortschaft geschlossen das religiöse Bekenntnis wechselt, ist als ein besonderes Ereignis der Höseler Geschichte betrachtet worden. Aber man muß bedenken, daß im 17. Jahrhundert die Höseler Honschaft aus nur 20 bis 25 Hofleuten mit ihren Hofgenossen bestand, die dazu, seit Generationen miteinander verschwägert, sozusagen eine Honschaftssippe bildeten. Diese zu einem gemeinsamen Entschluß zu bewegen, war kein unmögliches Unterfangen, zumal die Höseler Hofleute den Abgabezwang an das Stift nicht gerade als gottgewolltes Schicksal betrachteten und erhofften, durch den Übertritt zur neuen Lehre wirtschaftlich unabhängiger zu werden. Dazu brauchte nur der Fronhofverwalter ein Beispiel geben. Schließlich verlief der überraschende Glaubenswechsel doch nicht völlig einmütig. Da war z.B. der aus der alten Höseler Bauernfamilie stammende Hendrich Kückels. Über diesen Kückels finden wir folgende Eintragung im Linneper reformierten Kirchenbuch: „Ist Hinrich Kückels, Hermann Kückels und Neeltgen von der Spindeck ehelich Sohn, mit Elsjen zu Hoff ... verkündiget. Dieser, als ein Widerspenstiger, hat sich ... vom Patoren (katholisch) zu Mintert o.. 31. Mai copulieren lassen". Solche Fälle von "Widerspenstigkeit" mögen vielleicht nicht vereinzelt gewe..en sein.

Anlaß zu diesem Glaubensübertritt der Höseler Honschaft war die Gründung der reformierten Gemeinde Linnep (Breitscheid).

Bereits im Jahr 1624, noch während des Dreißigjährigen Krieges, war in einem Saal des Linneper Schlosses durch den Prediger Daniel Goldbach Gottesdienst abgehalten worden. Im Jahr 1669 bewilligte der brandenburgische Kurfüst der Gemeinde eine Denation von 80 Reichstalern für das Jahresgehalt des Pfarrers. 1681 wurde der Pfarrer Theodor Christian Schaef Leiter der Gemeinde, 1683 in Linnep die erste reformierte Schule gegründet und ein Jahr später mit Hilfe des Freiherrn Schott von Isselstein die reformierte Kirche erbaut trotz des anfänglichen Verbots des bergischen Herzogs.

Zu der Linneper Gemeinde gehörten von nun an auch die Reformierten aus Mintard, Selbeck und Hösel. Auch die Höseler Kinder besuchten die Linneper Schule. Da der Weg für sie besonders im Winter zu beschwerlich war, erbauten die Höseler eine eigene Schule (1695). Auf eine eigene Kirche mußten die Höseler noch lange warten. Erst 1929 wurde der erste Spatenstich zum Kirchenbau getan. Bei der

176 Charakteristisch für die Wohnbebauung in Ratingen-Hösel sind die vielen komfortablen und großzügig gebauten Bungalows

Kirchweihe im folgenden Jahr erhielt die Kirche den Namen des bergischen Märtyrers Adolf Clarenbach. Pfarrer Becker von der Muttergemeinde Linnep konnte als erster in der neuen Kirche das Wort Gottes verkündigen.

Bereits im 13. Jahrhundert soll der Verwalter des Höseler Fronhofes verpflichtet gewesen sein, vom Zehntempfang seiner Unterhöfe die Kirche mit einem Strohdach zu versehen. Mehr wissen wir von dieser mittelalterlichen Kirche nicht, von der die Sage geht, sie habe in der Nähe der "Burg"(Boltenburg) gestanden und sei dem hl. Bartholomäus geweiht gewesen. Für die Höseler Katholiken war die Mintarder Pfarrkirche zuständig. Aber der Weg dorthin war weit und für die Kinder oft unzumutbar. Erst 1887 begannen Höseler Bürger, sich für den Bau einer Kirche und einer katholischen Volksschule einzusetzen. Nach langwierigen und oft erfolglosen Verhandlungen genehmigte 1905 das Kölner Generalvikariat den Bau einer Kapelle. Nun folgten weitere Verhandlungen wegen eines Platzes, der auch für die Eggerscheidter Kirchgänger günstig gelegen war. Schließlich entschied man sich für einen Bauplatz nahe der Boltenburg, an der Straße, die nach Eggerscheidt führt. 1913, kurz vor Ausbruch des Krieges, wurde das Höseler Rektorat errichtet. Die im neugotischen Stil erbaute Kirche trägt den Namen des hl. Bartholomäus.

Die Entwicklung der bäuerlichen Streusiedlung in eine mit allen städtischen Annehmlichkeiten versehene Landhaussiedlung vollzog sich seit der Jahrhundertwende und erst recht seit den letzten 30 Jahren. Folgende Angaben mögen das verdeutlichen: In der Land- und Forstwirtschaft waren tätig

1939:   248 Personen (16,7 v. H.)
1946:   283 Personen (13,5 v. H.)
1950:   255 Personen   (9.4. v. H.)
1974:   71 Personen   (0,9 v. H.)

Hösel zählte bei der Auflösung des Amtes Angerland insgesamt 7711 Einwohner (ev. 3877, kath. 2687, versch. 1047).

Würden die Hofleute der Höseler Honschaft ihr Dorf noch wiedererkennen? Heute besitzt Hösel eine moderne vierzügige Grundschule mit Turnhalle, ein ausgebautes Kanal- und Straßennetz, einen Sportplatz mit Trainingsbeleuchtung, eine Tennisspielanlage, Kinderspielplätze, zwei Jugendheime, ein Postamt, einen S-Bahnhof, eine Nebenstelle der Städt. Bücherei, eine Verwaltungsnebenstelle, einen Bühnensaal mit 500 Sitzplätzen, ein Altenwohnheim, zwei Altentagesstätten, eine Sparkasse, eine Bank, sowie mehrere Hotels und Pensionen. Geplant sind der Bau weiterer Tennisplätze, eine Sporthalle und die Erweiterung des schönen Waldfriedhofes.

Eggerscheidt

Eine der ersten urkundlichen Erwähnungen Eggerscheidts stammt aus dem Jahr 1254, also noch vor der Ratinger Stadterhebung: Graf Adolf von Berg entläßt Aleidis von Eggerscheidt (Aleydis de Ecgirceid) und Metheldis von Mettmann aus der Dienstbarkeit und übergibt sie als Wachszinspflichtige dem hl. Hippolyt in Gerresheim.

Wie dieser dem Stift Gerresheim abgabepflichtige Hof hieß und wo er lag, wissen wir nicht. Wahrscheinlich gehörte er zu dem Oberhof Hösel, der zu den 12 Ober- oder Fronhöfen der im 13. Jahrhundert bereits durchorganisierten Großgrundherrschaft des Stiftes zählte. Es läßt sich auch nicht feststellen, ob noch der eine oder andere Hof in Eggerscheidt dem Stift zinspflichtig war.

Da im 13. Jahrhundert Eggerscheidt zur Pfarre Ratingen gehörte. erstreckte sich deren Zehntrecht auch auf Eggerscheidter Höfe. Mit der Inkorporation der Ratinger Pfarre im Jahr 1165, d. h. mit der Übertragung der Kirche und ihres Vermögens an die Kölner Dompropstei, wurde der Domprobst Inhaber des Zehnten, der deshalb der dompropstliche Zehnt genannt wurde. Um eine Doppelbesteuerung zu vermeiden, waren die Honschaften Lintorf und Eggerscheidt vom dompropstlichen Zehnten ausgenommen. Doch wurde vom Eggerscheidter Zehnt ein angemessener Teil bei der Inkorporation der Pfarrkirche nach Köln dem Pfarrer zu seinem Unterhalt überlassen. Eine besondere Abgabe leistete Eggerscheidt auch für das Amt des Ratinger Küsters.

Wie vielfach die Verpflichtungen der Eggerscheidter Höfe waren, ersieht man auch daraus, daß 14 Höfe zu jenen Höfen des Stiftes Essen zählten, über die sich die Vogteischaft des berüchtigten Friedrich von Isenburg erstreckte, der wegen Zwistigkeiten über seine Vogteirechte seinen Verwandten, den Kölner Erzbischof Engelbert den Heiligen, bei Gevelsberg heimtückisch ermordete (1225).

In der Rentenrolle der Jodoci-Bruderschaft zu Ratingen aus dem 15. Jahrhundert ist Eggerscheidt ebenfalls mit einer Abgabe vertreten, und über die Schüppendienste der Honschaft erfahren wir aus dem Angermunder Lagerbuch des Jahres 1634. Aus dem Bericht geht auch hervor, daß die Honschaft gerichtlich der Gerichtsstätte „in den Brüggen" unterstellt war. Dort war das uralte Freigericht und spätere Landgericht, die gemeinsame Gerichtsstätte der Honschaften Lintorf, Eckamp, Bracht, Schwarzbach und Eggerscheidt. Einer der Schöffen war 1692 Paulus in der Müschenau. Später wurde die Honschaft dem Amt Angermund und der dortigen Gerichtsbarkeit zugewiesen.

1254 schrieb man den Namen Eggerscheidt: Ecgirceid. In anderen Dokumenten finden wir die Schreibweisen Eckerscheidt (1330), Ecgersscheidt (1362), Eggerscheit (1462). Auf der bekannten Karte des Ploennies aus dem Jahr 1715 sehen wir das Dorf kurioserweise mit Echtersdorp bezeichnet, auf einer anderen Karte des 18. Jahrhunderts mit Egerscheid. Der Name ist gleich dem Höseler Flurnamen („Eickerscheid") von ecker = Eichel abzuleiten. Die Bedeutung „Eiche" hat das Wort „Ecke" (Eke, Eick) in zahlreichen Ortsnamen, z.B. in Eckamp.

Die alten Schreibungen Ec-gir und Ec-ger lassen vielleicht das altgermanische Wort „ger", „gir", „ker", „Kir" vermuten, mit dem oft die Malstätte bezeichnet wurde. Keinesfalls hat der Name Eggerscheidt etwas mit der Egge, dem Ackergerät, zu tun, wie wir sie in dem von Wolfgang Pagenstecher entworfenen Wappen der Gemeinde vorfinden.

Zu Eggerscheidt gehört der an der Anger gelegene alte Rittersitz Gräfgenstein, dessen Name uns häufig in mittelalterlichen Dokumenten begegnet. Manches spricht dafür, daß Gräfgenstein einmal die Ritter von Eggerscheidt beherbergte, so daß der Name auf die nah gelegene Honschaft überging.

177 Der alte Rittersitz „Gräfgenstein" im Angertal

Wie die Bemerkung „vorzeiten, als man mit den Hilgen ums Korn gangen", erweist, wird wohl die Reformation Ursache gewesen sein, daß das Eggerscheidter alte Kirchlein niedergerissen wurde. Damals bekannten sich wohl die meisten Eggerscheidter Bauern zur neuen Lehre, vielleicht unter dem Einfluß der nahen Honschaft Hösel oder der zum Protestantismus übergetretenen adeligen Familien des Hauses Gräfgenstein oder des alten Freihofes Gardum, den noch 1634 das Angermunder Lagerbuch zu den drei freien Höfen Eggerscheidts zählte („der Hoff uf dem Gaden"). Eggerscheidt bildete eines der sogenannten Quartiere der reformierten Gemeinde Ratingen, zu der u. a. noch die Quartiere Tiefenbroich, Bracht, Crumbach und Lintorf gehörten. Es waren „Älteste" gewählt oder eingesetzt, die für die Quartiere verantwortlich waren. Besonders vor jeder Abendmahlsfeier hatten sie die Gemeindemitglieder zu besuchen und seelsorgerisch zu betreuen.

Nun wurde, darf man vermuten, das Kirchlein nicht mehr zu gottesdienstlichen Zwecken benutzt, und man wird sie, wie das auch mit der Hubertuskapelle in Heiligenhaus geschah, niedergelegt haben.

Dabei handelt es sich wohl um den legendären „Eggerscheidter Dom". Die Überlieferung verbindet mit dieser scherzhaften Bezeichnung eine Kapelle aus der Frühzeit der Eggerscheidter Geschichte. Ein Ritter, den Gott aus großer Gefahr errettet hatte, soll sie errichtet haben. Die Kapelle, wie die Sage erzählt, stand an der Honschaftsstraße unter den schützenden Ästen einer mächtigen Linde. Ein Geistlicher vom Gerresheimer Kloster pflegte den Eggerscheidter Bauern die hl. Messe zu lesen. Doch niemand weiß heute, wo die Kapelle wirklich gestanden hat. In einem Erkundigungsbuch aus dem Jahr 1582 heißt es einmal: „Im Dorf Eggerscheidt steit ein klein holzen Capelchen, dar man wol vorzeiten, als man mit Hilgen (Heiligenbildern) umbs Korn gangen, Miß und Predigt gehalten. Wird von dem gemeinen Man der Dumb (Dom) zu Eggerscheid genant." Ratinger Bürgerwitz muß für das armselige Kirchlein den Spottnamen Dom erfunden haben. Später hat man mit der Bezeichnung Eggerscheidter Dom das alte Spritzenhaus gemeint.

178 Eggerscheidt besitzt noch viele alte Fachwerkhäuser

Eggerscheidt wurde ein bevorzugtes Wohngebiet. Wer sich jedoch mit der Bevölkerungsstatistik der Gemeinde Eggerscheidt beschäftigt, wird eine erstaunliche, fast unglaubwürdige Tatsache feststellen. Bei der königlich preußischen Volkszählung 1871 besaß Eggerscheidt 542 Einwohner. Noch einmal, fast 80 Jahre später, 1950, zählte Eggerscheidt wieder 542 Einwohner. Die so genaue Zahlenübereinstimmung ist erstaunlich zufällig und durchaus nicht mysteriös, wenn man bedenkt, daß Eggerscheidt bei der großen Umgemeindung im Jahr 1929, die zur Gründung des Amtes Ratingen-Land (des späteren Amtes Angerland) führte, beträchtliche Gebiete an die Stadt Ratingen verlor. Dennoch, die Bevölkerungszahl in Eggerscheidt blieb, verglichen mit den anderen Angerlandgemeinden, gering und ziemlich konstant bis nach dem 2. Weltkrieg.

Adolf Schütteler in seinem Werk ,,Der Landkreis Düsseldorf-Mettmann. Landeskundlich-statistische Kreisbeschreibung" führt das auf Eggerscheidts Lage, auf die nährstoffarmen Sandterrasse zurück. Sie habe die Entwicklung beeinflußt. Einheimische Experten sind jedoch anderer Meinung. Sie versichern, daß der größte Teil der Eggerscheidter Agrargebiete aus ertragreichem Lößlehmboden bestehe. Sie führen die noch vor einigen Jahrzehnten so geringe Besiedlungsdichte darauf zurück, daß das Gemeindegebiet nicht von einer größeren Zahl Kleinbauern und Köttern aufgeteilt gewesen sei. Noch unlängst gab es in Eggerscheidt nur sechs alte, ansehnlich große Bauernhöfe. Andere Ursachen der einst so geringen Bevölkerungszahl kamen hinzu: die schlechte verkehrsgeographische Lage und fehlende Industrie. Noch heute besitzt Eggerscheidt als einziges nenenswertes Industrieunternehmen die Bagelsche Papierfabrik.

Erst die verbesserten Verkehrsmöglichkeiten – Eggerscheidt besaß und besitzt keine Eisenbahnstation – brachten diese Entwicklung zum Stillstand. Wie die Großstädter um die Jahrhundertwende Hösel entdeckten, so nun den Reiz der Eggerscheidter Landschaft, das alte Reihendorf, dessen langgestreckte Straße noch so manche Fachwerkhäuschen mit schwarzem Gebälk und weißem Kalkanstrich aufweist,

Gräfgenstein am Steilhang des Angerbachtales, die Müschenau, in deren Nähe die Autobahn über die hohe Angertalbrücke führt. Wer es sich eben leisten konnte, versuchte sich in Eggerscheidt anzusiedeln, fern vom Lärm und der Unruhe der Großstadt.

Aber auch noch 1974 war der Bevölkerungszuwachs auffallend genug. Zu einer „Integration", erst recht nicht zu einem geschlossenen wohnsiedlerischen Zusammenhang zwischen den Gemeinden ist es nicht gekommen, trotz gemeinsamer Verwaltung. Eggerscheidt hatte sicherlich mehr Berührungspunkte mit Ratingen als mit Lintorf, Angermund oder gar Wittlaer. Entfernung, unzureichende Verkehrsverbindungen, die Trennung seit altersher durch weite Waldgebiete u.a. trugen dazu bei, daß die Gemeinden, jede geprägt durch eine tausendjährige Geschichte, ihre unverwechselbare Eigenart behielten.

Eggerscheidt nahm in den letzten Jahrzehnten einen erstaunlichen Aufschwung. Es erhielt eine Wasserleitung, eine Kläranlage, Nebenstellen der Post und der Sparkasse, einen Friedhof, eine Altentagesstätte und eine Nebenstelle der Stadtbücherei. Bei allen notwendigen Neuerungen und Änderungen blieb der anheimelnde dörfliche Charakter Eggerscheidts bewahrt. Darum errang Eggerscheidt beim Wettbewerb „Unser Dorf soll schöner werden" auch zweimal die Bronze- und dreimal die Silbermedaille.

Bevölkerungsstand in den Jahren
1871: 542; 1939: 416; 1950: 542; 1974: 988.

Außer einer 1975 errichteten evangelischen Notkirche besitzt die Gemeinde kein Gotteshaus. Eggerscheidts Katholiken gehörten zur Ratinger St. Peter und Paul-Pfarre, seit 1929 zu der in jenem Jahr erbauten Rektoratskirche Herz Jesu, die 1932 selbständige Pfarrkirche wurde. Um den Bewohnern den weiten Weg nach Ratingen zu ersparen, erlaubte die erzbischöfliche Behörde, im Saal Kessel eine sonntägliche Messe zu zelebrieren (1949). Dann konnte der Gottesdienst in der 1950 eingeweihten katholischen Schule gefeiert werden.

VIII. Das Ratingen der Zukunft

von Alfred Dahlmann

Ratingen in 10 oder 25 oder 50 Jahren – man läuft bei diesem Thema, wie groß die Zeitspanne nun für die Vorausschau auch sein mag, immer Gefahr, unrealistisch zu sein. Dies aus zwei Gründen:

Einmal ist ungewiß, wie sich die Technologie entwickelt, welche Möglichkeiten sich z.B. beim öffentlichen Nahverkehr in Zukunft ergeben. Zum anderen gehört zu jeder Stadtentwicklung auch Geld. Wird Wünschenswertes in 25 Jahren verwirklicht sein, obwohl die städtischen Finanzen zur Sparsamkeit zwingen? Dennoch werde ich den Versuch unternehmen, auch die wünschenswerten Projekte für die Zukunft darzustellen, da ohne Optimismus im großen die Menschheit nie den Weltraum erobert hätte und ohne Optimismus im kleinen die Ratinger nie zu einer Stadthalle gekommen wären.

Zunächst: Wie werden sich die Einwohnerzahlen in Ratingen entwickeln? Welche neuen Wohngebiete werden entschlossen? – Wir werden nur schwerlich die magische Zahl von 100.000 Einwohnern erreichen. Wahrscheinlich ist es, daß die Einwohnerzahl bei 90.000 stagnieren wird, denn die Zeiten einer Satellitenstadt wie Ratingen West sind endgültig vorbei. Vielmehr werden neue Wohngebiete entstehen für Ein- bis Vierfamilienhäuser auf dem Gelände der ehemaligen Düsseldorfer Eisenhütte in Ratingen Ost, der ehemaligen Eckamper Glasfabrik in Ratingen West, in Ratingen-Lintorf, im Zentralbereich von Ratingen-Breitscheid, um ein Zusammenwachsen der verstreuten Siedlungsbereiche zu erreichen, in Ratingen-Homberg zwischen Homberg Süd und dem alten Dorf, um ebenfalls diese beiden Siedlungsbereiche zusammenwachsen zu lassen. Rat und Verwaltung werden umgekehrt zu verhindern wissen, daß über diese neuen Siedlungsbereiche hinaus neue Splittersiedlungen entstehen. Die Ratinger Landschaft wird also nicht zersiedelt, vielmehr wird die Erholungs- und Freizeitfunktion unseres Raumes für die Düsseldorfer Region und das Ruhrgebiet erhalten bleiben. Die Ratinger Bürger sollen aber nicht nur in unserer Stadt wohnen, sondern auch Arbeit finden. Neue Gewerbebetriebe werden deshalb dafür sorgen, daß keine langen Fahrtwege zu den Betrieben in Düsseldorf oder im Ruhrgebiet in Kauf genommen werden müssen. Bei diesen neuen Gewerbebetrieben handelt es sich um Verwaltungen, in denen auch verstärkt weibliche Arbeitskräfte gesucht werden.

Allein die Mannesmann-Röhrenwerke mit ihrer Hauptverwaltung beschäftigen dann in Ratingen-Lintorf ca. 2.000 Bedienstete. Aber auch unsere alt eingesessenen Betriebe werden expandieren. Hierfür werden die Voraussetzungen bereits jetzt geschaffen, indem der neue Flächennutzungsplan der Stadt Ratingen Reservegelände z.B. für die Balcke-Dürr Werke oder die Calor-Emag vorsieht.

Auch das Einkaufen wird bequemer werden. Der Einkaufsbummel in Düsseldorf oder Essen wird zur Ausnahme, weil Ratingen selbst alles bietet. Neben drei Kaufhäusern in Ratingen Mitte wird sich das Angebot der Fachgeschäfte erweitern und spezialisieren. Die Innenstadtsanierung erschließt weitere Flächen für ein breit gefächertes Angebot. Obwohl die Innenstadt Ratingens dann ein modernes, leistungsfähiges Zentrum für 90.000 Einwohner sein wird, wird dennoch der historische Altstadtcharakter erhalten bleiben. Häuser, die heute noch verputzt sind, werden dann als Fachwerkhäuser die Fußgängerzonen noch idyllischer gestalten. Die Liebe des Ratinger Bürgers zu seiner Stadt wird dazu führen, daß auch das letzte wertvolle Gebäude in der Altstadt restauriert oder farblich gestaltet sein wird. Daneben werden die Einkaufsstätten in den einzelnen Stadtteilen nicht vernachlässigt sein. Ein kleines Nebenzentrum wird in Ratingen Ost entstanden sein mit Einzelhandelsgeschäften für den täglichen Verbrauch. Das Homberger Einkaufszentrum wird bis an den Rand von Homberg Süd verlängert sein. Eine Fußgängerzone in Ratingen-Lintorf wird die dortigen Einzelhandelsgeschäfte noch attraktiver machen. Kernbildungen in Ratingen-Hösel und Ratingen-Breitscheid werden von der Stadt unterstützt. Das Einkaufszentrum in Ratingen West wird längst seine Lebenskraft erwiesen haben. Weitere Einkaufszentren auf der grünen Wiese wird es allerdings nicht mehr geben. Die Stadt wird in allen kommenden Jahren streng darauf achten, daß die Kapazität der Einkaufsflächen nicht über Bedarf ausgeweitet wird; andernfalls wären leerstehende Ladenlokale die Folge.

Auch wenn die Ratinger nicht mehr so oft nach Düsseldorf oder Essen fahren müssen, sind die Entfernungen in Ratingen selbst so groß, daß für den Verkehr allerlei getan werden muß. Der Innerstädtische Verkehrsring in Ratingen wird für ruhigere Straßen in den Wohngebieten sorgen. Der komplette Autobahnring um Ratingen wird den Umgehungsverkehr von Ratingen Mitte fernhalten. Die Brücken über die Bundesbahnstrecken werden dafür sorgen, daß es zu keinen Stauungen im Autoverkehr zwischen den Stadtteilen und Ratingen-Mitte mehr kommt. Auf den Bau weiterer neuer

Straßen wird Ratingen aber zugunsten des Umweltschutzes verzichtet haben. Die Wälder und Freizeitflächen werden nicht durch neue Verkehrsbänder zerschnitten sein. Andererseits wird die Stadt viel in den öffentlichen Nahverkehr investiert haben. Zentrale Omnibusbahnhöfe sind bis dahin errichtet an der S-Bahn-Haltestelle Ratingen Ost und in der Rheinbahnschleife in Ratingen Mitte als zentrale Drehscheibe des örtlichen öffentlichen Nahverkehrs. Im Omnibusverkehr wird die Ratinger Stadtlinie zu allen Ratinger Stadtteilen hin ausgebaut sein, d.h. nach Ratingen Ost/Ratingen-Homberg, nach Ratingen West/Ratingen-Tiefenbroich/Ratingen-Lintorf, nach Ratingen-Eggerscheidt/Ratingen-Hösel/Ratingen-Breitscheid führen. Eine weitere S-Bahnlinie von Düsseldorf nach Ratingen West und Ratingen-Lintorf erleichtert den Regionalverkehr wie auch weitere Haltestellen auf der S-Bahnlinie Düsseldorf–Essen, in Ratingen Süd und Ratingen-Eggerscheidt. Wenn wir nicht nur 25 Jahre, sondern auch 50 Jahr in die Zukunft schauen, wird vielleicht dann der Omnibusverkehr zum Teil durch ein Kabinentaxi oder ähnliche Verkehrsmittel abgelöst sein. Der Verkehrsteilnehmer braucht nicht mehr auf den Omnibus zu warten, sondern kann wie bei einem normalen Taxi durch Knopfdruck ein öffentliches Verkehrsmittel herbeiholen, das für ein bis vier Verkehrsteilnehmer gedacht ist. Hier ist insbesondere an die Linie Ratingen West/Am Sandbach/Ratingen Mitte zu denken.

Das wichtigste Charakteristikum für Ratingen wird aber der hohe Freizeitwert bleiben. Freizeitwert heißt nicht Freizeitrummel, sondern Erholung in unseren Wäldern bei Spaziergängen oder bei Wanderungen im neuen Freizeitgebiet Ratingen West mit ausgedehnten Seen, also ruhige Erholung. Grünflächen an der Nahtstelle zwischen Ratingen West und Ratingen Mitte im Gebiet am Sandbach, sowie in der Innenstadt und allen Stadtteilen, und reicher Baumbestand an den Ratinger Straßen schlagen Brücken von den Erholungszentren zu den Wohngebieten und laden zu täglichem Spaziergang ein.

Dennoch tritt in der Freizeit neben die Erholung auch das Vergnügen. Die Stadthalle wird verstärkt Heimstatt der leichten Muse sein. Das Freizeitzentrum in Ratingen West wird erweitert durch Gastwirtschaft, Saal, Clubräume, Kegelbahnen und Nebenstelle der Stadtbücherei. Im Stadttheater werden wöchentlich namhafte Schauspieler gastieren und Konzerte ein festes Stammpublikum finden. Ein Neubau für das Stadtmuseum an der Grabenstraße hat Aktionszonen für jedermann und Räume für Ratinger Künstler. Zwei Kinos werden in Ratingen Mitte im alten Rathaus an der Lintorfer Straße ein abwechslungsreiches Programm bieten neben dem Freilichtkino in Minidomm. Neben den beiden städtischen Hallen- und Freibädern in Ratingen Mitte und Ratingen-Lintorf wird Alpamare in Ratingen-Breitscheid von der Sauna bis zum Thermalbad einen Badebetrieb wie in den großen deutschen Kurbädern ermöglichen. Wenn dazu am Krummenweg eine Spielbank eröffnet hat und man an das jetzt schon bestehende Angebot an Hotelbetten denkt, wäre „Bad Ratingen" keine Illusion. Das sportliche Angebot wird durch weitere Sporthallen z.B. in Ratingen-Hösel, ein Badezentrum mit Hallen- und Freibad an der Volkardeyer Strasse und durch eine Eislaufhalle in Ratingen West abgerundet. Höhepunkt der Sportsaison könnte dann ein Spiel DEG gegen REG sein.

Jugend und Alter und die Gesundheit werden in unserer Stadt nicht vernachlässigt sein. Neben weiteren Jugendhäusern in Ratingen-Lintorf, Ratingen-Breitscheid und Ratingen-Homberg werden neue Altentagesstätten in Ratingen Ost, Ratingen-Homberg und Ratingen-Hösel entstanden sein. Ausreichender Schul- und Kindergartenraum ist selbstverständlich für Grundschulklassen mit 20 Kindern und Kindergartengruppen von 10–15 Kindern. Die Berufsbildenden Schulen sind erweitert um eigene Werkstätten am Stadionring. Neubauten des Katholischen Allgemeinkrankenhauses an der Werdener Straße und des Evangelischen Fachkrankenhauses für Orthopädie an der Rosenstraße, sowie weitere Arztpraxen in Privathäusern, sowie speziellen Arzthäusern sichern die ärztliche Versorgung.

Was wären aber alle Einrichtungen ohne den Ratinger Bürgersinn. Ein reiches Vereinsleben und das heimische Brauchtum wie Karneval oder die Schützen werden dafür sorgen, daß Ratingen eine lebendige Stadt bleibt. Ob diese Stadt dann noch völlig selbständig ist, wage ich nicht vorherzusagen. Trotz allen Einsatzes unserer Parteien für das Wohl der Stadt wird sich nicht vermeiden lassen, daß es zu einer engeren Zusammenarbeit in der Region Düsseldorf kommt, die zu neuen Institutionen führen muß. Vielleicht wird die Region Düsseldorf dann eine Verbandsstadt sein; vielleicht werden dann auch die Vorschläge von Prof. Tamms für einen Bezirk Ratingen mit verwirklicht sein, bestehend aus der jetzigen Stadt Ratingen sowie den Düsseldorfer Bezirken Rath, Lohausen, Lichtenbroich, Kaiserswerth, Wittlaer und Angermund. Dieser Bezirk wird dann einen Bezirksbürgermeister haben ähnlich wie in Berlin mit dem Dienstsitz im Ratinger Rathaus. Die Stadtverwaltung wird dann eine Bezirksverwaltung sein in etwa dem jetzigen Umfang. Aber vielleicht habe ich mit dieser Prognose auch Unrecht und die Stadt Ratingen wird ihr 750-jähriges Stadtjubiläum in völliger Unabhängigkeit feiern.

179 Fröhlicher Sturm auf das Rathaus: die Karnevalisten schießen mit der Bonbon-Kanone

180 Altes Brauchtum wird in Ratingen gepflegt. Die Schützenfeste gehören zu den herausragenden Ereignissen

Verzeichnis der Abbildungen mit Bilderläuterungen

1 Blick auf Bürgerhaus und Kirche

Bürgerhaus und Kirche, zwei Zeugnisse mittelalterlichen Bürgergeistes und Bürgerstolzes.

Das Bürgerhaus, im 13. Jahrhundert nach der Stadterhebung entstanden und wiederholt umgebaut, hat die jetzige Form im Jahre 1751 erhalten, wobei man dem alten gotischen Bau eine barocke Form gab.

Die Kirche erhielt den mächtigen Westturm vor 1250. Der Kirchturm hatte früher auch öffentliche Funktionen. Als höchster Turm (57 m) war er Wachturm, er trug die Sturmglocke, die Stadtuhr und Uhrglocke, die „Schlag- und Zeiguhr".

Die charakteristische barocke Haube, eine Arbeit des herzoglichen Hofbaumeisters Wanters, erhielt der Turm anstelle eines gotischen Helmes erst 1755.

Die beiden romanischen Osttürme aus dem 12. Jahrhundert waren der besondere Stolz der Bürger, die sie bei den Erweiterungen des 13. und 14. Jahrhunderts mit technischer Kunst zu erhalten wußten. In ihnen sahen sie die besondere Bedeutung ihrer Kirche, die drei Türme hatte, gegenüber den eintürmigen Kirchen der Umgebung.

2 Ansicht der Stadt um 1715.

Zeichnung von E. Ph. Ploennies.

Älteste Stadtansicht in der „Topographie Ducatus Montani", einer Beschreibung des Herzogtums Berg, die Ploennies im Auftrage des Kurfürsten Johann Wilhelm zusammenstellte und am 1. Mai 1715 vollendete.

Düsseldorf, Hauptstaatsarchiv

3 Ausschnitt aus einer Karte von P. Coronelli. Um 1700.

Parte Settentrionale degli Stati dell' ellettro di Colonia ...

Heimatmuseum

4 Steinbeil der jüngeren Steinzeit.

3000 v. Chr.

Fundort Ratingen

Das Feuersteinbeil wurde 1956 bei Ausschachtungen an der Ecke Bruchstraße – Noldenkothen von Ernst Thiel gefunden. Es ist „ein besonders schönes und dazu noch wohlerhaltenes Stück, wie es nicht allzu häufig gefunden wird" (Mitteilung des Rheinischen Landesmuseums in Bonn). Die ältesten steinzeitlichen Funde in unserer näheren Umgebung sind Steinwerkzeuge, die aus der frühen Alt-Steinzeit, etwa 200 000 v. Chr., stammen und im Neandertal zutage kamen. Etwas jünger ist der berühmte und in aller Welt bekannte Fund des sogenannten Neandertalmenschen in einer Höhle dieses Tales, welches nach dem bekannten Liederdichter der evangelischen Kirche, Joachim Neander († 1680), benannt ist. Der Elberfelder Professor Johann Karl Fuhlrott identifizierte im Jahre 1856 die Reste eines bei Steinbrucharbeiten gefundenen Skeletts als Knochen eines Menschen, der zu einer primitiv anmutenden Rasse gehörte, die etwa 150 000 v. Chr. hier lebte.

Die Behauptung Fuhlrotts erwies sich in der Auseinandersetzung mit den Wissenschaftlern als richtig. Heute ist nach dem Neandertaler eine Menschenrasse benannt.

Heimatmuseum

5 Urne aus einem Brandgrab der La-Tène-Zeit.

150 v. Chr.

Gefunden beim Bau des Hauses Poststraße 7.

Beim Bau des Eisenwerkes Ratingen am Voisweg wurden drei Gräber aus der La-Tène-Zeit aufgedeckt.

Heimatmuseum

6 Blauer See, Gemälde von Max Clarenbach, 1938. Im Besitz der Stadt.

Eine Tafel im Eingang des Blauen Sees stellt die Entstehungsgeschichte unserer heimatlichen Erde bildlich dar. Auf dieser Tafel heißt es:

1. Vor 250 Millionen Jahren lagerten sich auf dem Grunde des Meeres in der älteren Steinkohlenzeit Kalk und Dolomitschichten ab.

2. Vor 200 Millionen Jahren falteten sich die Kalk- und Dolomitschichten mit dem variskischen Alpengebirge empor und stellten sich steil.

3. Vor 150 Millionen Jahren entstanden Verwerfungsspalten im Gestein, in denen Quarz und Bleiglanz auskristallisierte.

4. Vor 10 Millionen Jahren drang die Nordsee bis hierher vor und lagerte besonders in den Dolinen, den trichterförmigen Einsturzlöchern, (Septarien) Ton ab.

5. Vor 100 000 Jahren erreichten die eiszeitlichen Riesengletscher hier ihre südlichste Grenze, hobelten die Dolomitfelsen rund und schliffen sie glatt; sie hinterließen nach ihrem Abschmelzen nordisches Gestein.

7 Quarzite auf dem Stinkesberg, sogenannte Opfersteine.

8 Römische Glasgefäße. 300–400 n. Chr.

Fundort Düsseldorfer und Bechemer Straße.

Unser rechtsrheinisches Land ist nicht römisch besiedelt gewesen. Aber die Römer führten mehrere Offensiven gegen die Germanen. Vielleicht zogen die Römer durch unsere Gegend zur Varusschlacht. Seit der 2. Hälfte des 3. Jahrhunderts griffen die vereinigten germanischen Völkerschaften, Franken genannt, die römische Rheingrenze an. 387 zog zum letztenmal ein römischer Heerführer von Neuß aus über den Rhein, um die Franken zu verfolgen. Vielleicht stammen die römischen Funde von diesen Heerzügen.

9 Rittergut Volkardey.

Farblithographie von P. Grabow. 1857.

Heimatmuseum

10 Aus dem ältesten Chartular des Klosters Werden. Erste Erwähnung des Namens Ratingen. Vor 850 Universitätsbibliothek Leiden (Holland).

Photokopie im Hauptstaatsarchiv Düsseldorf, Abtei Werden, Rep. u. Hs. Nr. 11

11 Holzplastik des hl. Suitbertus. 15. Jahrhundert.
In der Pfarrkirche Heilig-Kreuz, Mönchengladbach.

12 St. Suitbertus. Kolorierter Kupferstich von F. Blomert. Um 1620
Heimatmuseum

13 Darstellung der Kirche auf dem ältesten großen Stadtsiegel. 13. Jahrhundert.
In der Darstellung der Kirche sowohl auf dem ältesten wie auf dem jüngeren Stadtsiegel (siehe hierzu die Abbildungen 31 und 32) dürfen wir kein zuverlässiges Bild der alten Kirche sehen, die allerdings, wie noch heute, drei Türme hatte. Siehe hierzu: Germes, J., Ratinger Siegel, Wappen und Zeichen, Beiträge zur Geschichte Ratingens, II, 1961, S. 20.

14 Ansicht der Kirche in der Zeichnung von E. Ph-. Ploennies. 1715.
Die Kirche zeigt noch den gotischen Turmhelm.

15 Südansicht der Kirche um 1870.
Zeichnung von F. Pützer.
Original beim Landeskonservator in Bonn.

16 Die Kirche von Norden vor 1892.
Foto im Besitz der Familie Samans

17 Ostteil und Chor der Kirche vor 1892.
Foto im Besitz der Familie Samans.

18 Das Langhaus der Kirche vor 1892.
Foto im Heimatmuseum

19 St. Peter und Paul heute.
Im Vordergrund der Giebel des Bürgerhauses.

20 Der Codex Ratingensis.
Foto Stadtarchiv

21 Taufstein aus Ratinger Marmor. 1631.
Höhe 111 cm. Durchmesser 87 cm.

22 Völlig überholt wurde in den letzten Jahren die Kirche von St. Peter und Paul

23 Die gotische Monstranz aus dem Jahre 1394.
Sogenannte Turmmonstranz.
89 cm hoch, aus vergoldetem Silber.
„Sie ist ein künstlerischer Glücksfall, eine Sternschnuppe am mittelalterlichen Firmament der Kunst." (Peters, H., in: Zwischen Rhein, Ruhr und Wupper, Ratingen 1963).

24 Engel mit Passionswerkzeugen.
Detail aus der Ratinger Monstranz.

25 Siegel der Äbtissin Gudelinda von Ratingen.
11. Äbtissin von Elten.
Regierte von 1270 bis 1301. Starb am 1. Dezember 1301. Umschrift des Siegels „S(igillum) GODELIN-DIS DEI GRA (TIA) ABTISSE ALTINGEN" (Siegel der Godelindis, von Gottes Gnade Äbtissin von Elten).
Das Foto stellte Leo Giese in Emmerich zur Verfügung, dem an dieser Stelle dafür gedankt sei.
Entnommen dem Werk: N. C. Kist, Necrologum en het Tynsboek van het Adelijk Jufferen-Stift te Hoog Elten, Leiden 1853.

26 Siegel des Grafen Adolf von Berg (1193–1218)

27 Siegel des Grafen Adolf von Berg (1225–1247)

28 Die Burg Zum Haus im 16. Jahrhundert.
Federzeichnung von G. A. Fischer.
Entnommen dem Buch: „Schloß Burg an der Wupper. Die Burgen des Mittelalters usw." von G. A. Fischer. Düsseldorf, 1892, Fig. 43.

29 Die Burg Zum Haus.
Aquarell von W. Ritzenhofen. 1954.
Heimatmuseum

30 Wappen des Rittergeschlechtes vom Haus.
Nach A. Fahne, Geschichte der kölnischen, jülischen und bergischen Geschlechter, 1, 1848, Seite 142.

31 Stadterhebungsurkunde vom 11. Dezember 1276.
Die Urkunde ist in lateinischer Sprache abgefaßt und „in novo castro nostro", in unserer neuen Burg, d.i. Schloß Burg, ausgefertigt worden.
Die Stadterhebungsurkunde ist die älteste und wertvollste Urkunde im Besitz der Stadt.

32 Das älteste große Stadtsiegel, 1338.
Historisches Archiv der Stadt Köln, St. Johann und Cordula, Urk. 52, 1338 Juni 23.
Als Zeit der Entstehung des Siegels muß ohne jeden Zweifel das 13. Jahrhundert angenommen werden. Die Siegel der Städte Ratingen, Wipperfürth und Lennep „sind Arbeiten desselben Meisters, der, wie das Siegel von Wipperfürth beweist, im 13. Jahrhundert gelebt hat".
Vgl. auch: Ewald Wilhelm, Rheinische Siegel, III, Bonn, 1931, S. 156.

33 Ältestes Sekretsiegel der Stadt, 1363.
Hauptstaatsarchiv Düsseldorf, Berg, Urk. 354, 1363 Sept. 6.

34 Zweites Sekretsiegel, 1383.
Hauptstaatsarchiv Düsseldorf, Berg, Urk. 576, 1383 Okt. 9.

35 Jüngeres großes Stadtsiegel, 1442.
„Den Stempel hat eine kunstfertige Hand geschnitten, die wir in den Siegeln der bergischen Städte nicht weiter antreffen." (Endrulat Bernh., Niederrheinische Städtesiegel, Düsseldorf, 1882, S. 8.) Vermutlich war es ein Ratinger Goldschmied. Vgl. hierzu Germes J., a.a.O., S. 19.

36 Die Stadt Ratingen im 17. Jahrhundert, Farbdia Hütten.

37 Partie am Dicken Turm.

38 Wehrgang mit Trinsenturm.

39 Bechemer Tor. Nach einer Federzeichnung von G.A. Fischer, a.a.O., in Figur 17. Gezeichnet von C. Barth, Düsseldorf.
Stadtarchiv

40 Lintorfer Tor. Sicht zur Stadt. Abgerissen 1873. Im Hintergrund die evangelische Kirche.
Heimatmuseum

41 Urkunde über die Errichtung der Ratinger Bürgerwehr vom 6. März 1443.
Stadtarchiv

42 Platte aus dem Schützensilber der St. Sebastiani-Bruderschaft.
Anno 1433, 1753.
Silberschild mit der Darstellung eines Jägers mit Hirsch. Oben Beschlag- und Beschaumarken. Text. Johannes Peter Mäyer Rahtsverwanter der St. Sebastiani Bruder Schafft.
Schützenkönig zu Ratingen Anno: 1753.
Heimatmuseum

43 Platte aus dem Schützensilber der Scheibenschützen, 1776.
Im ovalen, von Lorbeer mit Schleife gerahmten Schild Putto mit Bogen und Siegespalme. Unten Schießscheibe mit Pfeil. Marken. Text: OB RECEPTIS OPTIMI IACTVS LAVREOLAS NECTEBAT. HOC ANGELVS WEINGARZ SOCIETATIS PRAEFECTVS. Das Chronogramm (die Summe der fetten Buchstaben = lat. Zahlen) ergibt das Jahr 1776.
Heimatmuseum.

44 Siegel des Schöffen Lewe Koelken, 1470.
Nimmt 1471 an dem Kriegszug der Ratinger Schützen nach Nideggen teil.
Schild: Glocke mit drei Griffen.
Urkunde 1470, Nov. 1.
Stadtarchiv

45 Siegel des Schöffen und Bürgermeisters Johann Gotzwin, 1466.
Kommandiert die Ratinger Schützen 1471 in dem Kriegszug nach Nideggen.
Schild: Hausmarke.
Urkunde 1466, Dez. 27.
Hauptstaatsarchiv Düsseldorf, Broich, Urk. 126.

46 Ältestes Stadtwappen, 15. Jahrhundert, Zeichnung.
Stadtarchiv

47 Stadtwappen, 16. Jahrhundert, Zeichnung.
Stadtarchiv

48 Stadtwappen, 19. Jahrhundert, Zeichnung.
Stadtarchiv

49 Siegel des Gerichts In der Brüggen, zu dem Ratingen bis zur Stadterhebung gehörte.
Schild: Zugbrücke. Rechts oben (heraldisch gesehen) ein sechsstrahliger Stern.
Hauptstaatsarchiv Düsseldorf, 1499, Rath, Urk. 45.

50 Allgemeines Schöffensiegel der Stadt, 1574.
Archiv Heltorf, Urk. R 1, 1574, Juni 23.

51 Kaiser Maximilian I. enthebt die Stadt der Reichsacht.
Urkunde vom 2. September 1505.
Stadtarchiv

52 Siegel des Kaisers Maximilian I. an der Urkunde vom 2. September 1505, wonach er die Stadt der Reichsacht enthebt. Siegelrest.
Stadtarchiv

53 Ratinger Münzen (von links nach rechts)

1. **Denar** Durchmesser 17 mm, Gewicht 1,21 gr

   Vorderseite: Der Graf, auf einem Faltstuhl mit Hundeköpfen sitzend, bekleidet mit einem weiten, am Saum verzierten Mantel. Auf der Brust das Schild von Ravensberg (drei rote Sparren). Das lockige Haupt trägt einen Reif mit drei Ringeln, die Rechte hält das Schwert schulternd, die Linke einen dreiteiligen Zweig. Unter den beiden Händen des Grafen ein Punkt. Zwischen Kerbkreisen, rechts anfangend: WILHELMUS: COMES.

   Rückseite: (darunter) In gleichschenkeligem Dreieck aus Kerblinien ein großer Kopf von vorn, auf dem gelockten Haar eine Krone mit drei Rosetten. In den Ecken des Dreiecks spitze Dreiblätter. Außen Kerbkreis, an den Seiten des Dreiecks entlang: MONETA RATINGEN.

   Zeit: etwa 1380.

2. **Sterling** Durchmesser 19 mm, Gewicht 1,135 gr

   Vorderseite: Gevierter Schild vom einschwänzigen jülichen und dem zweischwänzigen bergischen Löwen, außen Kerbkreis: WILHELMUS COMES.

   Rückseite: Kreuz aus drei Linien mit Querverkröpfungen an den Balkenenden, auf jedem ein Kleeblatt zwischen zwei großen Blättern. Zwischen Kerbkreisen: MONETA RATINGENS.

   Zeit: nach 1360.
   Heimatmuseum

3. **Halber Weißpfennig (Schilling).**

Durchmesser 21,5 mm, Gewicht 1,065 gr.

Vorderseite: Spitzer Dreipaß, bei welchem in jedem Bogen drei kleine Bogen eingesetzt sind. Darin Schild mit rechtsgewandtem, einfach geschwänzten Löwen. Die beiden oberen Spitzen des Dreipasses sind durch doppelte Winkellinien abgeteilt und in jedem derselben befindet sich ein spitzes Vierblatt; in der unteren Spitze ist der Ravensberger Schild mit zwei Sparren. Zwischen Kerbkreisen: ADOLPHUS DUX BERG.

Rückseite: (darunter) Gleichschenkliges Kreuz aus drei Linien mit Blätterenden, auf demselben ein Schild mit zweiköpfigem Adler. Zwischen Kerbkreisen (Adler): MONETA. NOVA. DE. RATINGEN.

Zeit: nach 1408.

4. **Sterling**

Vorderseite: wie bei 2. Außen Kerbkreis: WILHELMUS COMES.

Rückseite: wie bei 2. Zwischen Kerbkreisen MONETA: RATINGENSIS.

Zeit: nach 1360.

Heimatmuseum

5. **Turnose** Grober Schnitt, Durchmesser 26 mm, Gewicht 3,230 gr.

Vorderseite: WILHELMUS COMES BENEDICTUS SIT NOMEN DOMINI NOSTRI JESU CHRISTI (Gelobt sei der Name unseres Herrn Jesus Christus).

Rückseite: (darunter) MONETA. RATINGEN

Zeit: nach 1360.

Heimatmuseum

6.
und
7. **Turnose** Grober Schnitt, Durchmesser 26 mm, Gewicht 3,230 gr.

Vorderseite: + MONETA RATINGIN BENEDICTUS usw. wie bei 5.

Rückseite: (darunter) TURONUS' CIVIS'
Bei 7.: Nachstempel: Vorderseite fünfblättrige Rose (Lippe), Ravensberger Schild.

8. **Weißpfennig** Durchmesser 26,5 mm, Gewicht 2,440 gr

Vorderseite: Runder Achtpaß, in jedem Bogen drei kleine Bogen eingesetzt. Inmitten gevierter Schild Jülich-Berg mit Mittelschild Ravensberg. Zwischen Kerbkreisen: WILHELM DUX. DE. MONTE. RAVR.

Rückseite: Kleines befußtes Kreuz, rings zwei Umschriften. Zwischen drei Kerbkreisen (Schild): MONETA RATINGEN + CHRISTUS VINCIT CHRISTUS REGNAT CHRISTUS IMPERAT mit Abkürzungen. Der Name Christus erscheint mit den griechischen Anfangsbuchstaben XP (Christus siegt, Christus regiert, Christus herrscht). Der Spruch ist dem österlichen Laudes entnommen und auf allen Weißpfennigen zu finden.

Zeit nach 1380.

9. **Weißpfennig** Durchmesser 26 mm, Gewicht 2,080 gr.

Vorderseite: wie vorher.
+ ADOLPHVS. DVX. ZO. DEM. BERG. Z. COMES.

Rückseite: wie vorher.
Auffallend ist der Bergische Titel in deutscher Sprache, während die unvollständige Fortsetzung das übliche Lateinische ist.

Zeit: nach 1408.

54 Oberstraße. Blick auf altes Fachwerkhaus und Kirche.

55 Hauser Kapelle. 17. Jahrhundert.

Ein Barockbau mit Glockentürmchen. An der Vorderwand das Allianzwappen der damaligen Besitzer der Burg Zum Haus, der Herren von der Horst. Früher befand sich in der Burg selbst eine Kapelle, wo der Pfarrer von Ratingen wöchentlich zweimal die Messe lesen mußte.

In der Kapelle Altar der hl. Barbara aus dem 18. Jahrhundert aus St. Peter und Paul.

56 Siegel des Aelf Dechen. 1451.

Die Familie Dechen ist die bedeutendste in der Stadt im Mittelalter, auch eine der angesehensten und wohlhabendsten.

Urk. 88, 1451, ohne Datum.

Schild: Hausmarke.

Stadtarchiv

57 Siegel des Bürgermeisters Rutger Portmann. 1581.

Johann P. war eine einflußreiche Persönlichkeit am herzoglichen Hof in Düsseldorf. Stand um 1593 in dem Machtkampf der unglücklichen Jacobe von Baden als Vertreter Ratingens mit der protestantischen Partei auf der Seite der Herzogin. Finanzierte 1593 eine Reise von zwei Gesandten zum Kaiser nach Prag. Sohn Johann bedeutender Diplomat im Dienste des Kurfürsten von Brandenburg. 1653 von Kaiser Ferdinand III. mit seinen sieben Söhnen in den Reichsadelsstand erhoben.

1581, März 21.

Schild: Hausmarke.

Stadtarchiv, Urk. 74

191

58 Kaiser Karl IV. (1347–1378) besuchte die Stadt im Jahre 1377.

59 König Christian I. von Dänemark (1426–1481) besuchte die Stadt 1471.
Bild: Der König mit seiner Gemahlin Dorothea von Brandenburg.
Inschrift: CHRISTIAN DER ERSTE KONIG ZU DENNEMARCKEN SCHWEDEN UND NORWEGEN HERTZOG ZU SCHLESWIG HOLSTEIN + K + FRIDERICHS DES ERSTEN VATTER
DOROTHEA GEBORN ZU BRANDENBURCK UND KONIG CHRISTOFFERS VON BEYERN GELASSENE WIT FRAW + K + FRIDERICHS MOTTER.
Die Aufnahme stellte in liebenswürdiger Weise das Königliche Nationalhistorische Museum, Schloß Frederiksborg, in Dänemark, zur Verfügung, dem an dieser Stelle dafür gedankt sei.

60 Teil des Münzfundes aus der Zeit nach dem Dreißigjährigen Krieg. Gefunden bei Ausschachtungsarbeiten, Oberstraße 13, Hinterhaus.
Insgesamt wurden 53 silberne Taler, Prägungen aus der Zeit von 1610–1651 verschiedener Herkunft (Tiroler, holländische, brabantische, Dresdner, Tournai) gefunden.
Heimatmuseum

61 Vorderseite eines Maximiliantalers von 1613 und Rückseite eines Ferdinand-Talers von 1622 aus dem Münzfund. Der Maximilian-Taler ist eine Tiroler Prägung mit einem Bild des Erzherzogs Maximilian von Bayern (1597–1651). Der Ferdinand-Taler der freien Reichsstadt Frankfurt mit dem doppelköpfigen Reichsadler.
Heimatmuseum

62 Heiligenhäuschen oder Kreuzkapelle (bereits 1443 erwähnt), 1642 umgebaut, 1648 eingeweiht. Im Stadtbuch von 1443 werden zwei Heiligenhäuschen erwähnt; einmal das „oberste heilgen huyß" und dann das „heilgen huyß buten der Oberportzen", die spätere Kreuzkapelle.
Die Niederschrift des Pfarrers Philipp Baden über die feierliche Einweihung der Kreuzkapelle am 6. März 1648, also gegen Ende des Dreißigjährigen Krieges, betrifft eine Altarweihe. Im Steinbalken über der Eingangstür die Jahreszahl 1642.

63 „Die Zerstörung der Stadt Ratingen 1641"
Zeichnung von dem Mettmanner Grafiker Hütten.

64 Altar aus der Minoritenkirche.
Heute in der kath. Kirche in Irlich bei Neuwied. Bei dem Umbau des Klosters (jetziges Rathaus) zu Schulzwecken, nachdem das Gebäude der Stadt 1834 zu diesem Zweck geschenkt worden war, wurden drei Altäre, Kommunionsbank und Kanzel an die Pfarre Irlich verkauft.
Foto Heimatmuseum

65 Das alte Minoritenkloster
Quadrum und Reste des alten Kreuzganges lassen den Klosterbau heute noch erkennen.

66 Innenhof des früheren Klosters (Rathaus) 1964.

67 Evangelische (reformierte) Kirche.

68 Inneres der evangelischen Kirche bis 1951.

69 Nach einem Brandanschlag renoviert: der Innenraum der ev. Kirche Ratingen.

70 Silberne Abendmahlskanne, gestiftet 1660 von der Freifrau von Bawyr zu Frankenberg.

71 Silberner Abendmahlsteller, gestiftet von Gerhard Dimer, Gouverneur von Ostindien. Um 1660.

72 Blick auf den Chor der ehemaligen lutherischen Kirche von der Minoritenstraße aus.

73 „Die Eroberung der Haupt-Vestung Kaiserswerth" im Juni 1702 nach einem zeitgenössischen Stich.
Stadtgeschichtliches Museum Düsseldorf

74 Epitaph des in der evangelischen Kirche begrabenen und vor Kaiserswerth gefallenen Obersten Wilhelm von Muralt. 1702, aus Ratinger Marmor.
Die Schweizer Legionäre setzten ihren reformierten Oberst als Edelmann in der Kirche bei.
Von seinem Grabmal ist nur noch die Marmortafel erhalten, deren Inschrift Leben und Verdienste des Gefallenen erwähnen. Der reiche barocke Rahmen mit Figuren und Wappen wurde 1892 beim Einbau einer Empore zerstört. Wilhelm von Muralt stammte aus Bern, wurde dort 1664 geboren, trat 1693 in holländische Dienste, seit 1701 Mitglied des Großen Rates der Stadt und Republik Bern.
Die Gedenktafel hat folgende Inschrift:

EPITAPHIUM
viri amplissimi nobiliss. atq. strenuiss. dom.
domini Guilielmi de Muralto
ducentum viri
illustriss. Bernatum rei publicae
consultissimi
tribuni militum
Helvetiae legionis
Batavis militantis
fortissimi
in oppugnatione
Caesaroverdi ad rhenum
pie et invicte occumbentis
anno domini MDCCII
quinto idus iuny

zu deutsch:

Grabmal
des hochgestellten, edlen und sehr tatkräftigen
Mannes
des Herrn Wilhelm von Muralt,
einer der 200 Männer
der hochberühmten Republik Bern,
des sehr erfahrenen und heldenmütigen
Obersten
der für die Niederländer kämpfenden
Schweizer Legion;
bei der Belagerung von Kaiserswerth am Rhein

fiel er fromm und unbesiegt
im Jahre des Herrn 1702
am fünften vor den Iden des Juni.
(9. Juni)

75 Eigenhändiger Brief des Kurfürsten Jan Wellem vom 19. August 1696 an seine Schwester Maria Anna, Königin von Spanien.

Jan Wellem kondoliert zum Tode des Gatten. Der Brief hat folgenden Inhalt:

„Durchlauchtigste, großmächtigste Königin,

freundlich geliebteste und hochgeehrtigste Frau Schwester. Weilen Ich dermalen keinen Ministrum ahn dahigen Königlichen Hof habe, gleichwohle aber meine Schuldigkeit erfordert, Euer Königlichen Majestät mein Condolenz über den Todtfall der Verwittibten Königl. Majestät höchstseligen Andenkens mit mehrerem mündtlich contestieren zu können, so hab Ich des Herren Großherzogs von Toscana aldahe anweßenden Don Iniuato Straordinario ersucht, bey Euer Königl. Majestät sothane Condolentz in meinem Nahmen gebührendt abzulegen. Bitte dann anhero Ew. Königl. Majestät gehorsambst, Sie belieben gedachten Ministrum gnädigst anzuhören und in allem, gleich mit selbsten, völligen Glauben beyzumessen, auch zu glauben, daß Ich in ohnveränderlicher devotion verharre undt in allem schuldigsten respect gehorsamblich ersterbe.

Eurer Königl. Majestät

Gantz dienstergebenster getreuester und gehorsambster Bruder und Diener beständigst bis in meinen Todt

Johann Wilhelm Kurfürst

Düßeldorf, den 19. August 1696

Ahn Ihre Majestät

die Königin von Hispanien."

Heimatmuseum

76 Johann Wilhelm II. von Pfalz-Neuburg (Jan Wellem), Regent seit 1679, Kurfürst von 1690–1716.

Schabkunstblatt von E.C. Heiss.

Heimatmuseum

77 Alte Hauszeichen.

1 Zum Goldenen Pflug, Düsseldorfer Straße 15, 1752; 2 Zum Roten Löwen, Markt 3, 1650 (1611); 3 In der Crone, Lintorfer Straße 2, 1776; 4 In den drei Kronen, jetzt am Haus Markt 12; 5 Im Schwarzen Adler, Oberstraße 30, 1752.

78 Orgel in der evangelischen Kirche zu Ratingen. Erbaut 1735 von Thomas Weidtman.

79 Orgel in der Hervormde Kerk zu Sprang (Holland).

Erbaut 1727 von Thomas Houben für die Hervormde Kerk in Dordrecht (Holland).

Siehe zu Abbildung 75.

80 Orgel in der evangelischen Kirche zu Orsoy.

Erbaut 1680 von Peter Weidtman I.

Siehe zu Abbildung 75.

81 Kurfürst Karl Theodor (1742–1799).

Gemälde von Anton Wisselink (1702–1771), 1766. Geschenk des Kurfürsten an die Stadt vom 10. April 1766.

Heimatmuseum

82 Gesellschaft beim Kaffeetrinken.

Federzeichnung von N. Aartmann, um 1770.

Heimatmuseum

83 Johann Gottfried Brügelmann,

der Gründer von Cromford, der Vater der deutschen Industrie (1750–1802).

Nach einer Aufnahme im Familienbesitz.

Im Sterbebuch der reformierten Geminde Ratingen ist ihm folgender Nachruf gewidmet:

„Dezbr. am 27ten 1802 Herr Johann Gottfried Brügelmann, würklichen Kommerzienrath Sr. Khurfürstl. Durchl. von Pfaltz-Bayern, alt 52 Jahre 6 Monate und 3 Tage. Starb an der Krankheit, die die Ärzte Authrax nennen. Seine Ärzte waren: Herr Hofrath Löwen und H. Med. Rath Zanders von Düsseldorf. NB. War der Stifter der für unser Vaterland so wichtigen, und vorhin in Deutschland unbekannten Baumwollspinnerey ohne Menschenhände, durch Maschinen, die Er im J. 1785 auf der sogenannten Hauser-Oel-Mühle nach dem Muster einer kurz vorher in Engelland zu Northamshire entstandenen, mit großen Kosten angelegt, und mit unermüdeter Anstrengung vervollkommnet hatte. Bisher hat er daselbst drey Fabrikgebäude, nebst seinem schönen Wohnhaus und vielen anderen Gebäuden errichtet, und den Platz Cromford genannt. Vor seinem seligen Tode hat er außer vielen anderen wohltätigen Verfügungen Rth. 1000 zur Vermehrung des Prediger-Gehaltes, und auch Rth. 1000 zur Vermehrung der Gehälter unserer vier Schullehrer vermacht, die seine Familie ausgezahlt hat.

Er hinterließ eine Gattin und zween Söhne, die die Geschäfte ihres seeligen Vaters mit Geschicklichkeit und Fleiß fortsetzen.

Sein Andenken bleibt unvergeßlich und ein Segen.

Ornare patriam et amplificare gaudio studebat et operam dabat." (Mit Freude bemühte er sich, sein Besitztum zu gestalten und auszubauen, worauf er viel Mühe verwandte.)

84 Privileg des Kurfürsten Karl Theodor vom 19. April 1784 für Johann Gottfried Brügelmann zur Errichtung einer „Kraz-, Hand- und Spinn-Maschine".

Der Inhalt lautet:

„Carl Theodor von Gottes Gnaden Pfalzgraf bey Rhein, Herzog in Ober- und Niederbayern, des heiligen römischen Reichs Erztruchseß und Kurfürst, zu Gülich, Kleve und Berg Herzog, Landgraf zu Leuchtenberg, Fürst zu Mörs, Marquis zu Bergen op Zoom, Graf zu Veldenz, Sponheim, der Mark und Ravensberg, Herr zu Ravenstein etc.

Unsern Gruß zuvor hoch- und wohlgeborne wohl auch edelgeborne, edelvest und hochgelehrte liebe Getreue! Was Wir an unsere Gülich- und Bergische Hofkammer das Gesuch des Fabrikan-

ten Brögelmann zu Elberfeld um ein ausschließliches privilegium zur Errichtung eine Kraz-Hand und Spinn-Maschine in beiden Herzogthümern betrefend unterm heutigen gnädigst erlassen haben. Solches habt Ihr aus beiliegender Abschrift gehorsamst zu entnehmen und bleiben euch übrigens mit gnaden gewogen.
München den 19. April 1784

          Carl Theodor

An den Gülich und Bergischen
geheimen Rath
Das Gesuch des Fabrikanten Brögelmann
zu Elberfeld um ein ausschließliches
privilegium zur Errichtung einer
Kraz-Hand- und Spinn-Maschine
in beiden Herzogthümern betrefend
  Unterschrift
   ad Mandatum Serenissium
    Domini Electoris
     pprium
      Unterschrift"

Im Herbst erhielt Brügelmann Befreiung von allen Steuern und Abgaben und wurde zum Kommerzienrat ernannt.

85 Herrenhaus Unter-Cromford.

Erbaut 1787–1790, vermutlich von Nikolaus de Pigage, dem Erbauer von Schloß Benrath.

Nikolaus Pigage ist als Erbauer nicht nachzuweisen, soll es aber nach der Familientradition sein.

H. Peters vermutet, daß einer seiner Mitarbeiter oder Schüler die Pläne in Anlehnung an Schloß Benrath entworfen hat. Er bezeichnet Cromford als „eine wichtige Station auf dem Wege der Angleichung des bürgerlichen Patrizierbaues an den Palastbau der Fürsten."

Das Fabrikgebäude von Cromford mit seinen fünf Stockwerken und dem charakteristischen Walmdach von 1783/1784 verdient als industriegeschichtliches Baudenkmal Erwähnung.

86 Herrenhaus Unter-Cromford.

Hauptsaal mit Dekorationen des ausgehenden 18. Jahrhunderts.

Foto Heimatmuseum

87 Herrenhaus Ober-Cromford.

Erbaut um 1810, vermutlich von A. von Vagedes.

Das Gebäude, an der Mülheimer Straße gelegen, verfällt heute.

Foto Heimatmuseum

88 Titel und Titelbild aus einem Gedichtband von Friedrich Mohn. 1795.

Gedruckt bei J.H.L. Schreiber

89 Kreuzabnahme Christi. Nach A. van Dyck.

Das Gemälde wurde 1903 von dem Düsseldorfer Maler Aschenbroich restauriert und war einige Jahre in der Kirche am Hochaltar angebracht. Vorher war es in Privatbesitz und kam durch Schenkung in das Eigentum der Kirche.

90 Erste Karte über die preußische Gebietseinteilung. 1817.

Heimatmuseum

91 Die frühere Synagoge an der Bechemer Straße. Errichtet 1817, aufgegeben 1931, 1940 abgebrochen.

Foto Privat

92 Inneres der früheren Synagoge

Foto Heimatmuseum

93 Fahne der Ratinger Bürgerwehr 1848.

Heimatmuseum

94 Königliche Order über die Auflösung der Ratinger Bürgerwehr vom 13. Dezember 1848 mit eigenhändiger Unterschrift König Friedrich Wilhelms IV.

Düsseldorf, Hauptstaatsarchiv

95 Der alte Marmorbruch an der Neanderstraße, das sogenannte „Schwarze Loch".

96 Fahrplan der Köln-Mindener Eisenbahn 1846.

Diese Eisenbahn führte von Köln-Deutz über Düsseldorf, Kalkum nach Duisburg. 1846 in Betrieb genommen. Bis 1871 war Kalkum der nächste Bahnhof für Ratingen, zu dem von hier täglich eine Personenpost fuhr.

Heimatmuseum

97 Fahrmarke der Personenpost der Firma E. Laser.

Um 1850 (vergrößert).

Die Postkutsche war das Beförderungsmittel, bis Eisenbahn und Auto sie verdrängten.

Heimatmuseum

98 Passagier-Billett der Personenpost Ratingen-Düsseldorf. 1858.

Heimatmuseum

99 Die Wallstraße zwischen Düsseldorfer und Bechemer Straße bis 1911 mit der Stadtmauer und den Resten von Türmen.

Stadtarchiv

100 Altes Haus an der Bechemer Straße.

Abgerissen 1960.

Stadtarchiv

101 Der Villersturm in der Wallstraße und Rest der Stadtmauer. Vor 1911.

Nach einem Gemälde von Hubert Tack. Im Besitz der Familie Fritz Keusen.

Der Maler H. Tack, jetzt Oberstudienrat in Rheydt, ist geborener Ratinger. Von seiner Hand stammen viele Zeichnungen von Ratinger Motiven. Auch die Zeichnungen für die Notgeldscheine der Stadt im Jahre 1923 (siehe Abbildung 120) sind von ihm gefertigt.

102 Das alte Fachwerkhaus Oberstraße 23 vor dem Umbau. Ein Wahrzeichen der alten Stadt. Aus dem Ende des 15. Jahrhunderts, dem Übergang der Spätgotik zur Renaissance.

103 Die Umgebung Ratingens 1715.
Zeichnung von E. Ph. Ploennies.
Stadtarchiv

104 Karte aus der Zeit um 1875 mit der Pferdebahn.
Stadtarchiv

105 Die obere Papierfabrik des Grafen Spee um 1880 (an der Hauser Allee). Zeichnung von L. Rausch.
Heimatmuseum

106 Die Dürrwerke, Dampfkesselfabrik, im Jahre 1883

107 Die Düsseldorfer Eisenhüttengesellschaft um 1900/1903 nach der Übersiedlung von Düsseldorf nach Ratingen. Zeichnung.
Düsseldorfer Eisenhüttengesellschaft, Archiv

108 Die Firma Keramag, Keramische Werke A.G., früher Twyford. Gegründet 1903.
Werksfoto

109 Die Geldschrankfabrik Adolphs GmbH. Seit 1907 in Ratingen.
Das Foto stellte das Werk zur Verfügung.

110 Die Firma Siebeck-Metallwerk GmbH, früher C. und A. Memmler, gegründet 1896.
Das Foto stellte das Werk zur Verfügung.

111 Maschinenfabrik Besta (früher Spezialfabrik für Ziegeleimaschinen). Gegründet 1910.
Das Foto stellte das Werk zur Verfügung.

112 Die Firma Balcke-Dürr.

113 Briefbogen der früheren Deutschen Lastautomobilfabrik A.G. Gegründet 1910. Betrieb eingestellt 1929.
Stadtarchiv

114 Blick in die Oberstraße um 1900.
Rechts das Gasthaus zum hl. Geist, bereits 1362 erwähnt, und die wiederholt umgebaute Kapelle. Zerstört beim Bombenangriff am 22. März 1945.
Stadtarchiv

115 Blick auf die Stadt um 1900.
Von der Düsseldorfer Straße gesehen. Der Weg vorne rechts im Bild ist heute die Hans-Böckler-Straße.
Foto Privat

116 Das Haus „Zu den vier Winden", 1789 umgebaut. Gemälde von Bell.
Im Besitz von Dr. Max Bretz, Kronberg i.T.

117 Die Burg Zum Haus.
Bleistiftzeichnung von Joh. Wilh. Schirmer (1807 bis 1863).
Neuß, Clemens-Sels-Museum

118 Die Mädchen-Realschule

119 Das frühere Stadtwappen mit dem handschriftlichen Genehmigungsvermerk Kaiser Wilhelms II. vom 24. Dezember 1909.

120 Altes Haus Ecke Mülheimer und Hochstraße. „Am Bonaparte" genannt, weil es dreispitzig war. Abgerissen 1900.
Stadtarchiv

121 Blick auf die Stadt um 1912

122 Ev. Krankenhaus

123 Mobilmachung am 2. August 1914.
Bürger lesen die Bekanntmachung an der Vorderfront des Rathauses.
Stadtarchiv

124 800 Soldaten der Ratinger Garnison rücken am 22. Mai 1915 aus zur Front im Osten.
Stadtarchiv

125 Bericht in den „Düsseldorfer Nachrichten" über die Besetzung der Stadt in der Nacht zum 28. Februar 1919.
Stadtarchiv

126 Notgeld der Stadt aus dem Jahre 1923
1. Schein über 100 000 Mark
Ausgegeben am 15. August 1923,
Vorder- und Rückseite.
2. Schein über 500 000 Mark
Ausgegeben am 15. August 1923,
Vorder- und Rückseite.
3. Schein über 1 Million Mark
Ausgegeben am 15. August 1923,
Vorder- und Rückseite.
4. Schein über 100 Millionen Mark
Ausgegeben am 15. September 1923,
Vorderseite, Rückseite nicht bedruckt.
5. Schein über 200 Millionen Mark
Ausgegeben am 15. September 1923,
Vorderseite, Rückseite nicht bedruckt.
6. Gutschein über 10 Milliarden Mark
Ausgegeben am 11. Oktober 1923 als Geldersatz. Im Abzugsverfahren hergestellt. Im Volksmund „Scheiff-Rubel" genannt.

127 Luftaufnahme aus dem Jahre 1925.
Stadtarchiv

128 Porzellan des in Lintorf geborenen Johann Peter Melchior (1745–1825) „Schäferin im Turm".
Porzellane des Johann Peter Melchior:

129 „Junge mit Eiern".

130 „Die Flöten".

131 Bergischer Kleiderschrank vom Ende des 19. Jahrhunderts.
Heimatmuseum

132 Münzen aus 6 Jahrhunderten
(von links nach rechts)
1. 14. Jahrhundert Kölnischer Pfennig
2. 14. Jahrhundert Ratinger Sterling
3. 15. Jahrhundert Ratinger Turnose
4. 15. Jahrhundert Berg. Goldgulden. Um 1500
5. 16. Jahrhundert Berg. Taler. Um 1560
6. 17. Jahrhundert Berg. Schilling. Um 1613
7. 17. Jahrhundert Berg. 1/2 Kreuzer. Um 1622
8. 18. Jahrhundert Gedenkmedaille auf das Reichsvikariat Jan Wellems, 1711, von P.H. Müller (ohne Rückseite)
9. 17. Jahrhundert Berg. 4-Pfennigstück, 1622
10. 18. Jahrhundert Gedenkmedaille auf das Reichsvikariat Jan Wellems, 1711, von J. Selter
11. 18. Jahrhundert Berg. 1/2 Karolin, Gold, 1733
12. 18. Jahrhundert Berg. Taler, 1774
13. 19. Jahrhundert Berg. Taler, 1802
14. 19. Jahrhundert Preuß. Taler, 1818
15. 20. Jahrhundert 5 Reichsmark, Sonderprägung aus Anlaß der Jahrhundertfeier der Rheinlande

Alle Originale: Heimatmuseum

133 Aufbahrung der Opfer des Fliegerangriffes vom 8. April 1943 auf dem Marktplatz.
Stadtarchiv

Bombenangriff am 22. März 1945

134 Zerstörungen in der Oberstraße.

135 Zerstörungen in der Schützenstraße

136 Zerstörungen an St. Peter und Paul.

137 Zerstörungen in der Oberstraße.

Die Entwicklung seit 1945

138 Weiträumige Grünanlagen durchziehen den neuen Stadtteil Ratingen-West

139 Ratingen-West, ein Stadtteil aus einem Guß, heute Heimat für 20 000 Menschen

140 Neue Wohnformen im „Grachten-Viertel"

141 Das moderne Verwaltungsgebäude der Mineralölbau GmbH

142 Beispiel für die mustergültige Restaurierung einer historischen Altstadt ist der Ratinger Marktplatz

143 Alte Häuser erhalten wieder ein unverkennbares „Gesicht", wie hier das Fachwerkhaus am Markt

144 Der „Dumeklemmer-Brunnen" auf der Oberstraße

145 Durch den Ausbau der Fußgängerzonen ist die Innenstadt zum Einkaufsparadies geworden

146 Haus Salem, Altersruhesitz der Kaiserwerther Diakonissen

147 Zu den hervorragenden Sozialeinrichtungen der Stadt gehört auch der Mahlzeitendienst für ältere oder kranke Mitbürger

148 Das Stadion am Stadionring, eine der schönsten Sportanlagen weit und breit

149 Mustergültige Einrichtungen für die Jugend sind vorhanden, hier das Jugendzentrum von St. Peter und Paul

150 Das schöne Hallenbad am Hauserring

151 Ein Modell des neuen Anger-Freibades, das acht Millionen Mark kostet

152 Kultureller Mittelpunkt der Stadt sind Theater (im Bild) und Stadthalle

153 Zahlreiche Tagungen finden jährlich in der neuen Stadthalle statt, aber auch große gesellschaftliche Veranstaltungen. Die Stadthalle steht aber auch den Ratinger Bürgern für Familienfeiern zur Verfügung.

154 Das Rathaus der Stadt

155 Eine Fußgängerbrücke verbindet den neuen Stadtteil Ratingen West mit der Altstadt

156 Alte Fachwerkhäuser im Stadtteil Ratingen-Homberg.

157 Der Turm der alten Pfarrkirche St. Jacobus Homberg

158 Der alte Herrensitz „Haus Anger" im Angertal

159 Noch heute stehen die alten Eichen, unter denen früher Recht gesprochen wurde, auf einer Anhöhe zwischen Homberg und Hösel

160 Wanderfreunde zieht es immer wieder in das idyllische Schwarzbachtal

161 Nur noch wenige der alten Lintorfer Fachwerkhäuser und Kotten sind erhalten

162 Eine Seite aus dem Bruderschaftsbuch der Lintorfer Sankt Sebastianer

163 Eine Urkunde aus dem Jahre 1052

164 Eine Zeichnung der alten romanischen Kirche in Lintorf, die 1876 abgerissen worden ist

165 Eine Seite aus dem Armenbuch der Pfarre St. Anna

166 Johann Peter Melchior, ein Selbstbildnis des berühmten Lintorfer Künstlers

167 Lintorf im Jahre 1838

168 Das ehemalige Rathaus der Amtsverwaltung Angerland, heute Verwaltungsnebenstelle der Stadt Ratingen

169 Das Schulzentrum in Ratingen-Lintorf

170 Hallen- und Freibad in Ratingen-Lintorf ziehen jährlich Tausende von Besuchern auch aus den umliegenden Städten an

171 Schloß Landsberg in Ratingen-Breitscheid ist heute ein Kinderheim

172 Das schöne Wasserschloß Linnep

173 Die „Geometrische Delineatio", ein bemerkenswertes Dokument aus der Geschichte Breitscheids

174 Die Pfarrkirche St. Bartholomäus in Ratingen-Hösel

175 Die Grundschule in Ratingen-Hösel

176 Charakteristisch für die Wohnbebauung in Ratingen-Hösel sind die vielen komfortablen und großzügig gebauten Bungalows

177 Der alte Rittersitz „Gräfgenstein" im Angertal

178 Eggerscheidt besitzt noch viele alte Fachwerkhäuser

179 Fröhlicher Sturm auf das Rathaus: die Karnevalisten schießen mit der Bonbon-Kanone

180 Altes Brauchtum wird in Ratingen gepflegt. Die Schützenfeste gehören zu den herausragenden Ereignissen

Fotonachweis:

Foto Buschhausen, Ratingen: 1, 4, 5, 7, 50, 51, 54, 67, 68, 71, 74, 75, 80, 92, 106, 107, 130–140, 142, 143, 146, 148, 149, 154, 158–161.
Dieter Prochnow, Velbert: 8, 19, 26, 27, 36, 37, 41, 42, 61, 63, 81, 93, 94, 95, 123, 150–152, 155.
Stadtarchiv: 2, 6, 31, 52, 53, 96, 97, 110, 116, 117, 118, 120.
Heimatmuseum: 65, 66, 69, 79, 102.

Verein für Heimatkunde und Heimatpflege: 22, 34, 35, 43, 44, 48, 49, 55, 56, 114.
Landesbildstelle Niederrhein, Düsseldorf: 2, 3, 12, 13, 21, 23, 24, 29, 59, 60, 70, 72, 78, 82, 86, 124–128.
Reiner Klöckner, Ratingen: 111, 118, 119, 138, 139, 140, 141, 142, 143, 144, 145, 146, 147, 148, 149, 150, 151, 152, 153, 154, 155, 156, 157, 160, 163, 168, 169, 170, 172, 174, 176, 179, 180
Bernd Röder, Ratingen: 158, 159, 161, 175, 177, 178

Verzeichnis der benutzten Literatur

Baum, Marie-Luise: „Johann Gottfried Brügelmann", in: Rheinische Lebensbilder, Publikation der Gesellschaft für Rhein. Geschichtskunde, Band I, Düsseldorf 1961, S. 136 ff.
Büter, H.: Die armen Schwestern vom hl. Franziskus ein Jahrhundert in Ratingen, Kleve 1954.
Diekamp, W.: Die Fälschung der vita sancti Suitberti, Historisches Jahrbuch, 1881, S. 272 ff.
Dresen, A.: Urkunden und Akten zur Geschichte der Vikariebenefizien in Ratingen, Wissenschaftliche Beilage zum Jahresbericht des Progymnasiums Ratingen, Ratingen 1912.
Dresen, A.: Quellen zur Ratinger Kirchengeschichte, Wissenschaftliche Beilage zum Jahresbericht des Progymnasiums Ratingen, Ratingen 1914.
Dresen, A.: Die Vikariebenefizien St. Katharina und St. Hubertus in Ratingen, Düsseldorfer Jahrbuch, 28, Düsseldorf 1916.
Dreimüller, K., Germes, J., Vente, A.: Die Ratinger Orgelbauerfamilie Weidtman, Manuskript.
Eschbach, H.: Küren der Stadt Ratingen aus dem 14. Jahrhundert, Düsseldorfer Jahrbuch, 14, 1900, S. 24 ff.
Eschbach, P.: Die Ratinger Mark, Düsseldorfer Jahrbuch, 20, 1906, S. 1 ff.
Rhein. Bildarchiv, Köln. Stadtmuseum, Köln: 32.
Schmölz, Köln: 83.
Nationalhistorisches Museum, Schloß Frederiksborg, Dänemark: 58.
Stichting, Orgelcentrum, Leiden: 76.
Clemens-Sels-Museum, Neuß: 113.
E.G. Kosmidor, Duisburg: 77.
Dürrwerke Ratingen: 103.
Keramag, Ratingen: 105.
Eubel, K.: Geschichte der kölnischen Minoriten-Ordensprovinz, Veröffentlichungen des Historischen Vereins für den Niederrhein, I, Köln 1906.
Ferres, H.: Das Dekanat Ratingen, Hösel 1954.

Gemmert, Fr. J.: Die Entwicklung der ältesten kontinentalen Spinnerei, Leipzig 1927.
Gemmert, Fr. J.: Die Münzen und Geldscheine von Ratingen, Romerike Berge, 2. 1956/57.
Hashagen, J., Narr, K.J., Rees, W., Strutz, E.: Bergische Geschichte, Remscheid-Lennep 1958.
Kessel, J.H.: Geschichte der Stadt Ratingen usw., II, Urkundenbuch, Köln und Neuß 1877.
Kirsten, G.: Ratingen, Hilden, Bergisch-Gladbach und Bensberg, Kölner Forschungen zur Wirtschaft und Sozialgeographie, II, Wiesbaden 1963.
Peters, H.: St. Peter und Paul Ratingen, Beiträge zur Geschichte Ratingens, I, Ratingen 1957.
Peters, H.: Zwischen Rhein, Ruhr und Wupper, Ratingen 1964.
Petry, Fr.: Die fränkische Landnahme und das Rheinland, Bonn 1936.
Petry, J.: Ratingen in den Revolutionsjahren 1848 und 1849, Sonderdruck, Ratingen 1909.
Redlich, Otto R., Dresen, A., Petry, Joh.: Geschichte der Stadt Ratingen, Ratingen 1926.
Redlich, Otto R.: Quellen zur Rechts- und Wirtschaftsgeschichte der rhein. Städte, Bergische Städte, III, Ratingen, Publikationen der Gesellschaft für rhein. Geschichtskunde, Bonn 1928.
Rein, R.: Geologischer Führer von Düsseldorf und Umgebung, Düsseldorf 1921.
Schell, O.: Bergische Sagen, Elberfeld 1897.
Schleuter, J.: Die Ratinger Stadtbücher des 14. und 15. Jahrhunderts, Beiträge zur Geschichte Ratingens, III, Ratingen 1964.
Schönneshöfer, B.: Geschichte des Bergischen Landes, Elberfeld 1908.
Schüttler, A.: Der Landkreis Düsseldorf-Mettmann, Ratingen 1952.
Sjuts, J.: Festschrift zum 350jährigen Bestehen der Evangelischen Gemeinde Ratingen, Ratingen 1934.
Zeidler, Karl sen.: Erinnerungen eines alten Ratingers, Ratingen 1926.